首都师范大学历史学院中国近现代社会文化史研究中心主办

梁景和　主编

中国近现代社会文化史论丛

故都济困：

北平社会救助研究（1928~1937）

Relief in Peiping:
The Study on Social Assistance
in Peiping (1928-1937)

刘荣臻　著

社会科学文献出版社
SOCIAL SCIENCES ACADEMIC PRESS (CHINA)

编 委 会

总　序

梁景和

中国改革开放这一新的历史时期到来之后，历史学与其他学科一样发生了重大变革，学术界迎来崭新的繁荣时期。中国近现代史与其他史学专业也都有了长足发展。中国近现代文化史、社会史、社会文化史犹如本专业的其他领域，亦展现着自己特有的新生魅力。20 世纪 80 年代初期中国文化史的复兴，80 年代中期中国社会史的复兴，80 年代末 90 年代初中国社会文化史的兴起，这三条线索所铸成的链环与其他领域紧密结合，呈现中国近现代史的强劲发展势头。其中社会文化史研究已经走过二十多年的艰辛历程。

20 世纪 80 年代末就有学者提出文化史与社会史相互结合的问题。[①] 1990 年有学者撰文[②]提出"社会文化史"的学科概念。1991 年有学者在学术领域开始运用"社会文化史"[③] 的概念。1992 年与 2001 年，在北京先后召开了"社会文化史研讨会"和"近代中国社会生活与观念变迁"两次学术研讨会，[④] 该两次会议集中探讨了社会文化史的理论方法问题。2005 年、2007 年、2009 年、2011 年和 2013 年分别在青岛、乌鲁木齐、贵阳、苏州和

---

① 刘志琴（署名史薇）：《复兴社会史三议》，《天津社会科学》1988 年第 1 期；刘志琴：《社会史的复兴与史学变革——兼论社会史和文化史的共生共荣》，《史学理论》1988 年第 3 期。

② 李长莉：《社会文化史：历史研究的新角度》，参见赵清主编《社会问题的历史考察》，成都出版社，1992。

③ 梁景和：《辛亥革命 80 周年全国青年学术研讨会关于社会文化史问题的讨论述评》，《辽宁师范大学学报》1992 年第 2 期。梁景和于 1994 年在自己博士论文的提要中说明本论文的"社会文化史"的属性，认为自己的博士论文《近代中国陋俗文化嬗变研究》是"社会文化史研究范畴的一个具体领域"，参见《〈近代中国陋俗文化嬗变研究〉提要》，1994 年 5 月末刊稿。

④ 参见李长莉《社会文化史：一门新生学科——"社会文化史研讨会"纪要》，《社会学研究》1993 年第 1 期；左日非《"近代中国社会生活与观念变迁"学术研讨会综述》，《近代史研究》2002 年第 2 期。

襄阳召开了5次中国近代社会史国际学术研讨会，会议有相当数量的社会文化史论文发表，[①] 也有关于探讨社会文化史的理论文章。[②] 2009年6月和10月，2010年4月在北京先后召开了3次"中国现当代社会文化学术研讨会"，[③] 这也是开始以社会文化命名的学术会议。

20年来，中国社会文化史研究形成了一些自己的特征。

首先，中国社会文化史的本土化特征。中国社会文化史是中国史学自身发展逻辑的产物，是中国文化史、社会史、社会文化史发展链条上的一环。改革开放的大势，催发了中国文化史的复兴，改革开放的深入，迎来了中国社会史的兴盛。文化史研究偏重于精神层面，即关注思想观念、社会意识等问题的研究。中国社会史研究偏重于社会层面，即关注社会结构、社会生活等问题的研究。而中国社会文化史研究则关注两者的共生共荣。很多文化观念问题反映在社会生活等社会问题的层面上，很多社会问题与文化观念问题有着千丝万缕的联系，那么把两者结合起来进行研究的中国社会文化史就应运而生了。20世纪80年代末，中国社会文化史的萌发是中国史学自身发展逻辑的产物，主要研究者是顺着中国文化史、社会史的研究而走向中国社会文化史领域的。

其次，理论探索的自觉。中国社会文化史的研究重视理论和方法的讨论，在1992年"社会文化史研讨会"和2002年"近代中国社会生活与观念变迁"学术研讨会上有很多学者展开了讨论，并发表了很多重要的理论见解。[④] 此外，刘志琴的《青史有待垦天荒——试论社会文化史研究的崛起》，[⑤] 梁景和的《关于社会文化史的几个问题》[⑥] 和《社会生活：社会文化

---

① 参见吕文浩《"近代中国的城市·乡村·民间文化"学术研讨会综述》，《近代史研究》2006年第3期；朱浒《晚清以降的经济与社会》，《近代史研究》2008年第1期；毕苑《第三届中国近代社会史国际学术研讨会综述》，《近代史研究》2010年第1期；黄鸿山、朱从兵《"近代中国的社会保障与区域社会"——第四届中国近代社会史国际学术研讨会综述》，《近代史研究》2012年第2期。

② 梁景和：《关于社会文化史的几个问题》，李长莉、左玉河主编《近代中国社会与民间文化》，社会科学文献出版社，2007。

③ 参见王红旗主编《中国女性文化》第12期，社会科学文献出版社，2010。参见梁景和主编《社会生活探索》第2辑，首都师范大学出版社，2010。

④ 参见李长莉《社会文化史：一门新生学科——"社会文化史研讨会"纪要》，《社会学研究》1993年第1期；左日非《"近代中国社会生活与观念变迁"学术研讨会综述》，《近代史研究》2002年第2期。

⑤ 参见《史学理论研究》1999年第1期。

⑥ 参见李长莉、左玉河主编《近代中国社会与民间文化》，社会科学文献出版社，2007。

史研究的一个重要概念》,① 李长莉的《社会文化史:历史研究的新角度》②
等都属于中国社会文化史探索的理论文章。

最后,展现出重要的研究成果。20 年来,中国社会文化史的研究取得了
一些重要成果,发表了很多学术论文,③ 也出版了一批学术专著,诸如刘志
琴主编的三卷本《近代中国社会文化变迁录》(浙江人民出版社,1998),
梁景和的《近代中国陋俗文化嬗变研究》(首都师范大学出版社,2009)和
《五四时期社会文化嬗变研究》(人民出版社,2010),李长莉的《晚清上海
社会的变迁——生活与伦理的近代化》(天津人民出版社,2002)和《中国
人的生活方式:从传统到现代》(四川人民出版社,2008),王笛的《街头
文化:成都公共空间、下层民众与地方政治(1870～1930)》(中国人民大
学出版社,2006),严昌洪的《20 世纪中国社会生活变迁史》(人民出版社,
2007),乐正的《近代上海人社会心态(1860～1910)》(上海人民出版社,
1991),忻平的《从上海发现历史——现代化进程中的上海人及其社会生活
1927～1937》(上海人民出版社,1996;上海大学出版社,2009),孙燕京的
《晚清社会风尚研究》(中国人民大学出版社,2002),余华林的《女性的重
塑——民国城市妇女婚姻问题研究》(商务印书馆,2009)等,均为重要的
学术著作。④

中国社会文化史发展至今,在取得一定成绩的同时,存在的问题也是显
而易见的。正如一些学者指出的,相关历史资料数量庞大,但非常分散、芜
杂、缺乏整理。相当多的研究者尚缺乏运用新视角、新理论、新方法的自觉
性和经验积累,缺乏研究范式上的建树。缺乏深入专精的高水平著作,研究

---

① 参见《河北学刊》2009 年第 3 期。
② 参见赵清主编《社会问题的历史考察》,成都出版社,1992。
③ 关于社会文化史研究的论文请参见李长莉《社会文化史的兴起》,《天津师范大学学报》
2003 年第 4 期;左玉河、李文平《近年来中国近代社会文化史研究评述》,《教学与研究》
2005 年第 3 期;苏全有等《近十年来的中国近代风俗史研究综述》,《安阳大学学报》2004
年第 2 期;黄延敏《当代中国社会文化史研究的新进展》,《近代中国与文物》2009 年第 2
期等文的介绍。
④ 重要的社会文化史学术著作还很多,诸如严昌洪的《西俗东渐记——中国近代社会风俗
的演变》(湖南出版社,1991)和《中国近代社会风俗史》(浙江人民出版社,1992);
李少兵的《民国时期的西式风俗文化》(北京师范大学出版社,1994);方平的《晚清上
海的公共领域(1895～1911)》(上海人民出版社,2007);〔德〕罗梅君的《北京的生育
婚姻和丧葬:十九世纪至当代的民间文化和上层文化》(王燕生等译,中华书局,2001);
薛君度、刘志琴主编的《近代中国社会生活与观念变迁》(中国社会科学出版社,2001)
等,此不赘述。

者缺乏必要的社会学和文化学的知识训练等。① 这些都是具体的实际问题，需要学者一点一滴地处理和一步一步地解决。

中国社会文化史已经走过了 20 年的历程，回顾过去，展望未来，我们盼望早日迎来中国社会文化史发展的新时期。2010 年 5 月出版的《中国社会文化史的理论与实践》，② 同期召开的"中国社会文化史研究的回顾与走向"座谈会，③ 以及《光明日报》2010 年 8 月 17 日刊发的《社会文化史：史学研究的又一新路径》一文，既是对以往中国社会文化史研究的一个总结，也是对中国社会文化史未来发展的一个期待。2010 年 9 月 25 日、2012 年 9 月 22 日和 2014 年 9 月 20 日在北京分别召开了"首届中国近现代社会文化史国际学术研讨会""第二届中国近现代社会文化史国际学术研讨会""第三届中国近现代社会文化史国际学术研讨会"，以及 2011 年 9 月 24 日在北京召开了"西方新文化史与中国社会文化史的理论与实践学术研讨会"，2013 年 9 月 21 日在北京召开了"首届全国青年学者社会文化史理论与方法学术研讨会"，希望通过这样的学术会议来推动中国近现代社会文化史的研究。我们坚信，在已有学术成果的基础上，中国近现代社会文化史研究将会迎来崭新的发展。

中国社会文化史兴起之初就引起了诸多年轻学者的兴趣，如今则吸引着众多青年学者把中国社会文化史作为自己的学术向往和追求。这些年来，我们一直在编辑出版"中国近现代社会文化史论丛"，主要目的就是要把热衷研究中国近现代社会文化史的学者，特别是青年学者的研究论著发表出来，希望本论丛的陆续出版能促进中国近现代社会文化史研究的深入开展。

2014 年 12 月 20 日修改于幽乔书屋

---

① 参见李长莉《社会文化史的兴起》，《天津师范大学学报》2003 年第 4 期；左日非《"近代中国社会生活与观念变迁"学术研讨会综述》，《近代史研究》2002 年第 2 期。

② 梁景和主编《中国社会文化史的理论与实践》，社会科学文献出版社，2010。

③ 毕苑：《"中国近现代社会文化史回顾与走向"座谈会综述》，参见梁景和主编《社会生活探索》第 2 辑，首都师范大学出版社，2010。

目　录

绪　论

一　选题缘由

1. 基于对迁都后北平①民众生活的关注

1928 年 6 月，国都南迁，受其影响，昔日北京所享有的特权、盛誉与繁华遭到了严重冲击。美国作者董玥（Madeleine Yue Dong）在其《民国北京：城市及其历史》一书中曾指出：

> 在北京史上，1928 年是一个标志性的分水岭，在某些方面它的影响可以和 1900 年义和团运动所产生的冲击相比较。国民政府成立后中央政府随即迁移南京，使得北京这个城市受到了严重挑战。几个世纪以来曾一直独占首都地位的北京，已经习惯了享有一切由王朝国都地位所赋予的特权。……
>
> 首都意外地迁移到南方，各部委被取消，北京整个城市变得荒凉起来。此外，富裕家庭离开北平又导致了这个城市财富的减少。北平的财政陷入了危机，对这个城市来说想要维持以前的状况实在是一件极为困难的事。②

迁都引发了北平商业萧条、工人失业。据统计，1928 年 7 月至 1929 年 6

---

① 北京在 1928 年 6 月国都南迁后被改称为北平，一直到 1949 年 10 月 1 日中华人民共和国成立。本书以迁都后至抗战前为研究范围，在行文中如所述事件发生在国都时期，则称为北京；如所述事件发生在国都南迁后，则称为北平，1928 年 6 月至 1930 年 6 月为北平特别市，1930 年 6 月至 12 月为北平市（属河北省辖），1930 年 12 月至 1949 年 9 月为北平市（属行政院辖），为行文方便统称北平市。因北平的行政名称变化，其下属社会局的名称也随之变化，本书中如无特定情况，统称"北平市社会局"或"社会局"；该局下属救济机构名称则统一用简称，如"北平特别市救济院"称"北平市救济院"或"救济院"。

② Madeleine Yue Dong, *Republican Beijing：The City and Its Histories*, Berkeley：University of California Press, 2003, p. 78.

月，在北平 52 个工会 91476 名职工中，有 32.7% 的职工处于失业状态[1]。此外，北平仅因军政各部署的裁撤而直接间接赋闲的人员竟高达 10 万余人[2]。迁都后的北平，"其命运仿佛夫媳遽亡，家道中落而无以为恃"[3]，昔日生活于天子脚下、受惠于帝都恩惠的北平民众随着时代的变迁发生了剧烈分化，广大市民在内外交困的形势下逐渐沦为乞丐、贫民、无业游民等弱势群体。这些曾经承蒙国都地位恩典的北平民众，在丧失国都地位所赋予的保护伞后，他们的生计又如何？北平市政府又给予了他们何种救助？这种救助呈现出何种面相，其效能如何？

2. 基于对现实城市弱势群体的关怀

在探求历史与现实的学理关系时，意大利著名哲学家、历史学家克罗齐（Benedetto Croce）曾指出"一切历史都是'当代史'"，这就意味着"历史的本质在于以当下的眼光看待过去、根据当前的问题看待过去"[4]，当然，历史学者研究的过去"'不是死气沉沉的过去，而是在一定程度上仍活跃于现实生活中的过去'"[5]。因此，由现实回观历史，从历史审视现实，就成为史学研究者不容回避的责任。

1978 年，是值得亿万中国人铭记的一年，在这一年，中国向世界吹响了改革开放的号角。21 世纪的今天，当回观中国改革开放的成效时，我们会发现，改革既成就了中国经济建设的非凡业绩，但也带来了一些社会问题，其中较为凸显的是城市弱势群体的出现。20 世纪 90 年代以来，随着改革的不断深入，城市弱势群体主体构成呈现多元化发展趋势。据调查资料和综合分析，目前城市弱势群体主要由以下人员组成：（1）传统意义上的"三无人员"，即持有城市非农业户籍的无生活来源、无劳动能力、无法定抚养义务人的公民。（2）城市贫困职工，主要包括下岗职工、企业不景气的在职职工以及退休职工。（3）城市外来人口中无固定职业和固定收入者。[6] 这些城市弱势群体绝大多数是因贫困而沦为弱势的，虽然我国制定了较为完善的反贫困制度体系（图 0-1），对城市贫困居民实行低保制度，但

---

[1] Madeleine Yue Dong, *Republican Beijing*: *The City and Its Histories*, p. 80.

[2] 《北平最近之萧条情形》，《北平日报》1928 年 8 月 7 日，第 6 版。

[3] 许慧琦：《故都新貌：迁都后到抗战前的北平城市消费（1928-1937）》，台湾学生书局，2008，第 9 页。

[4] 转引自〔英〕E. H. 卡尔《历史是什么？》，陈恒译，商务印书馆，2007，第 104 页。

[5] 〔英〕E. H. 卡尔：《历史是什么？》，陈恒译，第 105 页。

[6] 关爱萍：《城镇贫困与缓贫对策研究》，《兰州大学学报》2003 年第 1 期。

由于我国城市贫困人口数量庞大，而政府现有的救助力度有限，所采取的保障措施也就只能是杯水车薪。据民政部公布的统计数字，2015 年 4 季度，全国县及以上城市贫困低保人数为 1708 万余人（960.2 万余户），人均月支出为 303.32 元/人。① 总体来看，我国城市贫困居民人均生活保障标准过低，根本无法改变城市弱势群体的地位。随着我国经济发展的加速，城市贫富两极分化，强弱两极对立的格局将成为都市现代化进程中极不和谐的因素。社会学理论指出："利益被相对剥夺的群体可能对剥夺他们的群体怀有敌视或仇恨心理。当弱势群体将自己的不如意境遇归结为获益群体的剥夺时，社会中就潜伏着冲突的危险，甚至他们的敌视和仇视指向也可能扩散。"② 现实促使我们反思，历史上城市弱势群体的生存状况如何？政府是怎样解决城市弱势群体问题的？采取了哪些措施？这些措施对我们现在有何借鉴？

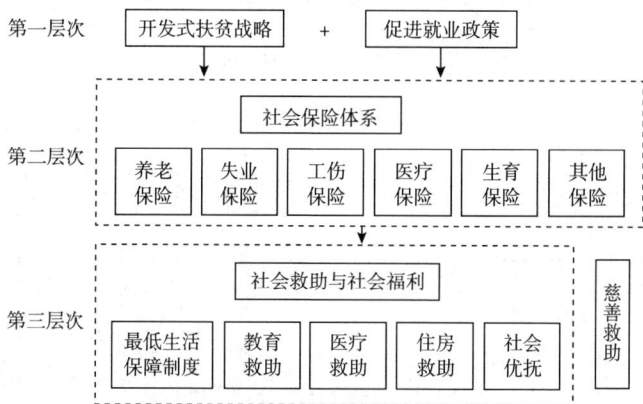

图 0-1　我国反贫困制度体系

资料来源：参见曹艳春《我国城乡社会救助系统建设研究》，上海人民出版社，2009，第 80 页。

　　正是对上述问题的思考，引发了笔者对国都南迁后北平弱势群体及救助的研究兴趣，并希望通过这一研究从中总结出一些历史的经验和教训，以期为当今中国社会弱势群体问题的解决贡献些许启发和借鉴，同时，也希望这一研究对进一步完善北京史的研究及深化对北京史的认识提供些思路和资料。

---

① 参见"服务→网上查询→统计数据→统计季报→2015 年 4 季度全国县以上城市低保情况"，中华人民共和国民政部，http://www.mca.gov.cn/article/sj/tjjb/dbsj/201602/20160200880300.htm，最后访问日期：2016 年 2 月 20 日。

② 王思斌：《社会转型中的弱势群体》，《中国党政干部论坛》2002 年第 3 期。

二 概念的厘定与诠释

1. 北平市区域的界定

北京自辽代定都以来，历经金、元、明（图0－2）几代的发展，到清时都城面积得到了较大扩展。明朝定都北京后废除了元代的城市巡警院建置，设立了内外五城，内城分东、西、北、中四城，外城即为南城。清代北京城基本延续了明代的城市格局，只是在内外城的划分上有所不同。[①] 清代实行了内八旗，外五城制，即内城由八旗划地驻防，外城分为东、西、南、北、中五城。"至清末，成立警察厅，前制悉废"[②]。随后，警察厅所辖的内外城又分别划分为10个区。北洋政府时期沿袭了这一制度。1928年6月28日，国都南迁后成立的北平特别市对市辖区域又做了调整，1928～1937年北

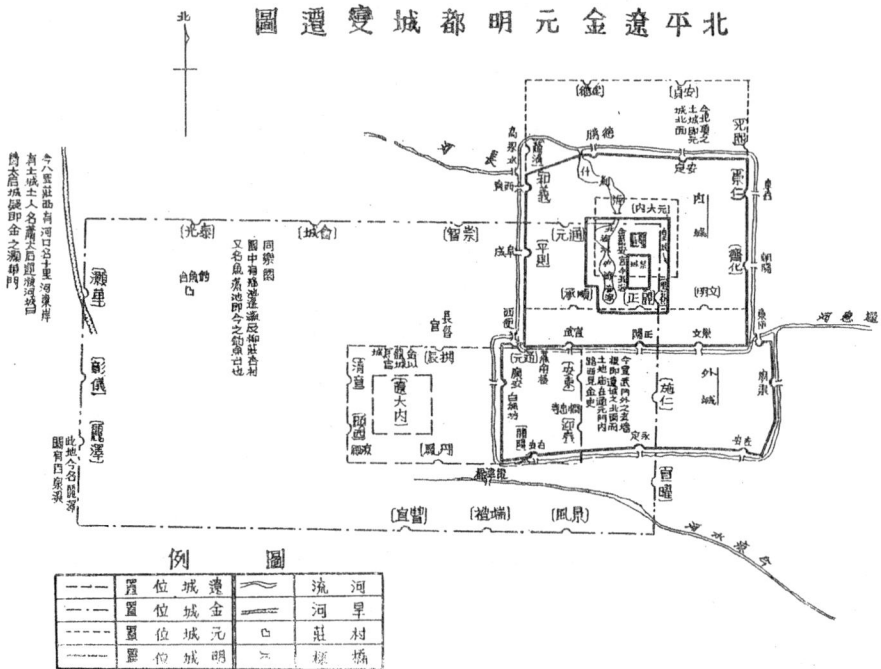

图0－2 北平辽金元明都城变迁

资料来源：《北平市之沿革》，《北京档案史料》1993年第3期。

[①] 韩光辉：《北京历史人口地理》，北京大学出版社，1996，第40～42页。

[②] 尹钧科：《北京历代建置沿革》，北京出版社，1994，第176页。

平市所辖区域为北平内城、外城以及附近郊区。内外城分别划分为 6 个区和
5 个区，即内一区至内六区，外一区至外五区；附近郊区划分为 4 个区，即
东郊区、西郊区、南郊区和北郊区。其范围东至东坝，西至香山，北至清
河，南至北大红门，面积为 700 多平方公里。① 本文涉及的北平界域仅限于
1928 年至 1937 年北平市所辖区域，即北平内城、外城以及附近郊区。

2. 弱势群体

20 世纪 80 年代以来，随着社会学在中国的恢复与发展，尤其是社会学
学者对社会问题研究的深入、社会工作的开展以及社会福利思想的普及，
"弱势群体" 概念逐渐盛行。

"弱势群体" 全称为 "社会弱势群体"，英文称 social vulnerable groups，
国内也称之为 "社会弱者群体" 或 "社会脆弱群体"。何为弱势群体？目前
学界尚未形成统一的认识，仍是众说纷纭。不同的研究者从不同的研究视角
分别予以解说，归纳起来主要有以下几种。

（1）生活贫困说。这种观点认为靠自身力量难以使自己的生活水平达到
一般社会生活标准，从而使自己处于弱势地位。其代表性观点见于郑杭生在
《转型中的中国社会和中国社会的转型》一书中对社会脆弱群体的解释，他
指出："社会脆弱群体是指凭借自身力量难以维持一般社会生活标准的生活
有困难者群体。"②

（2）资源分配不公说。这种观点认为在社会转型过程中由于社会资源分
配的不均导致了某些社会群体在经济、政治和社会生活中处于较低地位，他
们与主流人群不能平起平坐。其代表观点见于王思斌《社会转型中的弱势群
体》一文。在此文中，弱势群体被解释为："社会弱势群体是由于某些障碍
及缺乏经济、政治和社会机会，而在社会上处于不利地位的人群。"③

（3）多维表征说。这种观点认为弱势群体不仅在经济利益、社会资源的
获得上表现弱势，而且在其他方面也表现弱势，是一个具有多种综合特征的
社会弱者。其代表性观点为朱力所持，他在《脆弱群体与社会支持》一文
中指出："脆弱者群体不仅仅是经济上的低收入者，还具有一些综合特征。
（1）经济收入低于社会人均收入水平，甚至徘徊于贫困线左右，处于社会底

---

① 尹钧科：《北京历代建置沿革》，第 178 页。
② 郑杭生主编《转型中的中国社会和中国社会的转型》，首都师范大学出版社，1996，第 32
页。
③ 王思斌：《社会转型中的弱势群体》，《中国党政干部论坛》2002 年第 3 期。

层。（2）消费结构中绝大部分或全部的收入用于食品，即恩格尔系数高达80%～100%，入不敷出。（3）生活质量较低，用廉价商品，穿破旧衣服，没有文化、娱乐消费，并有失学等后果。（4）除经济生活压力大以外，心理压力也比一般人大，没有职业安全感，经济收入不稳定或过低，常有衣食之忧，对前途悲观。（5）由于能力、素质较差，或生理高峰期已过，缺乏一技之长等自身制约因素，能改变目前状况的机遇也较少，致富较为困难。（6）这种经济上的贫困和社会中的劣势地位，将持续一段时间甚至永久。"①

以上观点从不同视角、不同方面对社会弱势群体做了说明与界定，基本揭示了弱势群体的本质特征，而这些观点主要聚焦于对当代中国社会转型期现实社会问题的思考。笔者认为"弱势群体"这一概念应是一个相对的、历史的范畴，不同历史时期这一概念所折射出弱者"弱"的程度、表现以及所含纳的主体是不相同的。"弱势群体"的概念应有广义和狭义之分。广义是指由于生理、社会因素导致某些社会群体在政治、经济、文化等方面受到排斥，而在社会上处于不利地位的人群。狭义是指由于生理、社会等因素致使某些社会群体仅仅依靠自身力量难以维持一般社会生活标准的生活有困难者群体。本书所指的"弱势群体"是就狭义层面而言的，主要包括贫民、灾民、乞丐、失业者、老弱残疾者等。

3. 社会救助与社会救济

社会救助与社会救济具有一定的相承关系，社会救济是社会救助发展的初始阶段，而社会救助则是社会救济发展的必然选择。社会救助是对传统社会救济的根本性改革，强调施助是政府的责任，受助是公民应有的权利。郑功成认为，"社会救助是指国家和社会面向由贫困人口与不幸者组成的社会脆弱群体提供款物接济和扶助的一种生活保障政策，它通常被视为政府的当然责任或义务，采取的也是非供款制和无偿救助的方式，目标是帮助社会脆弱群体摆脱生存危机，以维护社会秩序的稳定"；② 而社会救济是一种消极性、施惠型的济贫救困措施，是以牺牲受助者尊严为代价的施舍。

受西方先进救助理念及救助方法的影响，民国以来，中国传统的社会救济事业已具有了现代意义的社会救助特征，法制化、制度化建设逐渐成为其发展主流。回观以往研究，绝大多数学者使用"社会救济"一词，但

---

① 朱力：《脆弱群体与社会支持》，《江苏社会科学》1995年第6期。
② 郑功成：《社会保障学》，商务印书馆，2000，第13～14页。

笔者认为，社会救助更合适这一时期中国社会保障事业发展的实态。因为当时社会救助的水平较低，且救助仍具有传统社会救济的某些特征，但这时的救助理念已从"政府施惠型"向"政府责任型"转变，救助方式更多体现的是对受助人自立能力的培养而不是对受助人单一的物质接济。笔者在行文中使用"社会救助"，但在引用相关论著时仍使用原作者的"社会救济"一词。

三　相关研究成果回望

长期以来，弱势群体及其救助一直是学界关注的焦点，不同历史时期学者们从不同视角书写弱势群体的生存状况，并提出一些有助于解决弱势群体生存困难的对策与措施，兹将相关研究成果分期论述。

1. 1949 年前的研究

20 世纪二三十年代，随着社会学在中国的纵深发展，社会生活，特别是底层民众的生活逐渐成为前辈学者关注的焦点。《中国救荒史》详细论述了从远古到民国不同时期的灾荒概况、灾荒成因、历代救灾思想及灾后的救助措施等，对中国数千年的灾荒史做了总结概括。[1]《社会救济》一书，对中国以往社会救济进行了总体回顾，并对当时中国社会救济的现状及未来发展做了深入的研究，书中特别强调对老人、乞丐、儿童、难民等弱势群体的救济。[2]《中国贫穷问题》对民国时期中国贫穷人口的数量及贫穷人口产生的原因进行了系统研究，并对如何防治贫穷人口提出了应对措施。[3] 王龙章的《中国历代灾况与振济政策》总结与回顾了中国历代灾情及其救济对策，并从慈善组织、防疫工作、仓储制度、水利工程、垦殖计划 5 个方面系统阐述了民国以来的社会救济事业，同时对民国时期中央赈济机构的演变、赈济政策的确立以及 20 世纪 30 年代近十年的赈济工作做了较为全面的论述。[4]《社会问题大纲》探讨了社会、社会问题、社会问题的现状以及社会问题发生的原因等，并着重对妇女、失业者、农民等弱势群体存在的问题及产生原因做

① 邓云特：《中国救荒史》，商务印书馆，1937，1993 年再版。
② 柯象峰：《社会救济》，正中书局，1944。
③ 柯象峰：《中国贫穷问题》，正中书局，1947。
④ 王龙章：《中国历代灾况与振济政策》，独立出版社，1942。

了分析。① 《失业人及贫民救济政策》对民国时期失业者、贫民产生的原因及对其救济的可行性方案做了深入的研究，特别是对失业者的救济提出了自己独到的观点，即失业者救济应采取工作介绍制度、失业保险制度等多重救济制度。② 除论著外，还有一些调查研究性成果。据统计，在 1925~1949 年间有 100 多项调查成果，涵盖了农村生活、社会风俗、妇女、儿童、社会问题、慈善与救济等十余类主题，其中有关北平慈善与救济的调查有《北平粥厂之研究》(1932)、《北平贫苦儿童机关的研究》 (1936)、《北平怀幼会的研究》(1939)、《北平协和救济部个案分析》(1941)、《善后救济总署北平办事处儿童福利站之研究》(1947)。③ 上述研究成果虽然不能称为对民国时期慈善与社会救济的系统研究，但真实地反映了当时中国社会慈善与救济事业的状况。

2. 20 世纪 80 年代至今的研究

1949 年后，受国内政治环境的影响，社会救济与慈善事业的研究逐渐荡出了学者的研究视野。直至 20 世纪 80 年代，随着改革开放及社会学学科的恢复与重建，社会救济史的研究又重新受到学者的关注。特别是 20 世纪 90年代以来，国企改革催生了大批城市弱势群体，如何对其施救备受学界热议，一时相关论著、论文层出不穷，研究成果颇丰。大略言之，主要涉及以下几个方面的内容。

(1) 社会救济（社会救助）。

蔡勤禹的《国家、社会与弱势群体——民国时期的社会救济 (1927 - 1949)》一书，从政府和民间救济角度，系统全面地考察了民国时期社会救济思想、救济体制、救济立法、救济手段、救济设施等，提出了社会救济应发挥国家和社会两方面的能动性及社会的良性发展需要构建国家与社会两方面的社会保护体系等富有建设性的见解。④ 赵宝爱的《民国山东社会救助事业研究（1912 - 1937)》一文，对民国前期山东的社会救助对象、社会救助与政府责任、社会救助的支持网络、社会救助措施做了分析与研究，提出了民国山东社会救助已不再是纯粹的施舍，而是采取了扶贫与扶志、互助与自

---

① 郭真：《社会问题大纲》（上、下册），平凡书局，1930。
② 马君武：《失业人及贫民救济政策》，商务印书馆，1935。
③ 朱浒、赵丽：《燕大社会调查与中国早期社会学本土化实践》，《北京社会科学》2006 年第 2 期。
④ 蔡勤禹：《国家、社会与弱势群体——民国时期的社会救济 (1927 - 1949)》，天津人民出版社，2002。

助相结合的措施。① 王宏伟的《晚清北京社会救济制度研究》一文对清代北京救济制度及晚清北京的平粜制度、粥厂制度分别进行了细致的考察、分析，并指出晚清北京的社会救济制度初步实现了由传统向近代的转变。② 张文的《宋朝社会救济研究》运用社会学的理论和方法，对宋朝社会救济（救济对象为灾荒人群、社会贫困人口、社会弱势群体及社会特殊群体）进行了较为全面、系统的深入研究，并在此基础上对宋朝社会救济的特点、历史定位、社会救济思想、救济功能等方面进行了综合性的研究。③ 张益刚的《民国社会救济法律制度研究》，从组织、防御及救济方面探讨了民国时期社会救济的法律制度，并指出由居养到教养并举，是民国社会救济观念的进步，这在民国社会救济法律法规中得以充分体现。④

（2）社会慈善事业

第一，对慈善事业的总体论述。《中国慈善简史》从宏观与微观的层面就不同历史时期慈善、慈善事业和慈善史研究的基本问题与基本研究方法、慈善思想观念与社会变迁的关系、慈善及慈善事业的兴起与发展等方面做了较为系统的研究。⑤《中国善会善堂史研究》一书，借鉴了"公共领域"的概念，从社会福利事业和市民社会的形成两个互相关联的层面，对明清以来直至民国的善会善堂的历史演变、资金来源、形式结构、兴办规模，以及善会善堂与都市行政、行会、国家及地方的关系进行了深入的研究，并从中折射出中国近代的地方自治萌芽问题和中国早期社会福利史问题。⑥ 梁其姿的《施善与教化——明清的慈善组织》，以独特的视角、翔实的史料，论述了明清慈善组织的产生与发展、慈善组织的制度化、慈善机构的"官僚化""儒生化"，指出明清慈善的功能主要在于教化社会。⑦ 王俊秋的《中国慈善与救济》，以中国传统文化中的慈善思想为切入点，以官方救济与民间救济为主线，以古代、近代、现代为考察时段，对不同历史时段慈善救济进行了分析与总结，并指出不同时期慈善救济的特点及其成因。⑧ 此外，学界对晚清、

① 赵宝爱：《民国山东社会救助事业研究（1912－1937）》，博士学位论文，中山大学，2004。
② 王宏伟：《晚清北京社会救济制度研究》，博士学位论文，首都师范大学，2007。
③ 张文：《宋朝社会救济研究》，西南师范大学出版社，2001。
④ 张益刚：《民国社会救济法律制度研究》，博士学位论文，华东政法大学，2007。
⑤ 周秋光、曾桂林：《中国慈善简史》，人民出版社，2006。
⑥ 〔日〕夫马进：《中国善会善堂史研究》，伍跃等译，商务印书馆，2005。
⑦ 梁其姿：《施善与教化——明清的慈善组织》，河北教育出版社，2001。
⑧ 王俊秋：《中国慈善与救济》，中国社会科学出版社，2008。

民国时期慈善事业的宏观研究仍不乏少数，如有探讨晚清基层民间慈善组织的筹赈模式①，有论述民国时期赈济慈善事业的运作机制②，有分析近代中国慈善思想的形成及发展③，等等。这些研究成果从不同层面考察了中国慈善事业史的发展状况。

第二，宗教与慈善事业。近代西方宗教团体及宗教人士在中国传教布道的同时，也为中国的慈善事业做出了贡献。夏明方的《论1876至1879年间西方新教传教士的对华赈济事业》一文指出，以"丁戊奇荒"为契机，在中国荒政史上出现了具有近代文明特征的新型赈灾机制和救荒意识，这种新型的救灾活动除了组织义赈活动的绅商外，还有另一支以基督教新教传教士为主体的救灾力量，这些传教士为中国慈善事业的发展注入了新的活力。④向常水的《教会对战地的慈善救济——以民国时期的湖南地区为例》，探讨了教会力量在湖南兵灾救济中的情形，指出了教会力量在推进中国慈善事业的发展，培植民间社会力量及增进国人对西方文化的了解等方面所发挥的作用。⑤蔡勤禹的《传教士与华洋义赈会》一文指出，西方传教士在中国多次的救灾过程中，将西方先进的救济思想及理念传到中国，而华洋义赈会就是新教救灾思想主导下的产物。⑥

第三，区域慈善研究。任云兰的《近代天津的慈善与社会救济》，运用了多学科的理论和方法，以公共领域中国家与社会的互动关系为视角，对慈善救济产生的思想渊源、历史背景、慈善组织的演变及运作、同乡同业组织及宗教团体的慈善救济等方面进行了多层次多角度的探讨与研究。⑦孙善根的《民国时期宁波慈善事业研究（1912-1936）》，就民国时期宁波慈善事业的历史传统、慈善公益团体，以及慈善公益事业与近代宁波社会变迁、政治变动与慈善事业转型、慈善事业发展历程及地域特点等方面进行了系统的梳理和总结，并指出慈善事业具有一定的社会整合的功能，它对凝聚宁波社

---

① 靳环宇：《论晚清基层民间慈善组织的筹赈模式》，《贵州文史丛刊》2006年第1期。
② 毕素华：《民国时期赈济慈善业运作机制述论》，《江苏社会科学》2003年第6期。
③ 周秋光、徐美辉：《论近代慈善思想的形成与发展》，《湖南师范大学学报》2005年第5期。
④ 夏明方：《论1876至1879年间西方新教传教士的对华赈济事业》，《清史研究》1997年第2期。
⑤ 向常水：《教会对战地的慈善救济——以民国时期的湖南地区为例》，《湖南第一师范学报》2006年第2期。
⑥ 蔡勤禹：《传教士与华洋义赈会》，《历史档案》2006年第3期。
⑦ 任云兰：《近代天津的慈善与社会救济》，天津人民出版社，2007。

会力量，拓展民间社会的生存和发展空间发挥了重要作用。① 赵宝爱的《慈善救济事业与近代山东社会变迁 （1912 - 1937）》，以 1912~1937 年山东的慈善救济事业为考察对象，剖析了各级政府及民间组织在近代山东慈善救济事业中的角色。② 而论及其他区域的相关研究成果也很丰硕，如北京③、上海④以及江南⑤等地的慈善事业。

（3） 灾荒赈济。灾荒历来是困扰中国社会发展的主要问题，中国灾荒史的研究，特别是自 20 世纪 80 年代以来，其研究成果颇丰。如李文海等人《中国近代十大灾荒》（上海人民出版社，1994）、《天有凶年——清代灾荒与中国社会》（生活·读书·新知三联书店，2007），夏明方《民国时期的自然灾害与乡村社会》（中华书局，2000），蔡勤禹《民间组织与灾荒救治——民国华洋义赈会研究》（商务印书馆，2005），陈业新《明至民国时期皖北地区灾害环境与社会应对研究》（上海人民出版社，2008），杨琪《民国时期的减灾研究 （1912 - 1937）》（齐鲁书社，2009），陈桦、刘宗志《救灾与济贫——中国封建时代的社会救助活动》（中国人民大学出版社，2005） 等论著以不同篇幅论述了灾后救济及其措施。

上述研究成果为本论文的撰写提供了可资借鉴的研究视角及研究方法，同时也佐证了 1928 年至 1937 年迁都后北平社会救助研究仍付阙如，这正是本文研究的目的所在。

四　研究基石：史料来源

史料是历史研究的基石，缺乏史料的历史研究，就会残缺，就会扭曲，就会迷失本性。本研究主要基于以下几方面的史料。

1. 档案

北京档案馆丰富的馆藏档案以及工作人员热情周到的服务为研究北平

---

①　孙善根：《民国时期宁波慈善事业研究 （1912 - 1936）》，人民出版社，2007。
②　赵宝爱：《慈善救济事业与近代山东社会变迁 （1912 - 1937）》，济南出版社，2005。
③　王娟：《清末民初北京地区的社会变迁与慈善组织的转型》，《史学月刊》2006 年第 2 期；王娟：《清末民初北京地区慈善事业研究》，博士学位论文，中国人民大学，2006。
④　张礼恒：《略论民国时期上海的慈善事业》，《民国档案》1996 年第 3 期；〔日〕小浜正子：《近代上海的公共性与国家》，葛涛译，上海古籍出版社，2003；李国林：《民国时期上海慈善组织研究 （1912 - 1937）》，博士学位论文，华东师范大学，2003。
⑤　冯筱才、夏冰：《民初江南慈善组织的新变化：苏城隐贫会研究》，《史学月刊》2003 年第 1 期；张峰：《试论民国时期昆山的慈善事业》，《苏州大学学报》2006 年第 1 期。

社会救助事业奠定了坚实的基础。馆内藏有民国时期北平市政府、社会局、民政局、卫生局等多部门档案，内容涉及救助的法规章程、救助主体、被救助人员的审批及管理、救助资金筹措、救助方式、救助程序等，这些宝贵的档案资料对研究 1928～1937 年北平社会救助起到了至关重要的作用。

2. 报纸杂志

档案数据以其原始性受到史界的青睐，报纸杂志则以其系统性、微观性体现其史料的独特价值，通过报纸、杂志我们可以立体地了解社会救助团体的活动情况以及外界对它们的认知程度，"其所包含的历史信息是其他史料所无法企及的"①。1928～1937 年间，北平影响较大的报纸有《北平日报》《群强报》《北平晨报》《益世报》《京报》《顺天时报》《北平晚报》等报刊。此外，还有一些如《社会周刊》《善救月刊》《北平市政府统计月刊》《东方杂志》《北平市社会局救济院特刊》《京市救济院十九年年刊》《社会月刊》《社会半月刊》《社会学界》等杂志。这些报刊从不同角度，以不同篇幅翔实记载了当时北平各救助团体的善举活动、被救助人群的生存状况，以及与此相关的社会调查、统计数字等内容。

3. 法规、报告及其他

在国家图书馆、北京市档案馆还藏有与此时期有关的法规、报告和其他史料，如《北平市市政法规汇编》《赈务法规汇编》《中华民国法规大全》《中华民国现行法规大全》《中国华洋义赈救灾总会赈务报告书（1928－1936）》《京师老弱临时救济会报告书》《北平龙泉孤儿院募捐启、报告书》《香山慈幼院创办史、发展史、历年经费收支报告书》《平市社会局妇女救济院概况》《北平特别市社会局救济事业小史》等。

以上史料为本专著的撰写提供了有力的史料支撑，也为本专著的顺利完成奠定了良好基础。

五 研究方法及研究框架

20 世纪 80 年代末以来，随着"市民社会／公共领域"研究范式在全球的复兴与拓展，近代中国的市民社会问题逐渐成为中外史学界关注的热

---

① 孙善根：《民国时期宁波慈善事业研究（1912－1936）》，第 19 页。

点。① 市民社会并不是一个孤立的概念，而是相对于国家而言的，它是指"个人、团体按照非强制原则和契约观念进行自主活动，以实现物质利益和社会交往的、不受国家直接控制的民间独立自治组织和非官方亦非私人性质的公共领域"②。公共领域是指"一个由私人集合而成的公众的领域；但私人随即就要求这一受上层控制的公共领域反对公共权力机关自身，以便就基本上已经属于私人，但仍然具有公共性质的商品交换和社会劳动领域中的一般交换规则等问题同公共权力机关展开讨论"③。然而源于西方的"市民社会／公共领域"理论是否具有普世的、跨文化的特征而适合中国社会？这一问题引起了学界不少学者的质疑。④ 如黄宗智言，哈贝马斯所涉指的"'资产阶级的公共领域'与'市民社会'两个概念，当它们移用到中国时，而原已预设的国家与社会两者的对峙状态也随之而来"，"以我之见，国家与社会的二元对立是早期现代西方经验中抽象出来的理想概括，与中国历史并不相符"。⑤ 虽然"市民社会／公共领域"理论并不完全符合中国社会的实际，同时基于这一理论的国家与社会的研究框架也并未在"中国社会史界正式形成以方法论相号召的局面"，但是国家－社会框架作为研究者的切入角度，"却已开始广泛影响社会史个案研究的选

① 代表性研究成果有：William T. Rowe, *Hankow：Commerce and Society in a Chinese City, 1796 -1889*, Stanford：Stanford University Press, 1984（汉译本《汉口：一个中国城市的商业和社会（1796 - 1889）》已由中国人民大学出版社于 2005 年出版）；Mary Backus Rankin, *Elite Activism and Political Transformation in China：Zhejiang Province, 1865 - 1911*, Stanford：Stanford University Press, 1986；David Strand, *Rickshaw Beijing：City People and Politics in the 1920s*, Berkeley：University of California Press, 1989；朱英《转型时期的社会与国家——以近代中国商会为主体的历史透视》，华中师范大学出版社，1996；王笛《晚清长江上游地区公共领域的发展》，《历史研究》1996 年第 1 期；邓正来、景跃进《建构中国的市民社会》，《中国社会科学季刊》（香港）1992 年总第 1 期。

② 霍新宾：《近代中国市民社会问题研究述评》，《社会科学动态》2000 年第 4 期。

③ 〔德〕哈贝马斯：《公共领域的结构转型》，曹卫东、王晓珏、刘北城、宋伟杰译，学林出版社，1999，第 32 页。

④ Wakeman, Frederick Jr., "The Civil Society and Public Sphere Debate：Western Reflections on Chinese Political Culture," *Modern China*, Vol. 19, No. 2, April 1993, pp. 108 - 138；William T. Rowe, "The Problem of 'Civil Society' in Late Imperial China," *Modern China*, Vol. 19, No. 2, April 1993, pp. 139 - 157. 以上两文已刊入邓正来和英国学者 J. C. 亚历山大合编的《国家与市民社会——一种社会理论的研究路径》，中央编译出版社，2005。

⑤ Philip C. C. Huang, "'Public Sphere'／'Civil Society' in China？：The Third Realm between State and Society," *Modern China*, Vol. 19, No. 2, April 1993, pp. 216 - 240.

题角度"。① 本书正是鉴于此，才以国家与社会的互动关系为视角，从制度与实践的层面，运用政治学、历史学等学科的相关理论和方法，对北平社会救助事业进行综合研究。在研究过程中，为了更具体、更直观地再现北平社会救助的实态，体现北京社会救助的独特性，本书还将采取统计分析法与归纳研究法处理相关数据，以期尽可能地还原北平社会救助的历史真相。

基于以上研究思路与研究方法，本书将从以下几方面展开对北平社会救助事业的研究。

第一章，"何以救助：北平社会救助实践的时代环境"。本章主要论述了1928年至1937年北平社会救助开展的历史背景，国都南迁、频繁的战争、严重的自然灾害等因素引发的北平城市严重的社会问题，如失业、自杀、犯罪等，这些问题危害和困扰着新生政权及北平社会的稳定。中国传统文化中所蕴含的慈善救助思想以及西方先进救助理念的传播与实践，对促进北平社会救助的发展及近代化转型具有重要意义。

第二章，"先期实践：清末民初北京社会救助事业"。本章通过对清末民初北京社会救助的运行机制、救助法规及救助实践活动的考察，回顾与再现了北京社会救助事业发展的历史实态，为研究国都南迁后北平社会救助事业做前期的梳理和铺垫。

第三章，"制度规制：北平社会救助的制度化建设"。制度化、法制化建设成为南京国民政府时期中国社会救助事业发展的显著特征。作为故都的北平，在贯彻执行国民政府相关社会救助的法规制度时，也制定颁布了符合本市社会救助事业发展的法规制度，其主要表现在社会救助行政体制及实施机构的制度化、社会救助的法制化、社会救助经费管理与募捐的制度化。而制度化、法制化建设是现代社会救助的重要体现，北平社会救助的制度化、法制化建设标志着北平社会救助事业由传统人治向法治转变。

第四章，"政府济困：北平官方社会救助活动"。本章将北平官方社会救助事业分为院内救助与院外救助，旨在从宏观上呈现北平官方救助的实践活动，并以北平妇女救助与乞丐救助为例，进一步呈现北平官方救助的动态实景。

---

① 杨念群：《中层理论——东西方思想会通下的中国史研究》，江西教育出版社，2007，第103页。

第五章，"民间施救：北平慈善组织的社会救助活动"。20 世纪二三十年代，北平慈善组织虽然在量上有所减少，但其由分散走向联合的发展状况，以及与官方相呼应的院内、院外救助活动展示了北平民间慈善组织在北平社会救助事业中具有不可或缺的作用与强大力量。

最后的结语部分，概括总结了国都南迁后北平社会救助的多维特点、社会救助的不足之处、国家与社会在救助实践活动中所扮演的角色及相互关系，以及北平社会救助活动对当今中国社会救助事业的启示。

第一章　何以救助：北平社会救助 实践的时代环境

　　1911 年，是中国历史上最为璀璨也最为特殊的一年。这一年，封建王朝在辛亥革命的烽火硝烟中退出历史舞台，两千多年的封建君主专制制度成为过往烟云。也正是这一年，中华民族将承载着美好的梦想步入历史的新纪元。然而，"壮烈的历史事变已经在岁暮之际趋于表面的平静，喧闹的历史运动虽然还没有最终的结局，但决定历史结局的社会政治力量的分化和组合，却已经为必然的结局作出了最终的说明"①。中华民国的成立并没有给中国社会带来和平富强的曙光，反而使中国陷入外侵与内战的混乱之中，苦难的中国人民仍然在战争与灾害的肆虐中苦苦煎熬，人民的生活状况正如托尼描述的那样："就像一个人长久地站在齐脖深的河水中，只要涌来一阵细浪，就会陷入灭顶之灾。"② 在风雨飘摇的近代中国社会，国家与民间社会力量的各种救助成为贫民、难民、灾民等弱势群体赖以生存的最后救命稻草。探寻北平社会救助活动践行的历史背景，才能更全面地呈现北平社会救助事业的面相。

第一节　频繁的战争及严重的自然灾害

　　1840 年开端的近代中国史在中华民族五千年的历史长河中仿佛是沧海一粟，但这段历史是中国历史"前古未有最富动荡变进性的阶段"③。如果把这 100 多年称作"动荡的百年"，那么 38 年的民国史是此"动荡百年"中动

---

① 王先明：《中国·1911》，天津人民出版社，2000，第 436 页。
② 〔英〕理查德·H. 托尼：《中国的土地与劳动力》；转引自〔美〕詹姆斯·C. 斯科特等《农民的道义经济学：东南亚的反叛与生存》，程立显等译，译林出版社，2001，第 1 页。
③ 钱穆：《国史新论》，三联书店（该单位以下简称"三联书店"），2008，第 1 页。

荡最为剧烈的时期，正如《剑桥中华民国史（1912－1949 年）》一书概括的那样："民国这些年的特征，在军事、政治方面，是内战、革命和外敌的入侵；在经济、社会、知识和文化领域，则是变革和发展。"①

一　纷扰战事无宁日，苍生苦难何以堪

1912 年，共和肇造，当国人翘首企盼新政权将带来安宁祥和的生活时，历史却和国人开了个玩笑。1916 年，袁世凯的死亡使军阀势力集团失去了领导核心，北洋军阀内部长期聚集的矛盾开始暴露出来，在帝国主义各国的收买和互相争夺下，各军阀之间展开了激烈的权利纷争，中国社会从此进入了一个战争频发的历史时期，内战、革命和外敌入侵成为此后中国历史演进的主要特征。据不完全统计，"自 1927 年夏至 1930 年夏这短短三年中间，动员十万人以上之内战已多至近三十次"②，这一时期中国北方每年战事波及的省份分别为：1927 年 14 省，1928 年 16 省，1929 年 14 省，1930 年 10 省。③从 1917 年至 1930 年的 14 年间，大小军阀混战战事波及 145 个省次。其中 1917～1924 年间，战事波及省份年均达 7 省之多；1925～1930 年间，战事波及省份年均增至 14 省左右。④

规模浩大、次数之多的内战致使本已屡弱之中国日益衰弱，无数次硝烟滚滚的战火不仅吞噬了数以千万计国人之宝贵生命，而且也消耗了大量独裁统治者搜刮的民脂。就战争伤亡人数而言，据估计，民国时期在历次重大战争中造成的伤亡人数约为 41026519 人，其中因内战而伤亡的人数就达 6026519 人（详见表 1－1）。连年的国内混战使财政窘困的民国政府成为"军奴"，纵观民国财政的变迁轨迹可知，其实质是以军费的逐年膨胀为主导的财政史。以 1928 年至 1934 年南京国民政府军费支出为例，1928 年军费支出为 2.1 亿元，1934 年军费支出已达 3.88 亿元，6 年间军费增长了约 85％。⑤军事费用的过度透支使本已入不敷出的政府财政陷入困境，至 1936

---

① 〔美〕费正清编《剑桥中华民国史（1912－1949 年）》上卷，杨品泉等译，中国社会科学出版社，2007，第 1 页。
② 陶直夫：《1931 年大水灾中中国农村经济的破产》，《新创造》第 1 卷第 2 期，1932。
③ 详见章有义《中国近代农业史资料》第 3 辑，三联书店，1957。
④ 夏明方：《民国时期自然灾害与乡村社会》，中华书局，2000，第 333 页。
⑤ 秦孝仪主编《中华民国经济发展史》第一册，台北，近代中国出版社，1983，第 407 页。

年，中央政府的"预算开支已经超过收入的33%"①。为满足军事开支的需
要，民国政府不得不大量举借外债，由图1－1可知，1928年至1937年南京
国民政府的军费支出总是有大量举借外债相伴随，而举借的外债"都用在以
武力统一国家上面——在南京政府看来，这是头等大事"②。仅1927～1931
年南京国民政府就举借内债10亿余元，这一数字远高于北洋政府时期举借
的6亿多元内债，而这些借款大多数出于军事需要。在1927年至1936年间，
南京国民政府军费开支逐年呈上升趋势，年均军费支出占财政总支出的
45.8%，最高年份达88%。③ 而在同一时期，省和省下一级政府的开支中军
费也占主要地位，"军费开支可能高达整个政府开支的4/5"④。庞大的军费
开支以及繁重的债务压力，使民国政府用于经济发展的资金已所剩无几（见
表1－2），而用于福利支出的费用就更微乎其微。就北平而言，因受连年军
阀盘踞及战争影响，"北平多年处于军阀铁蹄之下，重征暴敛，予取予求，
剥民脂膏，以偿欲壑，贫民负担过重，生计日蹙，……失业贫困日盛"。⑤

表1－1　1912～1949年历次重大战争伤亡人数（估计）统计

单位：人

序号	年　份	战争名称	死亡人数（估计）
1	1922	第一次直奉战争	40000（伤亡数）
2	1924～1925	第二次直奉战争	35000（伤亡数）
3	1924	苏浙战争	30000
4	1926	西安围成之役	100000
5	1926～1928	北伐战争	63840（伤亡数）
6	1930	中原大战	300000
7	1930	甘肃礼南、天水、武山三城之役	300000
8	1932～1934	川北15县内战	1100000
9	1928～1934	国共内战：江西	567869
10	1928～1934	红军损失	270000

① 〔美〕吉尔伯特·罗兹曼主编《中国的现代化》，国家社会科学基金"比较现代化"课题组
译（以下省略），江苏人民出版社，2003，第253页。
② 〔美〕费正清编《剑桥中华民国史（1912－1949年）》上卷，杨品泉等译，第112页。
③ 杨荫溥：《民国财政史》，中国财政经济出版社，1985，第22、149页。
④ 〔美〕吉尔伯特·罗兹曼主编《中国的现代化》，第253页。
⑤ 北平特别市社会局编《北平特别市社会局救济事业小史》，北平特别市社会局发行，1929，
第4页。

续表

序号	年　份	战争名称	死亡人数（估计）
11	1937～1945	抗日战争	35000000
12	1946～1950	国共内战	3219810（包括伤员失踪）

资料来源：序号1、2、5：〔美〕齐锡生《中国的军阀政治》，中国人民大学出版社，1991，第131页。序号3：甲子江苏赈务处编《赈务要变》，第1页。序号4：民国政府赈务处《各省灾情概况》，1929年编印，第17页。序号6、7：千家驹编《中国农村经济论文集》，中华书局，1936，第249页。序号8：张肖梅编《四川经济参考资料》下册，中国国民经济研究所，1939年印行，第24页。序号9：《江西年鉴》（1937年），第二十九章；转引自〔美〕何炳棣《1368～1953中国人口研究》，葛剑雄译，上海古籍出版社，1989，第247页。序号10、12：何炳棣《1368～1953中国人口研究》，葛剑雄译，第250页。序号11：1997年最新估计数字，转引自夏明方《民国时期自然灾害与乡村社会》，第80～81页。

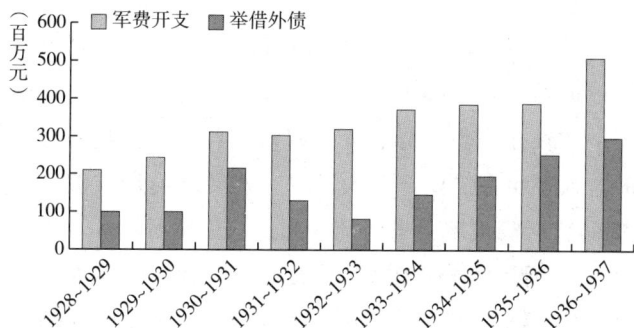

图1-1　南京国民政府时期的军费开支及借款情况（1928～1937年）

资料来源：依据1928～1937年南京政府收支报告统计资料绘制而成；引自〔美〕费正清编《剑桥中华民国史（1912-1949年）》上卷，杨品泉等译，第105～106页。

表1-2　1913～1937年民国政府财政支出情况略览

项　目		A：北洋军阀时期（1913～1925年）	B：十年内战时期（1929～1937年）
军事费	（百万元）	1005.5	3044（法币）
所占比例	（%）	39	43.84
债务费	（百万元）	830.5	2329
所占比例	（%）	32	33.54
经济建设费	（百万元）	—	217
所占比例	（%）	—	3.13

资料来源：A为1913年、1914年、1916年、1919年和1925年的数据；杨荫溥：《民国财政史》，第13页。B为许涤新、吴承明主编《中国资本主义发展史》第3卷，人民出版社，1933，第60～61页；转引自夏明方《民国时期自然灾害与乡村社会》，第337页。

民国时期频繁的战争和自然灾害在狂暴地践踏生命、消耗民脂民膏的同时，也为贫穷、难民、土匪、自杀、犯罪等社会问题的产生埋下了伏笔。张恨水以文学的笔触形象生动地揭露了灾荒情境下兵匪危害百姓的行为："平民司令把头抬，要救苍生口号哀；只是兵多还要饷，卖儿钱也送些来。越是凶年土匪多，县城变作杀人窝！红睛恶犬如豺虎，人腿衔来满地拖！平凉军向陇南行，为救灾民转弄兵；兵去匪来屠不尽，一城老妇剩三人！"① 战争吞噬了用以改善民众福祉的钱财，战争破坏了生态环境及社会的稳定，战争引发了民国社会的动荡，战争使民国社会陷入困苦。

二　天灾国难家破镜，灾民流亡齐悲哀

我国地域辽阔，地形地貌及气候类型复杂多样，自古以来就是一个多灾多难的国度，曾被西方学者称为"饥荒的国度"（the land of famine）。灾害学认为，灾害是"由于自然变异、人为因素或自然变异与人为因素相结合的原因所引发的对人类生命、财产和人类生存发展环境造成破坏损失的现象或过程"②。灾害的背后隐伏着人类活动的踪影。民国时期，社会动荡、战争连绵以及种种强加于百姓的有增无减的差役负担，成为灾害孕育、迸发、蔓延乃至加剧的最大的"人祸"③。《东方杂志》以其敏锐的眼光洞悉到民国灾荒频发的最大原因："近年来军阀混战，匪患不除，以致人民元气大丧。"④ 正是这些"人祸"，使生活在民国时代的人们相对于其他历史时期而言，遭受的"是愈来愈密集的各种自然灾害的袭击。"⑤ 在民国短暂的38年中，遭受重大灾害的次数以及遭灾死亡人数都远远超过元、明、清三代，甚至高于三代之总和。⑥

在民国38年的岁月中，1928年至1937年、1942年至1948年是民国时期受灾最为严重的两个阶段，其中，1928年至1937年是民国时期灾害最严重、受灾人数及遭灾县数最多的历史时期（图1-2、图1-3）。据《中国救

---

① 张恨水：《燕归来》，安徽文艺出版社，1986，第1页。
② 马宗晋等：《灾害学导论》，湖南人民出版社，1998，第63页。
③ 李文海等：《中国近代十大灾荒》，上海人民出版社，1994，第2、157页。
④ 颂皋：《五省的大灾荒》，《东方杂志》第22卷第15号，1925。
⑤ 夏明方：《民国时期自然灾害与乡村社会》，第33页。
⑥ 夏明方：《民国时期自然灾害与乡村社会》，第79～81页。

荒史》记载，仅 1933 年 8 月，黄河决口，被灾人数达 3642514 人，死亡达18293 人，房屋倒塌 1685369 间，淹没田亩 12742647 亩，牲畜伤害 63639头，损失达 232214648 元。绥远、山西、河北、河南、湖南等省影响颇巨。河北省各河堤决口，淹没数十村庄，农田 4 万余顷；黄河上游堤溃，溺死2000 人以上。河南滑县尤重，被灾面积达 5000 余方里，灾民 30 余万人，淹没房屋 45 万间，死亡不计其数，财产损失 3000 余万元。同年，豫、皖、冀、浙、湘、陕、晋、苏、鲁 9 省遭遇蝗灾，被害面积 6863033 亩，损失14779215 元；陕、豫、晋、甘等省遭冰雹风霜，被灾达 100 多县；晋省太原附近冰雹大如卵，毁损农作物非常严重。① 1933 年是一个平凡的癸酉年，这一年的灾情在历史学者的视野中只是 1928 年至 1937 年诸多灾害中极为普通的灾害之一而已，它并未像"万里赤地：1928 至 1930 年西北、华北大饥荒""八省陆沉：1931 年江淮流域大水灾"那样"荣登"中国近代"十大灾荒"的行列。由此，我们可以洞察出 20 世纪二三十年代中国灾害的严重程度。

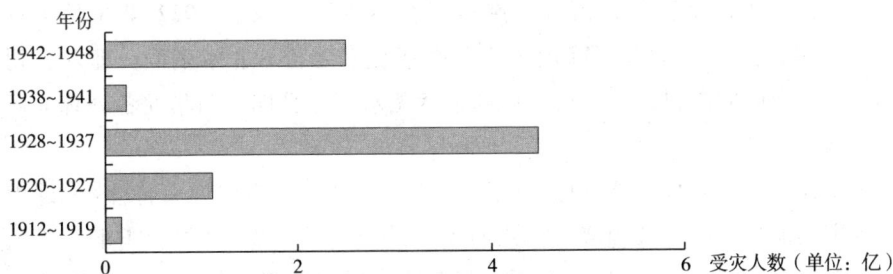

图 1-2　1912～1948 年间灾民总数阶段变动

资料来源：此图表依据夏明方《民国时期自然灾害与乡村社会》第 74 页的有关统计数字绘制而成。

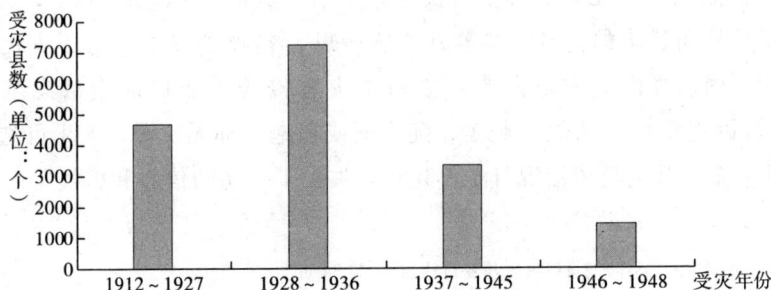

图 1-3　1912～1948 年间受灾县数统计

资料来源：此图表依据夏明方《民国时期自然灾害与乡村社会》附录第 371～383 页的有关统计数字绘制而成。

———————————

① 邓拓：《中国救荒史》，北京出版社，1998，第 48～49 页。

如果从区域视角来考察民国时期的受灾状况，那么华北地区是受灾次数最多、受灾程度较为严重的区域。据统计，1912～1948 年间，全国遭受水灾的县数达 7408 个，其中华北地区的河北、山东、河南、山西 4 省遭受水灾县数为 2250 个，约占受灾总县数的 30%；旱灾全国受灾为 3935 个县，4 省受灾为 1993 个县，约占受灾总县数的 50%；虫灾全国受灾为 1719 个县，4 省遭灾 757 个县，约占受灾总县数的 44%；雹灾全国受灾为 1032 个县，4 省受灾为 390 个县，约占受灾总县数的 38%。① 北平作为华北的重镇，地处华北平原西北部，三面环山，地势西北高、东南低，永定河、潮白河、北运河、大清河、蓟运河五大水系自西北向东南流过，汇集成北京小平原。② 由于北平较为特殊的地理位置及置身于华北地区这一大环境，所以民国时期北平如同华北其他省份一样，也遭受了较为严重的自然灾害。如 1929 年 8 月，受永定河洪水暴涨的影响，北平遭受了严重的洪灾，其中宛平、良乡、涿州受灾最为严重，灾民达数十万人。北平西郊、南郊一大区域"俨同内海，数百村浸在水中，难民数以万计，淹毙当在不少"③。又据 1932 年 6 月 4 日《申报》报道："华北久不降雨，北平亦感缺水之苦，井水多涸。即水公司亦仅能于晨间间断供给，清晨之后则全然无水。北平四乡与华北各处现亦同苦缺水。"④

多样性、频发性、群发性、广泛性是民国时期灾害的四大特性⑤。肆虐的灾害洪流如同幽灵般缠绕着民众的生活，"大灾巨馑""饥民遍野""凶岁奇荒""饿殍塞途"成为灾后历史图景的真实再现，颠沛流离、漂泊他乡变成人们日常生活中的常态。对于那些不甘困守待毙的灾民来说，"走四方"只能是一种无奈的诉求与抉择。生活于其时的作家们，以文学的笔调书写其耳闻目睹的场景，描摹其所感所思，刻画了灾荒打击下灾民的生活情状。周启祥的《农村夜曲》描写了灾害侵袭下农民的生活态度及选择，"饥饿把年轻人从故乡赶走，随土匪或当炮灰都无所谓，人生可选择的道路并不多，就到处流浪混日子等死吧！失去了一切的信心和勇气"⑥。李尹

---

① 夏明方：《民国时期自然灾害与乡村社会》，第 34 页。
② 孙冬虎：《北京近千年生态环境变迁研究》，北京燕山出版社，2007，第 10～11 页。
③ 《北平城有被淹之虞》，《民国日报》1929 年 8 月 5 日。
④ 吴文涛、王均：《略论民国时期北京地区的自然灾害》，《北京社会科学》2000 年第 3 期。
⑤ 杨琪：《民国时期的减灾研究》，齐鲁书社，2009，第 36～38 页。
⑥ 转引自张堂会《民国时期自然灾害下的人与社会——以现代文学为中心的考察》，《中国现代文学研究丛刊》2009 年第 3 期。

实以《流浪者的哀歌》倾诉了灾民在异域他乡的伤感情怀，"忘怀了，忘怀了我穷荒的故乡，眼帘下浮着渺茫；小径上刻满了我的足迹，夜风吻着我彷徨，流浪者的身旁啊！枯树上不少的寒鸦和我一同哀伤。"[1] 王兆瑞的《异乡》记录了遭受水灾的难民流落异乡的情景，"异乡的土地是光秃秃的，连仅有的树木也剥尽了皮"，"虽然男的、女的都有一双手，一双手可难满足个肚饥！"[2] 在文人的笔下，灾民流浪者真实的生活场景和漂泊异乡的伤感情怀栩栩如生地浮现于读者的脑海中，同时灾民们的流浪情状也深刻地揭露了"旧社会在黑暗政治和无情灾荒双重荼毒下人民群众所过的人间地狱式的生活"。[3]

第二节　北平的社会问题

民国连绵不绝的战争与频发的自然灾害交织，加速了中国农村人口向城市的流动。相对于贫穷落后的农村，较为富裕的城市，特别是上海、北平、天津、南京、青岛等大城市无疑成为灾民流向的首选目标。就北平而言，灾害期间，由于灾民得不到当地的救济，"数千万各省灾民沿铁路线向北京流亡，京汉、京奉、津浦、京绥、陇海各条铁路沿线无不聚集大量灾民"[4]。1929 年 11 月 17 日，据《顺天时报》报道，这一天"约有河南郑州等县灾民三百余人来平，其因该县等地，本年春夏之间，旱蝗为虐，继以雨水成灾，五谷不收，赤地千里，饥民遍野。近更以国军与西北军，在郑州以西等处对垒作战，无法维生。因此相率避难北上，遂沿平汉铁路线，沿途乞讨始行逃奔到平。然尚有大多数难民等，均在后面途中，不日即将避难来平"[5]。因天灾、匪祸等，中下阶层客民不断涌入北平，使北平户口持有者呈现贫困化趋势。据调查统计，1930 年北平贫民为 166106 人，约占全市人口的 15.03%。[6] 1931 年 10 月，全市贫民为 463435 人，约占全市人口总数的

---

① 李尹实：《流浪者的哀歌》，《大华晨报》副刊《沙漠诗风》第 4 期，1936 年 2 月 7 日。
② 王兆瑞：《异乡》，周启祥主编《三十年代中原诗抄》，重庆出版社，1993，第 202 页。
③ 李文海等：《中国近代十大灾荒》，前言，上海人民出版社，1994，第 3 页。
④ 德源：《北京灾害史》（上），同心出版社，2008，第 266 页。
⑤ 《豫难民来平甚多》，《顺天时报》，1929 年 11 月 17 日，第 7 版。
⑥ 牛鼎鄂：《北平一千二百贫户之研究》，《社会学界》第 7 卷，1933，第 150 页。

33%，为全市人口的1/3，也就是说，3人中有一人为贫民。① 台湾学者许慧琦曾指出，1928～1937年北平人口结构出现了"三多一少"的现象，即贫民多、客民多、青壮年男性多、富户少。②

大批灾民的涌入不仅使北平人口不断增长，而且也改变了北平人口结构。从某种意义上讲，"民国时期是大量外地户口的内聚迁移长期维持了北京地区尤其是北京（北平）城市户口的不断增长"③。中国农村人口向城市的涌入，并非因为都市工业的发达以及农业的资本主义化，而是因为灾荒这个主要因素④。就近代中国工业发展而言，在1914～1920年出现了短暂的繁荣后，便陷入了发展与停滞交替的阶段，1931年因受世界经济危机的影响，其发展更是举步维艰，直到1936年下半年才根本好转，而此时段"正是中国流民潮的巅峰时期"⑤。由此可以推出，1927～1936年间，在工业发展陷入不景气时，流民源源不断地流向城市，这对于迁都后经济萧条的北平来说，"非但不能消化骤然增大的劳动力市场，甚至连旧有的劳动力消化水平也难以维持"⑥。所以，当城市劳动力及外来劳动力在城市得不到消化时，便游离出大量的剩余劳动力，而这些处在一定的社会环境下的剩余劳动力，在陷入无助时便演化成社会问题。

一 北平的失业问题

20世纪二三十年代，战争、自然灾害及国都南迁成为北平市贫困与失业的三大主因⑦，其中，国都南迁成为北平城市发展史上的转折点。迁都后，权贵阶级、富户商贾纷纷离平，给北平经济带来巨大冲击，诚如台湾学者许慧琦对故都北平描写的那样："回顾20世纪的北京，其蓬勃的城市经济，主要拜其国都身份所赐"，如用比拟的修辞来说，"国都北京就像嫁入名门贵胄的命妇，久享不虞匮乏的安逸生活"，而"国都南迁后成为故都的北平，其命运仿佛夫婿（北洋政权）遽亡，家道中落而无以为恃"；因此，迁都被视

---

① 《本市贫民统计：占全市人口三分之一》，《民国日报》1931年10月4日，第4版。
② 许慧琦：《故都新貌：迁都后到抗战前的北京城市消费（1928-1937）》，第75～81页。
③ 韩光辉：《北京历史人口地理》，北京大学出版社，1996，第286页。
④ 《中山文化教育馆季刊》第4卷第1期，1937。
⑤ 夏明方：《民国时期自然灾害与乡村社会》，第93页。
⑥ 王文昌：《20世纪30年代前期的农民离村问题》，《历史研究》1993年第2期。
⑦ 北平特别市社会局编《北平特别市社会局救济事业小史》，第4～5页。

为"北京城市转变最关键的分水岭"。① 国都南迁，"其所附丽之百业，亦将因之堕落"②，其中北平市商业的萧条是百业堕落的主要表征，如 1929 年上半年北平市各类商业营业数为 1689 家，歇业数为 882 家；③ 1930 年上半年北平市各类商业的营业总数为 1322 家，歇业总数为 1235 家；④ 1932 年北平各类营业商店之歇业倒闭者，"上半年六个月共一千四百二十三家，下半年六个月共六百二十三家，全年共二千零四十六家"⑤。1933 年度北平市开业商家数为 2243 家，歇业商家数为 1397 家。⑥ 在产业工人失业方面，1928 年"北平市约有七千产业工人，在北平市民中，八人就有一人是从事这一职业的，然而绝大部分产业工人是没有工作的。据 1931 年的一份报道指出，'从 1928 年 7 月至 1929 年 6 月，32.7% 的工会成员处于失业状态'"。⑦

　　从失业的行业分布看，本次失业具有行业分布广的特点。由表 1-3 可知，1928 年、1929 年上半年北平失业波及 52 个行业，其中饭庄行、布行、米面行、皮货行、油酒酱醋行、估衣行、纺织染坊行、鞋靴行、干鲜杂货行等是失业较严重的行业，失业人数达 17328 人，约占整个失业人数的 57.9%。1930 年，北平经济情形更加困窘，失业数达 30 万众，啼饥号寒无以为生⑧。就失业者的年龄而言，以 1928 年 10 月北平市失业人员为例，在 1313 人男性失业者中，约有 83.7% 的人年龄在 20~44 岁之间，且男性失业人数约占整个失业人数的 95%；而在 69 人女性失业者中，大多数的年龄在 15~29 岁之间，其失业人数仅占失业总数的 5% 左右。这并不意味着女性失业率低，而是在当时社会女性参与职场活动的人数较少⑨。从男女失业者的年龄来看，多数失业者处于年富力强的年龄阶段。

① 许慧琦：《故都新貌：迁都后到抗战前的北平城市消费（1928-1937）》，第 9~10 页。
② 《北平市制与河北省会问题》，《京报》1928 年 7 月 9 日，第 5 版。
③ 北平特别市市政府秘书处：《北平特别市市政公报》1929 年第 18 期。
④ 北平特别市市政府秘书处：《北平特别市市政公报》1930 年第 87 期。
⑤ 《二十一年歇业统计》，《顺天时报》1933 年 2 月 13 日，第 6 版。
⑥ 北平市政府秘书处第一科统计股主编《北平市政府二十二年度行政统计》，北平市政府秘书处第一科统计股发行，1935，第 1 页。
⑦ Madeleine Yue Dong, *Republican Beijing: The City and Its History*, p. 80.
⑧ 北平特别市市政府秘书处：《北平特别市市政公报》1930 年第 34 期。
⑨ 北平特别市市政府秘书处：《北平特别市市政公报》1929 年第 7 期。

表 1－3　1928 年和 1929 年北平市各行商号失业职工统计

单位：人

商会名称	1928 年年底失业职工数	1929 年六月底失业职工数	总计	商会名称	1928 年年底失业职工数	1929 年 6 月底失业职工数	总计
饭庄行	1523	1560	3083	糕点行	95	161	256
布行	1336	1508	2844	颜料行	120	134	254
米面行	1075	1159	2234	煤行商行	29	198	227
皮货行	818	1292	2110	染行	102	105	207
油酒醋酱行	772	917	1689	木业行	91	115	206
估衣行	1310	310	1620	粮麦行	90	107	197
纺织染坊行	515	891	1406	干鲜果行	90	100	190
靴鞋行	518	719	1237	油盐芝麻行	70	115	185
干鲜杂货行	525	580	1105	鸭业公会	124	43	167
浴堂行	804	106	910	陆陈行	72	94	166
车行	432	456	888	铜铁锡行	56	86	142
首饰行	354	392	746	茶行	60	80	140
绸缎洋货行	308	434	742	五金业	52	81	133
新旧木器行	329	367	696	烟行	28	101	129
帽行	277	339	616	采育镇	43	80	123
老羊皮货行	363	250	613	黑白灰行	37	64	101
煤铺公会	295	313	608	玉器行	36	59	95
当业	261	301	562	烟袋行	29	37	66
旅店行	222	336	558	猪肉食品	32	32	64
米庄行	180	238	418	钱业	15	35	50
香烛熟药行	135	277	412	账庄	19	31	50
绦带行	184	183	367	□行	24	25	49
纸行	142	169	311	酒行	14	26	40
棉花行	143	167	310	海淀镇各行	9	5	14
磁铁行	147	148	295	药行	3	3	6
煤油洋货行	98	163	261	炉房	2	2	4
				总　计	14408	15494	29902

说明：本表由入总商会之商号调查而来，北平特别市社会局第三科统计股制。

资料来源：北平特别市市政府秘书处《北平特别市市政公报》1930 年第 41 期。

英国学者贝思飞在其《民国时期的土匪》一书中曾指出："贫困，总是土匪长期存在的潜在背景，而饥饿又是通向不法之途的强大动力。"[①] 20 世纪二三十年代，北平市的广大失业者的生活陷于窘困，饥寒交迫的折磨又使

———————

① 〔英〕贝思飞：《民国时期的土匪》，徐有威、李俊杰译，上海人民出版社，1992，第 10 页。

许多走投无路的失业者做出了有违常人的行为，犯罪、盗窃、抢劫、自杀、行乞等无奈之举成为底层民众的"理性"选择，这些行为犹如悄悄涌动的暗流，时时侵扰着社会的稳定，削弱着南京国民政府统治的合法性。

二　北平的犯罪问题

美国学者博登海默曾指出："如同在自然界中一样，秩序在人类生活中也起着极为重要的作用"，"如果没有这种规则性，我们就会生活在一个疯狂的世界"。[①] 任何社会都是有序的，所以任何危害社会秩序的行为便是犯罪。然而，犯罪是一个历史范畴，不同历史阶段、不同社会形态对犯罪的标准有不同的界定与阐释，而诱发社会犯罪的原因也会因国度的不同、社会的变迁而发生变化。

往昔的民国时期并非如字面看似的那样祥和与安宁，而是一个内乱与外患、传统与现代交织碰撞的大变动时期。民国特殊的历史环境"孕育"了大量的城市"无产者"，正如无产阶级革命导师恩格斯在其《英国工人阶级状况》一文中所指出的："当无产者穷到完全不能满足最迫切的生活需要，穷到要饭和饿肚子的时候，蔑视一切社会秩序的倾向也就愈来愈增长了。"而"蔑视社会秩序的最明显最极端的表现就是犯罪"。[②] 这表明，贫穷是滋生犯罪的主要根源。我国著名犯罪学家严景耀在对北京市第一监狱 1920～1926 年间 5790 名罪犯的统计与分析中发现，男女罪犯中犯经济罪的案件在所有犯罪案件中占据首位。[③] 1931 年 1 月，北平市公安局经办犯罪案件数为 792 件（表 1－4），犯罪人数 1098 人，其中经济犯罪（强盗、窃盗、侵占、奸拐、欺诈及恐吓）案件数为 224 件，犯罪人数 243 人，在各种经济犯罪中，犯盗窃罪的案件及人数是最多的。恰如严景耀对当时北平的犯罪问题研究后所指出的那样："北平所犯的罪百分之八十以上是经济罪，而每人被发觉之先，绝不是一定只犯一次罪。"[④] 而犯经济罪者"几乎都是穷人，或者是那些无法达到正常生活标准的人们"[⑤]。如同北平第一监狱的一位犯人对采访人说的那样："您是有钱

① 〔美〕博登海默：《法理学：法律哲学与法律方法》，邓正来译，中国政法大学出版社，1999，第 223、221 页。
② 《马克思恩格斯全集》第 2 卷，人民出版社，1957，第 400、415 页。
③ 严景耀：《北京犯罪之社会分析》，《社会学界》第 2 卷，1928，第 44～45 页。
④ 严景耀：《北京犯罪之社会分析》，《社会学界》第 2 卷，1928，第 70 页。
⑤ 严景耀：《中国的犯罪问题与社会变迁的关系》，吴桢译，北京大学出版社，1986，第 115 页。

人，不懂得我们穷人的苦处。我是拉车的，我有个老婆，三个孩子。他们都靠我一个人每天挣钱养活他们。我多挣钱，他们就可以多吃饭；我挣少了，他们就得少吃。所以我每天拼着命地拉，为的是养活他们。可是老天不帮忙，偏偏我得了脚痛的病，痛得要命。不能拉车了，我不但没有钱看病，全家人还得挨饿。我脚痛，心里更痛，我不忍心看着孩子们挨饿，我老婆成天的哭（他说到此处也哭了）。早晨，我去找大夫看脚，想着能快点好起来，我答应大夫，脚一好我就还钱。看完病，在回家的路上，我看见一个饭馆门口热气腾腾地蒸着一笼馒头，我立刻想起家里挨饿的孩子们。我禁不住拿了几个馒头想带回家给老婆孩子们吃。我就在这时候被铺了，判了六个月的徒刑。我现在在监狱里总算有吃的了，可老婆孩子都成了要饭化子，我不知道他们现在在哪里。我盼望着我出狱那天能看到他们还活着，没有饿死。"① 犯罪人的陈述表明了一个简单的事实，贫穷是诱发犯罪的最大成因，贫穷使人丧失理智、漠视是非。

表1-4　民国二十年（1931）1月北平市公安局经办犯罪案件统计

单位：件，人

区别 \ 案例		殴斗杀伤		强盗		窃盗		侵占		奸拐		欺诈及恐吓		其他	
		件数	人数	件数	人数	件数	人数	件数	人数	件数	人数	件数	人数	件数	人数
内城	内一区	11	14	—	—	9	9	3	3	—	—	—	—	—	—
	内二区	35	42	—	—	19	19	4	4	—	—	2	2	36	47
	内三区	8	11	—	—	4	4	3	4	2	2	—	—	23	43
	内四区	14	27	—	—	8	8	2	2	—	—	—	—	42	64
	内五区	2	7	—	—	3	3	2	2	1	1	—	—	26	47
	内六区	—	—	—	—	16	16	6	6	—	—	4	4	13	13
外城	内一区	23	26	—	—	15	13	4	4	—	—	2	4	25	40
	内二区	8	10	—	—	15	15	7	7	11	11	4	5	2	2
	内三区	14	21	—	—	8	11	2	2	1	4	3	3	18	27
	内四区	11	16	—	—	2	2	—	—	—	—	1	1	7	6
	内五区	21	21	1	1	11	11	3	3	—	—	6	6	78	144
	合	147	195	1	1	110	111	37	38	15	18	22	26	270	433
四郊	东	24	30	—	—	4	6	1	1	—	—	1	2	26	37
	西	17	27	2	4	9	7	1	2	—	—	—	—	18	30
	南	7	8	3	9	12	13	—	—	—	—	1	1	29	45
	北	1	1	—	—	5	4	—	—	—	—	—	—	29	49
	合	49	66	5	13	30	30	2	3	—	—	2	3	102	161
总计		196	261	6	14	140	141	39	41	15	18	24	29	372	594

资料来源：《北平市市政公报》1931年第87期。

---

① 严景耀：《中国的犯罪问题与社会变迁的关系》，吴桢译，第75页。

　　依据内政部对全国 23 个主要城市刑事犯人数的统计,从全国来审视,1932 年北平刑事犯人数位居 23 个城市的首位(表 1-5),男性罪犯 12234人,女性罪犯 1939 人,共计 14173 人;其次为上海,犯罪人数共计 11061人;再次为首都南京,犯罪人数为 6238 人。从所犯的罪名来看,1932 年全国 23 个主要城市刑事犯罪中(见表 1-6),涉及经济的犯罪有伪造货币罪、鸦片罪、赌博罪、窃盗罪、强盗罪、侵占罪、诈欺罪、恐吓罪、藏物罪,占犯罪总数的 68.03%。就全国而言,经济诱惑仍是引发犯罪的最大动因,北平的经济犯罪仅是全国经济犯罪的缩影而已。

表 1-5　民国二十一年(1932)刑事犯人数统计

单位:人

公安局别	男	女	共　　计
北平市公安局	12234	1939	14173
上海市公安局	9580	1481	11061
首都警察厅	4999	1239	6238
浙江省会公安局	4703	1069	5772
河北省会公安局	4324	538	4862
青岛市公安局	4149	567	4716
广东省会公安局	3726	293	4019
汉口市公安局	3261	724	3985
山东省会公安局	3029	681	3710
湖南省会公安局	1668	378	2046
湖北省会公安局	1616	378	1994
山西省会公安局	1602	109	1711
安徽省会公安局	901	254	1155
陕西省会公安局	687	119	806
河南省会公安局	679	98	777
江苏省会公安局	560	213	773
云南省会公安局	436	65	501
威海卫公安局	433	58	491
烟台公安局	360	64	424
梧州公安局	270	84	354
汕头市公安局	273	40	313
广西省会公安局	211	35	246
青海省会公安局	165	5	170
总　　计	59866	10431	70297

　　资料来源:《民国二十一年份公安局假预审刑事犯统计摘要》,内政部编《内政调查统计表》1934 年第 13 期;本书作者对数据排列有所调整。

表 1-6　民国二十一年（1932）刑事犯罪名统计

罪名别	人数（人）	百分数（%）
鸦片罪	44413	29.97
窃盗罪	22326	15.07
赌博罪	20986	14.16
杀伤罪	20912	14.11
妨害婚姻及家庭罪	7562	5.10
其他刑事罪	6145	4.15
妨害自由罪	5345	3.61
强盗罪	4624	3.12
诈欺罪	4520	3.05
妨害风化罪	3095	2.09
妨害秩序罪	2389	1.61
侵占罪	1978	1.33
内乱罪	1059	0.71
公共危险罪	864	0.58
藏物罪	768	0.52
伪造货币罪	663	0.45
恐吓罪	535	0.36
总　　　计	148184	100

资料来源：《民国二十一年份公安局假预审刑事犯统计摘要》，内政部编《内政调查统计表》1934 年第 13 期。

　　"犯罪行为是在突然的和迅猛的社会变化中所发生的，是在和新的社会环境失去适应能力的情况下发生的，或者是在新形势下，谋求他们原来的生活方式和满足他们的基本需要，而在这些传统形式被迫害的情况下发生的。"[1] 北平的犯罪正是在其由国都向故都的转变中，在"商民困苦，百业萧条，税收锐减，财政枯竭"[2] 的境遇中爆发的。犯罪是社会病态的反映，而北平经济犯罪凸显的背后折射的是北平的贫困及贫民生活的困境。如何救助贫民不仅事关贫民的生活，而且也与北平社会的稳定息息相关。

三　北平的自杀问题

　　法国社会学家埃米尔·迪尔凯姆在其《自杀论》中指出，所谓自杀就是

---

[1]　严景耀：《中国的犯罪问题与社会变迁的关系》，吴桢译，第 203 页。
[2]　《发行公债与平市新建设》，《北平晨报》1936 年 9 月 17 日，第 2 版。

"人们把任何由死者自己完成并知道会产生这种结果的某种积极或消极的行动直接或间接地引起的死亡"，"每一个社会群体对自杀都有一种特殊的倾向，这种倾向既不能用个人的心理气质结构来解释，也不能用自然环境来解释……这种倾向必然取决于社会原因"。①

国都南迁后，北平百业萧条，工人、商民失业，加之世界经济危机以及国内天灾人祸的冲击，人们处境极为艰难②。北平的落寞给民众的生活带来了巨大的影响。此外，社会变迁所引发的新旧思想观念的冲突也时时困扰着人们，诚如李大钊所洞悉的那样："中国人今日的生活全是矛盾生活，中国今日的现象全是矛盾现象。举国的人都在矛盾现象中讨生活，当然觉得不安，当然觉得不快。"③泾渭分明的新旧矛盾影响和困扰着人们的日常生活。正是诸多因素的合力推动了北平自杀人数的上升。

迁都后，北平出现了自杀潮。通过对当时报刊、内政年鉴、市政公报等资料的统计可以看出，北平自杀人数逐年呈递增趋势（表1-7）。虽然这些自杀人数与迁都前的北京自杀人数相比（表1-8），包括了一些自杀未遂者，但迁都后北平自杀人数总体呈上升趋势。

表1-7 1929~1935年北平自杀人数统计

单位：人

年　份	1929年	1930年	1931年	1932年	1933年	1934年	1935年
人　数	152	154	179	177	339	372	547
资料来源	①	②		③		④	⑤

资料来源：①《北平市十八年份自杀统计图》，北平特别市市政府秘书处《北平特别市市政公报》1930年第43期。②张铁铮：《最近两年北平自杀案件的分析》，《北平晨报》1932年2月10日，第6版。③根据历平内政年鉴整理，转引自何楠《20世纪30年代前期中国城市自杀问题剖析》，硕士学位论文，吉林大学历史系，2005，第7页。④《北平市上年度自杀统计》，《北平晨报》1935年2月10日，第6版。⑤北平市政府秘书处第一科统计股主编《北平市统计览要》，1936，第68页。

---

① 〔法〕埃米尔·迪尔凯姆：《自杀论》，冯韵文译，商务印书馆，2008，第11、135页。
② 学者一般认为，导致1930年代中国经济萧条的原因，约有以下四项：（1）世界主要国家贬低外汇价值；（2）1934年美国购银法案造成的影响；（3）1931年九一八事变后日本占领东北；（4）1931年的长江大水灾。北平也不例外地置身于这些事情的发展中，受其影响。见许慧琦《故都新貌：迁都后到抗战前的北平城市消费（1928-1937）》，第88页。
③ 李大钊：《新的！旧的！》，《李大钊全集》第3卷，河北教育出版社，1999，第16页。

表 1－8 1912～1917 年北京自杀死亡情况

单位：人

年　份	1912 年	1913 年	1914 年	1915 年	1916 年	1917 年
人　数	86	83	54	110	85	126

资料来源：《内务统计：民国四年份京师人口之部》，第 53～54 页；李大钊：《李大钊文集》（上），人民出版社，1984，第 155～156 页；转引自景军、罗锦文《京沪青年女性在民国时期的自杀问题》，《青年研究》2011 年第 4 期。

　　从北平自杀者自杀的原因来看（表 1－9），生计困难是首要原因，因贫自杀的人数占总自杀人数的 30.5%，其中，男性自杀远超女性。在自杀者的职业中（表 1－10），无业者成为北平自杀的主要群体，男女共 275 人，约占当年自杀人数的 50.3%。就自杀者的年龄而言（图 1－4），21～40 岁是北平自杀者的高发年龄段，其中年龄在 21～30 岁的自杀者为 150 人，约占当年自杀人数的 27%；年龄在 31～40 岁的自杀者为 111 人，约占当年自杀人数的 20%。这些自杀情况表明，受北平经济萧条的影响，许多身强力壮之男女无工可做，以致无以为生。据 1928 年《顺天时报》报道，北平贫民"最多处为西直德胜两门内，近城垣而居；次为东直安定两门东北城隅；再次则为外城东南，西北各近城墙处，皆属极穷聚居地点。彼等容身之屋，固系破蔽倾颓，望之可危。但其屋内率以败草铺地，男女老少，日夜栖息此败草中，且有将土炕掏空，上覆破席，人则伏于其中，不知者进屋时，仅闻其声不见其人，必高声呼叫，彼等始由席之破处，探首于外，再呼始出，则答云身无遮体衣，不敢见客云云。其有一家数口，获得一二件棉衣者，则将此棉衣轮流穿着，以便外出觅食领粥或拉车之用。每晨由粥厂领得一器小米粥归来后，再将其尘芥堆中，拾得之白菜帮菜蒂等，切碎混合粥中，燃柴使熟而后分啜之。至该穷民之状态，悉皆满面沉黑，污垢不堪，兼以破屋中之凄惨，称为恶鬼地狱，亦无不可"[1]。生活贫困使广大青壮年男女丧失尊严，丧失理智，最终走上绝境。在赤贫的境遇下，自杀不是弱者的表现，而是强者的无奈之举。

　　1927 年至 1937 年被史学界称为南京国民政府的"黄金十年"，但对北平而言，这十年"是一个极为混乱的时期"[2]，国都南迁、中原大战、中日

---

　　[1]　《贫民生活状态：某慈善家之口述》，《顺天时报》1928 年 12 月 22 日，第 7 版。

　　[2]　Madeleine Yue Dong, *Republican Beijing: The City and Its History*, p. 78.

间的长城战事，以及热河失陷等事件给北平带来了巨大创伤，与此相伴的是北平的贫穷、失业、犯罪、自杀等社会问题，这些问题犹如社会肌体的毒瘤，不断侵蚀着北平的稳定与发展，而对毒瘤的医治也就成为北平市政府亟待解决的主要问题。

表 1－9 1935 年北平自杀者原因统计

单位：人

项目	家庭纠纷	生计困难	婚姻不自由	失恋	营业失败	失业	疾病	畏罪	被虐待	其他	不明	计
男	27	129	—	—	3	5	46	2	—	53	71	336
女	87	38	1	1	—		33			37	14	211
总计	114	167	1	1	3	5	79	2	—	90	85	547

资料来源：北平市政府秘书处第一科统计股主编《北平市统计览要》，1936，第 68 页。

表 1－10 1935 年北平自杀者职业统计

单位：人

项别		农	矿	工	商	交通运输	公务员	自由职业	人事服务	失业	无业	未详	计
总计	男	15	—	22	36	6	12	27	15	—	142	61	336
	女	8	—	10	1			3	45		133	11	211
合计		23	—	32	37	6	12	30	60	—	275	72	547

资料来源：北平市政府秘书处第一科统计股主编《北平市统计览要》，1936，第 68 页。

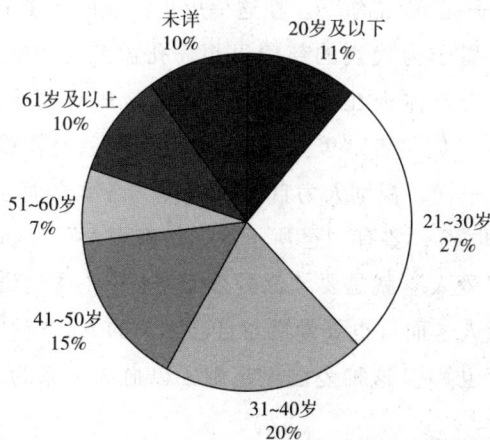

图 1－4 民国二十四年度（1935）北平自杀者年龄统计

资料来源：北平市政府秘书处第一科统计股主编《北平市统计览要》，1936，第 69 页。

第三节　北平救助的文化基石及西方
救助理念的借鉴

20世纪二三十年代，中国社会救助事业虽然具有西方社会救助的表征，但其发展仍受中国传统文化的影响。中国传统文化所蕴含的丰富的慈善思想及西方先进救助理念的传播与实践，为北平社会救助事业的发展奠定了基石。

一　中国传统文化蕴含的慈善思想

何谓文化？难以一言而蔽之。就文化的功效而言，人类学家克罗伯和克拉克洪认为，文化是一种规则，具有导向、能动作用，可以塑造人的行为。① 因此，救助文化对弘扬社会救助事业，促进社会救助事业的可持续发展具有重要的导向作用。而近代中国社会救助的文化基石则是中国传统文化，它主要体现为不同历史时期文化中的慈善思想。

1. 先秦诸子的文化慈善思想

先秦时期是学术思想较为活跃的时期之一，同时也是一个重要的承接时期，这一时期"一方面摆脱原始巫术宗教的种种观念传统，另一方面开始奠定汉民族的文化——心理结构"②。在这一思想活跃的历史时期，出现了以孔子、孟子、管子、墨子为代表的慈善思想。孔孟慈善思想的核心为儒学的"仁爱"价值观，主要体现在"爱人""利民"等思想层面。孔子在《论语·颜渊》中提出"仁"者"爱人"也。"爱人"就是要爱惜别人，爱惜别人就像要爱惜自己一样，视别人为自己，做到"己欲立而立人，己欲达而达人"（《论语·雍也》），要有"己所不欲，勿施于人"（《论语·颜渊》）的惜人之心。同时"爱人"就是要"泛爱众而亲仁"（《论语·学而》），即不仅要爱惜自己的亲人，而且也要爱惜与自己无关的人，应"博施于民而能济众"（《论语·雍也》）。这种爱已经超越了以血缘关系为基础的家庭伦理，

---

① 〔英〕菲利普·史密斯：《文化理论》，张鲲译，商务印书馆，2008，第10～11页。
② 李泽厚：《美学三书》，安徽文艺出版社，1999，第55页。

延伸至社会生活中的每一个人，从而为"利民""惠民"的善举奠定了基础。孟子在孔子"爱人"的基础上进一步提出了"性善"的主张，认为："人性之善也，犹水之就下也。人无有不善，水无有不下。"（《孟子·告子上》）孟子所讲的"善"是"人之所不学而能者，其良能也；所不虑而知者，其良知也"（《孟子·尽心上》），并非人后天习得的，而是与生就具有的禀赋、能力。孟子进一步阐释了"爱人"这一"善"是人的本性，是人天赋的道德观念，每个人都具有"恻隐之心"，具有爱护、救助他人的本能。

在"爱人"成为人的本性后，人与人之间应当互相关爱、互相爱护，"人不独亲其亲，不独子其子，使老有所终，壮有所用，幼有所长，矜寡孤独废疾者皆有所养"（《礼记·礼运》）。在这充满爱的美好社会中，矜、寡、孤、独、废、疾等弱势群体都应得到社会的救助。对统治者而言，孔子认为统治者应当"因民之所利而利之""择可劳而劳之"（《论语·尧曰》），多做一些惠民、利民之事。《孟子·公孙丑上》中也指出："人皆有不忍人之心。先王有不忍人之心，斯有不忍人之政矣。以不忍人之心，行不忍人之政，治天下可运之掌上。"在孟子看来，统治者如果用怜悯体恤别人的仁爱之心，施行怜悯体恤百姓的政治，以保民、养民为己任，那么治理天下就会游刃有余。惠民、利民思想既是中国传统社会慈善救济的文化基础，也是"爱人"的具体升华。

管子认为统治者要以百姓为治国的根本，"本治则国固，本乱则国危"，因此要爱民恤民。为此，他提出了"兴德六策"和"九惠之教"的恤民之策。"兴德六策"中的"匡其急"就是要"养长老，慈孤幼，恤鳏寡，问疾病，吊祸丧"；"振其穷"即为"衣冻寒，食饥渴，匡贫窭，振罢露，资乏绝"（《管子·五辅》）。"九惠之教"即："一曰老老，二曰慈幼，三曰恤孤，四曰养疾，五曰合独，六曰问疾，七曰通穷，八曰振困，九曰接绝。"（《管子·入国》）包括了对老人、儿童、孤寡、残疾人、病人、穷人等弱势群体的慈善救助。"兴德六策"和"九惠之教"二者互为补充，是从国家层面开展的对弱势群体提供生活保障的济民之策。

墨子从社会下层的立场出发，提出了"兼相爱，交相利"的思想，即"爱人者，人必从而爱之；利人者，人必从而利之"（《墨子·兼爱中》），主张人与人之间要相互关爱、相互扶助。墨子认为"兼相爱"就是"天下之人皆相爱，强不执弱，众不劫寡，富不侮贫，贵不傲贱，诈不欺愚"（《墨子·兼相爱》），在此基础上实现对别人的扶助，也就是"有力者疾以助人，有财者勉以分人，有道者劝以教人"（《墨子·尚贤下》），最终达到一个"饥者得食，寒者得衣，乱者得治"（《墨子·尚贤下》）的理想状态。儒家提倡的"爱"是有差等、远近、亲疏的，与儒家的"爱"不同，墨子倡导的"爱"是一种无差等、无地域的爱，是一种无私的爱。墨子的"兼相爱，交相利"思想进一步拓宽、丰富了先秦的慈善救助文化。

2. 秦汉后期儒释道的文化慈善思想

在先秦诸子文化慈善思想的基础上，秦汉后期的文化慈善思想有了新的发展。汉武帝时，儒家思想成为封建统治者的正统思想，而儒家文化的慈善思想也成为中国慈善事业的主导思想。此后，中国社会逐渐出现了儒释道"一主两辅"的文化格局，它们共同形成了中国慈善救助思想的文化基石。

（1）儒家文化中的慈善思想。西汉时期董仲舒对先秦儒学的"仁"思想进行了继承与创新，提出了"元者为万物之本"（《春秋繁露·重政》）的思想，并将儒家"仁"的思想提升到"天道"层面。他认为："仁之美者在于天，天，仁也。天覆育万物，既化而生之，有养而成之，事功无已，终而复始，凡举归之以奉人。察于天之意，无穷极之仁也。是故人之受命天之尊，父兄子弟之亲，有忠信慈惠之心，有礼义廉让之行，有是非顺逆之治，文理灿然而厚，知广大有而博，惟人道可以参天。"（《春秋繁露·王道通三》）在董仲舒看来，天就是仁的化身，天孕育了万物，既化生又养成，这样仁就具有了普遍性与神圣性。何谓仁？董仲舒认为："仁者恻怛爱人，谨翕不争，好恶敦伦，无伤恶之心，无隐忌之志，无嫉妒之气，无感愁之欲，无险诐之事，无辟违之行。故其心舒，其志平，其气和，其欲节，其事易，其行道，故能平易和理而无事也。如此者谓之仁。"（《春秋繁露·王道通三》）同时他又指出，"仁者，爱人之名也"，"仁之法，在爱人，不在爱我"，"人不被其爱，虽厚自爱，不予为仁"（《春秋繁露·仁义法》）。董仲舒在先秦"仁"者"爱人"的基础上，更明确了爱的指向，爱非自爱，而在爱别人。汉儒之后的宋儒则"继承与发挥孟子的'万物皆备于我'的思想，同时也吸取了墨家的'兼爱'、庄子的'天地与我并生，万物与我为一'以及惠施的'泛爱万物，天地一体'的观点，从本体论与境界说相结合的高度，提出了'天地万物一体'之说"[①]。宋代思想家张载在《西铭》中曾说："乾称父，坤称母，予兹藐焉，乃混然中处。故天地之塞，吾其体；

---

① 葛荣晋：《"天地万物一体"说与现代生态伦理学》，《孔子研究》1995年第3期。

天地之帅，吾其性。民吾同胞，物吾与也。"① 在其看来，天地是人类的父母，人类生存于天地间，天地间的每一个成员都不分亲疏，均是骨肉同胞，自然万物不分彼此。在此基础上，张载提出了"民胞物与"的博爱思想，把对社会中弱者的关爱视为每个人应尽的责任与义务。明代思想家王阳明认为，"心"的"本体"即是"仁"，"良心之在人心，无间于圣愚，天下古今之所同也"，② 并进而提出"视天下之人，无内外远近，凡有血气，皆其昆弟赤子之亲，莫不欲安全而教养之，以遂其万物一体之念"（《王文成公全书》卷二）。儒家仁爱思想成为近代中国社会救助最为重要的思想源泉。

（2）道教文化中的慈善思想。道教文化作为中国传统文化的重要组成部分，其"赏善罚恶，善恶报应"等思想成为中国传统慈善思想中又一重要的思想源泉。道教作为中国本土化的宗教，形成于东汉末年，是一个尊崇诸多神明的宗教形式，其主旨是追求长生不老、济世救人、得道成仙。《老子》《庄子》作为道教文化的典籍，蕴含了古代中国丰富的慈善思想。

作为道家的创始人，老子认为"人法地，地法天，天法道，道法自然"（《老子》第二十五章）；"道"为万物之母，虽然无法感知，但存在于万物之中，是尘世间无法抗拒的自然规律。他认为自然规律虽然对任何人没有偏爱，但常常帮助那些有德的善人，也就是"天道无亲，常与善人"（《道德经》第七十九章），即善有善报、恶有恶报。因此他倡导人人行善，"善者，吾善之；不善者，吾亦善之；德善"（《道德经》第四十九章），善者我使之更友善，不善者我会用我的友善之举感化之并使之友善，从而达到"常善救人，故无弃人"的境界。在老子思想的基础上，庄子继承和发展了老子道的思想，认为修养可以使人得道升天。如何修养？就是做善事，只要善事顺因了道，就"可以保身，可以全生，可以养亲，可以尽年"（《庄子·养生主》）。

东汉时期，道教思想的经典《太平经》也涵纳了丰富的慈善救助思想。《太平经》认为天下财物不应被少数人独享，应当惠及所有人，"财物乃天地中和所有，以共养人也，此家但遇得其聚处，本非独给一人，其有不足者，悉当从其取也。愚人无知，以为终古独当有之，不肯周穷救急，使万家乏绝"。进而指出，"若积财亿万，不肯救穷周急，使人饥寒而死，罪不除也"（《太平经》"六罪十治诀"第一百零三篇），这就要求富者要"行仁好

---

① 张载撰、王夫之注《张子正蒙》，上海古籍出版社，2000，第229页。
② 参见张载撰、王夫之注《中正篇》，《张方正蒙》卷四，中华书局，1975。

施""救穷周急"，多行善事。东晋葛洪所撰的《抱朴子·内篇》蕴含着积善修德的早期道教慈善思想。他指出："欲求长生者，必欲积善立功，慈心于物，恕己及人，仁逮昆虫，乐人之吉，愍人之苦，赈人之急，救人之穷，手不伤生，口不劝祸，见人之得如己之得，见人之失如己之失。"（《抱朴子·内篇》卷六）他告诫那些想要长生成仙者，内修外养不能完全达到目的，还必须积极地从事善事，以慈爱之心对待万物。成书于北宋末年的《太上感应篇》，被称为"古今第一善书"。此文中的"感应"即为善恶报应，天地鬼神将根据人们的善恶行为予以奖惩，也就是"祸福无门，唯人自召，善恶之报，如影随形"，因此要求多福长生，就必须行善。

（3）佛教文化中的慈善思想。西汉末年，佛教通过西域传入我国。佛教传入后，与占据统治地位的儒家文化发生了碰撞交融，并逐步实现了本土化。佛教所倡导的慈悲、布施等思想，夯实和丰富了中国传统的慈善救助文化。

在佛教中，"慈"被阐释为慈爱、友善；"悲"被阐释为同情、怜悯。慈悲情怀是佛教的精神实质，也是其演进的内在动力。《大智度论》说："大慈与一切众生乐，大悲拔一切众生苦。大慈以喜乐因缘与众生，大悲以离苦因缘与众生。"（《大藏经》卷二十五）慈悲情怀强调的是"给予"，而非"索取"，体现了一种救他人于危难、替他人之苦、与他人之乐的利他精神。佛教认为利他就是自利，利他是自利的前提与基础，自利是利他的结果，也就是要想给自己带来好处，就必须先得给别人好处，利于众生即在成就佛道。因此佛教以自利利他为原则，讲究施人与恩惠，救人于患难。

何为布施？佛教认为"慈育人物，悲愍群邪，喜贤成度，护济众生。跨天逾地，润弘河海，布施众生。饥者食之，渴者饮之，寒衣热凉，疾济以药，车马舟舆，众宝名珍，妻子国土，索即惠之"[①]，就是对身处危难的众生给予财力、物力、智力等方面的帮助，使其摆脱痛苦，获得快乐、欢喜。这种给予不仅是道义上的利他，而且也能使施者净化心灵、修行成佛。

中国传统文化所蕴含的仁爱、兼爱、善恶报应、慈悲、布施等慈善思

---

① 《六度集经》，《大正新修大藏经》第3卷，台北，财团法人佛陀教育基金会出版部，1992，第1页。．

想，促进了中国社会乐善好施风气的形成，并在历史朝代的更替中绵延传承，从而成为推动北平社会救助事业发展的内在精神动力。

二 西方先进救助理念的传播与实践

1. 传教士对西方先进救助理念的传播与实践

鸦片战争后，在西方列强霸王条约的庇护下，传教士源源不断地涌入中国。据统计，1877 年基督教在华传教士为 466 人[1]；19 世纪末增至 1500 人；到 20 世纪 20 年代时，基督教传教士达到 6204 人，其势力已遍布除西藏以外的全国各地。分属 130 个差会的 6204 名外国传教士，在全国各地建立了 1037 处传教基地，而教堂及活动场所超过万座。[2] 另据北京档案馆所藏档案记载，1941 年仅在华北的基督教教会派系就有 26 个（表 1 - 11），以美英国籍为主。这些教会在北京设中央本部的有 11 个（表 1 - 12），其中美国 6 个，英国 3 个。在西方各教会势力进入中国后，他们"公然在中国广阔的领土上按行政区划分设教区，深入到各个城镇和乡村，变外来为内在，成为中国社会的一种特殊势力"[3]。为了达到传教的目的，传教士把传教与举办慈善事业结合起来，在他们看来，"作为一种传教手段，慈善事业应以能被利用引人入教的影响和可能为前提。要举办些小型的慈善事业，以获得较大的传教效果，这要远比举办许多的慈善事业而只能收获微小的传教效果为佳"[4]。为此，他们积极地开展慈善救助活动，其主要表现在以下几方面。

表 1 - 11 华北外国教会诸派及其系统一览

教 别	教会系统	中国名	国 籍
天主教	天主公教会	天主公教会	布其克市国
东正教	东正教会	东正教会	白系俄人
基督教	组合教会	公理会	美国

---

① Yates, *Records of the General Conference of the Protestant Missionaries of China*, Shanghai: Presbyterian Mission Press, 1878, p. 486. 转引自王立新《美国传教士与晚清中国现代化——近代基督新教传教士在华社会文化和教育活动研究》，天津人民出版社，1997，第 18 页。
② 于语和、庚良辰：《近代中西文化交流史论》，山西教育出版社，1997，第 82 页。
③ 顾长声：《传教士与近代中国》，上海人民出版社，1983，第 1 页。
④ 《美国与加拿大基督教差会会议记录》，1899，第 47 页；转引自顾长声《传教士与近代中国》，第 275 页。

教　别	教会系统	中国名	国　籍
基督教	圣公会	中华圣公会	英国
		中华圣公会	加拿大
基督教	长老会	美国长老会（北）	美国
		美国长老会（南）	美国
基督教	洗礼教会	美国浸礼会	美国
		浸礼会	美国
基督教	洗礼教会	直接信义会	美国
		英国浸信会	英国
基督教	洗礼教会	瑞华浸信会	瑞典
		瑞典浸信会	瑞典
基督教	新基督教会	美以美会	美国
		循道公会	英国
基督教	鲁德鲁教会	中华信义会	美国
		美国信义会	美国
基督教	同胞教会	美国友爱会	美国
		粤南信义会	英国
基督教	基督友会	公信会	英国
	自由新教会	循理会	美国
	救世军	救世军	英国
	西布斯典教会	复临安息日会	美国
	贝提可斯蒂教会	神召会	美国
基督教	贝提可斯蒂教会	挪威信义长老会	挪威
		瑞典自立会	瑞典
基督教	贝提可斯蒂教会	万国四方福音会	美国
		宜圣会	美国
基督教	亨利内斯教会	美国通圣会	美国
	亨利内斯教会	远东宣教会	美国
	耶布基克教会	同善教会	德国
	同盟教会	协同会	北美系阿美利加人
基督教	门诺派	美国福音会	美国
		美国清洁会	

续表

教　别	教会系统	中国名	国　籍
基督教	—	内地会	英国、瑞士、北美等
	—	伦敦会	英国
	—	加拿大联合会	加拿大

资料来源：《北京特别市公署抄发华北外国教会调整要领的密令及抄发"基督教暂行章程"等的训令》，北京市档案馆：J4-1-500。

表 1-12　华北外国教会在北京设有中央本部的一览

教　别	教会名	国　籍	所在地	备　考
天主公教	天主公教会	布其克市国	乃兹府	—
东正教	东正教会	白系俄人	东城北小街羊倌胡同	—
基督教	中华圣公会	英国	西城南沟沿	仅统辖河北、山西两省
基督教	救世军	英国	东城王府井大街	—
基督教	公信会	英国	燕京大学	—
基督教	公理会	美国	东城灯市口	—
基督教	美国长老会	美国	安定门内二条胡同	仅统辖河北省
基督教	美以美会	美国	崇内孝顺胡同	仅统辖河北省
基督教	复临安息日会	美国	东城大方家胡同	—
基督教	远东宣教会	美国	地安门皇城根	—
基督教	神召会	美国	西四北大街	—

资料来源：《北京特别市公署抄发华北外国教会调整要领的密令及抄发"基督教暂行章程"等的训令》，北京市档案馆：J4-1-500。

（1）开办医疗救助事业。通过医疗救助活动达到传教的目的，是近代以来西方传教士布道的惯用方法。早在 1834 年，美国传教士伯驾就认为应把医疗事业作为在中国传教的"福音的婢女"。鸦片战争后，随着西方传教势力的扩展，教会在中国各地开办的医院也日渐增多。据统计，截至1877 年，基督教在华创办的教会医院共达 16 所，诊所 24 处。[①] 1919 年全国教会医院增至 273 所，分布于福建、广东、河南、山东等 22 个省（表1-13）。到 1937 年，仅英美基督教会在华创办的医院就达 300 所，病

---

① Kwang-ching Liu, *American Missionaries in China*；转引自田畴《清末明初在华基督教医疗卫生事业及其专业化》，《近代史研究》1995 年第 5 期。

床床位数约 2.1 万张，此外还开设小型诊所 600 处。[①] 传教士在北京创办的第一家教会医院是由英国伦敦会于 1863 年建立，后迁至东城米市大街东堂子胡同西口的"双旗杆医院"。随着传教势力在北京的扩展，教会医院数量也不断地增长，特别是 20 世纪初，教会医院在北京迅速增长，如1901 年意大利教会在东交民巷开办了意大利医院，1901 年英国教会在崇文门创办了宏仁医院，1903 年美国教会在通县开设了潞河医院，1906 年英国圣公会在北京开设了卢克医院，等等。特别值得一提的是北京协和医院，1901 年英国伦敦会重建了因义和团运动毁坏的"双旗杆医院"，并附设一医学院，在随后的发展中得到了其他教会如美以美会、美国长老会等的参与和支持，故将"双旗杆医院"以及附属医学院改为协和医院及协和医学院。[②]

表 1-13　1919 年中国教会医院的分布情况

单位：所

省　份	数　量	省　份	数　量	省　份	数　量	省　份	数　量
福　建	36	山　东	22	河　南	12	新　疆	3
广　东	30	直　隶	20	山　西	8	云　南	2
四　川	23	湖　北	18	安　徽	7	甘　肃	2
江　苏	23	浙　江	16	江　西	5	贵　州	2
东三省	22	湖　南	16	广　西	4	陕　西	2
合　计				273			

资料来源：中华续行委办会调查特委会：《中华归主：中国基督教事业统计（1901－1920）》，中国社会科学出版社，1987，第 1171～1174 页。

教会在华创办的医院不仅展示了独具特色的西医魅力，而且还以多维募款、以富济贫的经营理念向国人展示了西方社会医疗救助的独特方式。如美国复临安息日会，在不到 30 年的时间内先后在中国开办了 12 所医院，这些医院是复临安息日会"运用在中国向政府官员和资本家募捐的方式集资兴建的，并且采取以富养贫的办法，即对有钱的病人收高昂的医药费贴补对贫民减免费的办法维持医院常年经费"，"其他在华教会医院的经费来源情况大体

---

① 顾长声：《传教士与近代中国》，第 278 页。
② 左芙蓉：《基督教与近现代北京社会》，四川出版集团·巴蜀书社，2009，第 73～74 页。

相似"。① 在华教会医院的开设与实践表明，创办医院不但有利于实现传教的目的，而且还能够把西方先进科学的医疗救济理念传播给中国。这正如当时传教士领悟的那样，"西方慈善事业为中国人的福利所设计的一切计划，再也没有比医药传教会所采取的手段和目的更为聪明的了。……外国人开设医院，可以帮助扫除中国人的偏见和恶意的障碍，同时又可以为西方的科学和发明打开通道"。②

（2）创办慈幼事业。慈幼事业也是在华传教士践行西方救助理念的重要方式之一，育婴堂、孤儿院、盲童学校等慈幼机构的创办是教会慈幼事业在华开展的重要表征。如法国天主教兴办的规模较大的育婴堂、孤儿院主要分布在上海、天津、南昌、青岛、武汉、重庆、贵阳、长沙、广州等地。在上海，法国天主教开设了土山湾孤儿院、圣母院育婴堂及一所聋哑学堂，其中规模较大的圣母院育婴堂，到 1935 年的收容人数已达 1.7 万余名。③ 据《中华归主：中国基督教事业统计（1901－1920）》一书记载，截至 1920 年，基督教在中国开办的孤儿院多达 150 所，主要分布于苏、浙、皖、蒙、粤、直等省，收养孤儿 1.5 万余名。④ 开办的盲童学校有 24 所，分布于全国 12 个省区，收养盲童 700 余名。⑤

近代教会在华开设的慈幼机构，曾为许多不幸的婴幼儿提供了避风的港湾，他们除了向幼童传授宗教思想外，还授其简单的文化知识及谋生的职业技能。如上海蔡家湾孤儿院、土山湾孤儿院教一定年岁的孤儿学习缝纫、木工、制鞋、印刷、雕刻、油漆、纺织等技术。宁波的伯特利孤儿院，孤儿在"十岁以下要糊火柴匣和编织渔网，十岁以上要刮麻、打麻帽和编织毛线，后来又发展一种出口生意编结金丝草帽"⑥。即使在盲童学校，教会也非常重视学生职业技能的培养，如民国初期广州盲童学校，"男生做发刷和衣刷，并学编筐和做竹帘，他们也做扫帚、草鞋和棕蓑衣；女生编织许多种毛线和棉线织物，为红十字会织了许多长袜子和帽盔"⑦。

---

① 顾长声：《传教士与近代中国》，第 279 页。
② 顾长声：《传教士与近代中国》，第 282 页。
③ 顾长声：《传教士与近代中国》，第 285 页。
④ 中华续行委办会调查特委会：《中华归主：中国基督教事业统计（1901－1920）》，第 1068 页。
⑤ 周秋光、曾桂林：《近代西方教会在华慈善事业述论》，《贵州师范大学学报》2008 年第 1 期。
⑥ 顾长声：《传教士与近代中国》，第 286 页。
⑦ 中华续行委办会调查特委会：《中华归主：中国基督教事业统计（1901－1920）》，第 765～766 页。

　　近代中国的教会慈幼机构虽以慈善的面纱隐蔽了西方宗教奴役民众的本质，但它们拯救无助幼童的历史功绩不能被抹杀。它们对幼童教养结合的施救之举，为中国传统慈幼事业的发展注入了新鲜的血液，对中国慈善事业的近代转型与发展产生了深刻的影响。

　　（3）实施赈济事业。中国是一个灾荒频发的国度，"灾荒之多，世罕其匹"。进入近代，中国的自然灾害并未因时代的进步而消退，反而表现狂暴、肆虐之势，这些自然灾害"动辄几十、几百万甚至上千万人被夺去生命，更多的人流离失所"①。

　　面对巨灾侵袭后的灾民，西方传教士开展了对灾民的赈济活动，而"丁戊奇荒"是传教士实施有组织、有计划赈济活动的滥觞。这次赈灾活动第一次将西方国家先进的救灾理念与方法引入中国，如在李提摩太等传教士的倡导和推动下，形成了以上海赈济委员会为核心的辐射天津、上海、烟台等地以及海外各地的政府官员、商人乃至贫民的救灾网络；在募捐方面，为了广募赈款，传教士采用各种方法，如利用新闻媒体、集会、义演等社会活动，广泛宣传受灾实情，以唤起广大民众对灾民的善心；在放赈过程中，他们在放赈前先派人深入各村对受灾较重人口进行实地调查，然后由各村公举一位代表代领取赈款，回村按名分发，同时告知应赈灾民，如代领者徇私舞弊，须立即报明；对于募捐放赈之人，均"自备资斧"，"不于捐款中开销一文"；民众募款的数目、来源及去向均在有关报纸上不定期公布，以备公众监督。② 这些科学有效的救灾方法，对当时及以后中国救灾模式变革产生了重大影响。时人郑观应在其《筹赈感怀》一诗中更是通过对比传统中国赈灾的黑暗与腐败，表达了对西方国家科学赈灾的崇拜与向往："磋彼贪墨者，好利工阴谋。大则肆鲸啣，小亦较蝇头。历年秉权利，聚敛谋为优。爱财重于命，头白心未休。……且为异族消，抚膺诚可羞。何如行善举，慷慨法欧洲。筹赈设公所，登报告同俦。乞赐点金术，博施遍九州。"③

　　1920 年，河北、山东、山西、陕西、河南 5 省发生严重旱荒，这一灾害是自"丁戊奇荒"以来未曾有过的巨灾，所以被时人称为"四十年来未有之奇荒"④。面对"奇荒"浩劫，传教士与旅京北五省人士和商民等积极地

---

①　李文海等：《中国近代十大灾荒》，第 2～3 页。
②　夏明方：《论 1876 至 1879 年间西方新教传教士的对华赈济事业》，《清史研究》1997 年第 2 期。
③　夏东元编《郑观应集》下册，上海人民出版社，1982，第 1278～1279 页。
④　李文海等：《中国近代十大灾荒》，第 136 页。

参与到灾害的救治中，他们在北京、上海、天津、太原、汉口等地成立了各种救灾组织，仅北京就有 20 多个救灾团体。为了避免这些团体有"各自为政，互不统一"的弊端，1921 年 11 月 16 日各救灾团体成立了统一的救灾组织——中国华洋义赈救灾总会（简称"华洋义赈会"）。在救灾的过程中，华洋义赈会积极倡导"建设救灾"的理念。为此，他们在救灾的同时开始向灾民宣传防灾重于救灾的思想，并在实践中采用"以工代赈"的救灾方案。这一方案，一方面使灾民通过劳动得以赈济，另一方面又兴建了公共工程，是一种双赢之策。据统计，到 1934 年，华洋义赈会以工赈方式累计修路 3269.5 英里，疏修水渠 553 英里，掘井 5036 口，修堤 904 英里，修复河道 21 英里。[①] 此外，他们在采取工赈的同时，还组建信用合作社，向农民发放低息贷款。放款用途以下列 7 种为限：（1）用于购买耕畜，置备较大农具，或修盖房屋等事；（2）用以耕植（包括食物、饲料、种子、肥料、家畜及小农具的购买，以及地租工资的支付等）；（3）用以防止水旱、改良土壤、垦荒等事项；（4）用以举办婚丧教育等事；（5）用以整理旧债；（6）用以经营农村副业；（7）用以补充储金、准备金的不足。[②] 截至 1936 年，华洋义赈会组建的合作社共计 2865 处，放款达 73.075 万元。[③] 募捐是华洋义赈会筹资的主要形式，其形式多样、内容丰富，如通过竞赛、彩票、游园、义演、联欢、设箱、演戏、拍卖等方式，刺激民众的捐款热情。[④]

　　近代中国的大褫奇荒使千百万灾民处于饥馑流离、无以为生的绝境，那些饥寒交迫的人们"在天灾面前惶恐不安，显得那么渺小和脆弱，几乎任何迷信宣传，都会把他们征服，任何点滴苟以活命的恩典，都会使他们感激涕零"[⑤]。传教士正是抓住灾民恐慌求生的心理，对灾民施以赈济，这对灾民而言犹如救命的稻草，一旦失去就有命丧黄泉的可能。传教士的救命之恩的确使灾民"感激涕零"，也使他们真诚地相信"上帝的慈爱与恩典"。教会通过赈灾在拉近与中国民众距离，获得民众好感的同时，也把西方先

①　（中国华洋义赈救灾总会丛刊甲种第 39 号）《华洋赈团工赈成绩概要》第五集，1934，第 17～20 页。

②　《中国华洋义赈总会拟定之农村信用合作社章程》，秦孝仪主编《革命文献》第 84 辑，台北，文海出版社，1980，第 465～466 页。

③　中国华洋义赈救灾总会编《中国华洋义赈救灾总会概况》，1936，第 8 页。

④　蔡勤禹：《民国慈善组织募捐研究——以华洋义赈会为例》，《湖南科技学院学报》2005 年第 2 期。

⑤　陈振江：《华北游民社会和义和团运动》，《历史教学》1991 年第 6 期。

进的赈灾举措传入中国，如华洋义赈会以工代赈的方法，"初尚为一般人所反对，行之数年，已得国民大多数之赞许，民国二十年之大水灾，政府亦即采用此项计划而收得很大的成效"①。这种赈灾理念及其举措推动了中国传统赈灾机制的近代化转型。

2. 国人对西方先进救助思想的介绍与实践

近代以来，西方救助思想及方法也是先进国人在向西方学习的过程中关注的焦点。早期维新思想的主要代表人物冯桂芬在"师夷狄"的救亡强国之道中，不仅关注西方的科学工艺，而且对西方的救助理念表现浓厚的兴趣。他曾极力主张师法荷兰政府所设的养贫局与教贫局，并指出："荷兰政府有养贫教贫二局。路有乞焉，官绅即将其收入教贫局中。老幼残疾，收入养贫局中。少壮入教贫局，有严师加以管教。是以国无游民与饥民。"② 这种老幼残疾有所养、少壮有所教的分类施救的救助思想，无疑对中国传统社会救助事业注入了新的活力。

19 世纪七八十年代，随着中西交流的进一步加深，国人对西方国家社会救助的介绍更为详尽深入。晚清驻英大使刘锡鸿以日记的形式记录了他们考察英国社会福利设施时的所见所闻："（英）人无业而贫者，不令沿街乞丐，设养济院居之，日给糇餐，驱以除道造桥诸役。故人知畏劳就逸，转致自老而自贱，莫不奋以事工商。国之致富，亦由于此。"③ 驻英大使的翻译官张德彝也以自己的感受记录了英国伦敦的医疗救济事业。在谈到慈善医院经费的来源时，他指出："各项经费，率为绅富集款。间有不足，或辟地种花养鱼，或借地演剧歌曲，纵人往观，收取其费，以资善举。又有劝示通城仕商男女捐陈杂货，如笔墨纸砚、首饰玩物、花木巾扇以及银瓷玻璃等物陈设，聚集一处请人往而觏之。当肆者皆富家少女，货倍其值，往者必购取数事而后可。亦有设跳舞会者，茶酒小食，仍为商贾捐助，饮用值亦加倍，即以其所入惠病人。""各院医生固皆善人，即扶持病人者，亦皆善男信女愿为供奉者。"④ 随着国人对西方先进救助理念的介绍，在中西施救面相的比照中，国人逐渐意识到了中国传统救助理念的滞后与不足。

---

① 柯象峰：《中国贫穷问题》，正中书局，1937，第 330～331 页。
② 郑大华等：《包世臣·龚自珍·魏源·冯桂芬》，台湾商务印书馆股份有限公司，1999，第 241 页。
③ 刘锡鸿：《走向世界丛书·英轺私记》，岳麓书社，1986，第 95 页。
④ 刘锡鸿、张德彝：《走向世界丛书·随使英俄记》，岳麓书社，1986，第 427 页。

19 世纪 90 年代，著名改良派思想家陈炽在其《庸书》中对当时中国的救济措施提出了批评，并积极提倡学习西方国家先进的善举理念。他指出："彼泰西诸国之善举，法良意美，规制精详，有必应仿而行之者厥有八事。一曰施医院，院中男女异室，衣衾、饮食、药饵皆备，更设图画器玩以娱乐之。病愈之时，异送别室调理安善，乃听其归。中堂罗列证治诸方，备学医者之考察。每院医人数百，病者数千，经费充盈，捐诸绅富；一曰育婴堂，男女自初生之七、八岁皆可留养。每房十六榻，二榻相并，一为乳媪，一卧婴儿，衣食起居，无不精洁。及四、五岁，即使识字读书，教以技能，由粗而精，渐开智虑。既冠后，量材授事，皆能自赡身家。其费半出民捐，半提官款。总管司事，体恤周详。多有富室婴孩，亦托堂中教养者；一曰义学堂，贫民子弟自五岁以上，皆令入塾读书，并习工商之事，弃而不学者，罪其父母。或有旷废，则其师严督之，至再至三，改而后已。更有富人自制练船，招致贫民学习驾驶，设立监督，期限二年，分派商船，充当水手；一曰养老院，英国京城计千有三百所，分处男妇之穷老而无告者，衣履完善，饮馔适宜，或尚能工作缝纫，给以器物，制而售之，半界本人，半充院费。经费亦官民共任之。国君时一临观，以昭郑重。一曰老儒会。国有寒士宿儒，虑其就食为耻，地方官吏继粟继肉，致诸其居；一曰绣花局，世家妇女家道中落，茕独无依，居以邃室深堂，课以织作纺绣，官为货之。男子擅入者，有厉禁；一曰养废疾院，房舍整洁，聚聋哑瘫痪者读书其中，就其所能教以工作；一曰养瞽堂，堂皆盲者而习工艺，亦能读书，所得工资，均存备本人之用。"并建议"宜由出使诸臣，别类分门，详加翻译然后参酌定制，一律颁行牧令"。[1] 陈炽主张效仿西方国家的八大善举，主要原因为西方国家的施救对象较为广泛，涉及不同群体、不同年龄的弱势人群，并且管理科学、措施得当。西方国家的救助措施更多地强调"教养结合"的施救方针，而中国传统的善举则是"措施无具，董劝无方"，施救措施以养为主，忽略了教的功效。郑观应也曾指出："（中国）历来善堂能于衣食上用心，已云尽美，然养成一班懒民，于世何补？"[2] 所以他主张官绅合力，酌定章程，效法西方，普设善堂，使"所有无告穷民，各教以一工一艺，庶身有所资，贫有所

---

① 转引自王卫平《论中国传统慈善事业的近代转型》，《江苏社会科学》2005 年第 1 期。
② 《畿辅通志》一〇九卷，经政十六·恤政二；转引自王娟《清末民初北京地区慈善事业研究》，第 68 页。

资，弱者无须乞食市廛，强者不致身罹法网"①。

　　报刊作为重要的传播媒介，对西方先进救助理念的传播发挥了重要作用。1815 年，英国伦敦教会在马六甲创刊《察世俗每月统记传》（*Chinese Monthly Magazine*），从而揭开了中国近代报刊史的序幕。鸦片战争后，随着西方列强的侵略，外国报刊事业在中国不断发展起来，主要有《遐迩贯珍》、《六合丛谈》、《中国教会新报》（后改名为《万国公报》）、《字林西报》、《中西闻见录》、《申报》、《顺天时报》等一批中外文报刊。在外国报刊事业的影响下，19 世纪 50 年代后，中国人也开始创办自己的报刊。1858 年，伍廷芳在香港创办了《中外新报》，这是中国人自己创办的第一份近代化的报刊。此后，特别是 19 世纪末 20 世纪初，随着中国资产阶级改良派及革命派的兴起，近代中国本土报刊事业得到了较快的发展，影响较大的有《循环日报》《汇报》《中外纪闻》《强学报》《时务报》《国闻报》《知新报》《新民丛报》《大公报》《苏报》《国民日报》等报刊。1905 年，《申报》刊发了一篇题为《论粥厂宜速改为教养局》的文章，该文指出："西方之善举主于教游闲、养贫困、兴制造、辟利源。且以计学论之，此财未用赈贫之先，非无所用，或兴工艺，或尽地利，皆可藉此以为养贫之资。"并认为中国传统的善举应当学习借鉴西方"教养兼施、寓教于养"的措施。如果中国能"改赈恤之政，为教养之道"，那么便可"纾目前之困苦，即异日无业游民，亦可恃此技能以自遂为谋生之计，相资相养，同游天演"②。而对于如何实现西方施救理念的中国化，《申报》指出："设立贫民工厂收养贫民，授以技术使作工自给"；"设立小范围的平民银行或减轻当铺里的息金贷与他们以资金，俾可作小本的营业"；"设养育院、习艺所为贫民的子女计，俾能得着自给的技术"；"办贫民义务学校授以必需的常识，俾能恪守社会的秩序或加高他们谋生的能力"③。而创刊于 1897 年，以"发表维新言论，宣传变法思想"为志向的《知新报》，也注重传播西方国家的施救之法："英国山域地方，有盲人学校，收留贫乏无依盲人，兼教习手艺工夫"，"凡盲者在此学成一艺，可外出以谋活计，不须倚靠别人。"④

----

①　夏东元编《郑观应集》上册，第 525 页。
②　《论粥厂宜速改教养局》，《申报》（1905 年 10 月 27 日，第 2 版）上海书店，1982 年影印版；转引自杜维鹏《近代救灾思想研究》，硕士学位论文，辽宁大学，2008，第 9～10 页。
③　徐直：《对于慈善家进一言》，《申报》1923 年 1 月 26 日，第 11 版。
④　《知新报》第 30 册；参见周秋光、曾桂林《中国慈善简史》，人民出版社，2006，第 218 页。

中国近代报刊成为近代国人瞭望世界、认识世界的一个窗口，也成为国人反躬自省、启迪民智的教科书，诚如陈炽所言："探一新地也，番一新法也，成一新器也，制一新物也，着一新书也，不过潜德幽光，孤芳自赏耳。一登报而心得之精微流传四海，彼此互相印证，聪明智力，日进无疆，天下有不可通之学问哉？"① 西方先进的社会救助理念借助中国近代报刊得以更广泛传播，在西方先进救助理念的启迪下，中国传统社会救助思想逐渐实现近代化。

20 世纪初，在西方国家先进救助理念的影响下，在众多先进国人的宣传推动下，晚清政府以西方教养并重的施救方针为指导，开启了对中国传统慈善救济事业的变革。1905 年，商部转呈御史王振声要求"变通官粥厂，改设教养局"的奏折，具体办法为在"教养局内附习艺所，一收游惰，募年在十六以上四十以下之穷民，一收已结各案无力罚金之轻罪人犯，量材受艺"。1907 年，民政部"令责成地方官绅以育婴堂附设蒙养学堂，养济院、栖流所、清节堂附设工艺厂"②。自此，西方社会教养兼施的施救理念逐渐取代了中国传统社会只养不教的偏颇救济思想。

随着近代国门的开启，先进国人对国内社会救助事业的审视已不再仅仅立足于国内传统，而是放眼于世界，以西方国家先进的救助理念及救助方法来回观与检视中国传统社会救助事业。在先进国人的宣传与推动下，20 世纪初，西方教养兼施的施救理念得以在中国落地生根。至此，教逐渐成为中国社会救助事业发展的新标志，引领着中国传统社会救助事业的近代化转型。

近代西方列强的入侵在给古老中国带来深重灾难的同时，也将西方先进的社会救助理念传入中国，诚如历史学家陈旭麓所言："在资本主义的世界性扩张过程中，非正义的侵略者同时又往往是历史发展过程中的进步者；而正义的反侵略者则常常同时是落后者。以贪欲为动机的侵略过程常被历史借助，从而在客观上多少成为一个进步改造落后的过程。"③ 在西方救助理念的影响下，中国社会救助事业发生了迥异于传统的近代化转型，这些都为北平社会救助事业的发展奠定了基础。

---

① 赵树贵：《陈炽集》，中华书局，1997，第 268~269 页。
② 《皇朝续文献通考》卷八十三"国用考二十一·赈恤·恤茕独"；转引自王卫平《论中国传统慈善事业的近代转型》，《江苏社会科学》2005 年第 1 期。
③ 陈旭麓：《近代中国的新陈代谢》，上海人民出版社，1992，第 61~62 页。

小　结

　　近代以来，在战争及自然灾害的破坏下，贫穷成为近代中国社会演进的"主旋律"。20 世纪二三十年代，就北平而言，除受战争及自然灾害影响外，国都南迁又加速了北平城市的贫困化。而失业、犯罪、自杀等严重社会问题则是北平城市贫困化、病态化的主要表征。因而为缓疏北平社会问题，积极开展对贫困群体的救助就成为北平市政府与社会力量的当务之急，同时也是当时中国现实社会发展的客观需要。

　　近代西方列强的入侵在给古老中国带来深重灾难的同时，也将西方先进的救助理念传播并实践于中国。中国传统的社会救助事业正是在中西施救理念的碰撞交融、比照互映中产生了近代化的转型。作为北方重镇，北平的社会救助事业也正是在中国传统社会救助事业的嬗变中迈向近代化的。

第二章　先期实践：清末民初北京社会救助事业

清末民初，是中国社会救助事业的重要转型期。就国都北京而言，社会救助事业的近代化转型不仅体现在救助方式由"重养轻教"向"教养并重"转变，而且还体现在社会救助行为与组织的制度化、法制化建设，这表明中国社会救助事业逐渐由帝王施惠型向政府责任型转变。因此从北京社会救助的运行机制、法规建设、实践活动等层面来分析与考察清末民初北京社会救助实践，对进一步研究北平社会救助事业具有重要意义。

第一节　北京社会救助事业的运行机制

一　北京社会救助的行政管理机构

清代前期，北京五城察院所属的兵马司、巡城御史，以及顺天府、步军统领衙门虽具有社会救助之责，但并非专门的救助机构。[①] 19 世纪末 20 世纪初，随着清王朝的衰落，此前负责北京治安又兼具救助职责的机构名存实亡。在清末中央行政体制的改革中，京城各职能机构也发生了剧烈的变革，关注民生的社会救助机构也逐渐趋于统一。1901 年，清政府根据八国联军侵占北京时在其占领区所设的安民公所，成立了京城善后协巡总局，兼有巡警、司法、市政等多种职能。1902 年，京城善后协巡总局改易为工巡总局，直接隶属于皇帝。工巡总局继承了五城社会救济的职能，负责收容教养京师

---

① 如李向军认为，清政府既没有设立专门的救灾机构，也没有专门负责救灾的官吏；参见李向军《清代荒政研究》，中国农业出版社，1995，第 76 页。

流民，办理社会救济事务等①。1905 年，鉴于袁世凯在天津、保定开办警政的成效，清政府将工巡总局改易为巡警部，作为管理京师及全国警政的最高公安机构，原京师内、外城工巡局分别改为内、外城巡警总厅，隶属于巡警部。次年，清政府在厘定官制中，成立了民政部，并将警政事务划归民政部执掌。民政部下设民治、警政、疆理、营缮和卫生 5 个司，其中民治司掌管"地方行政、地方自治、编审户口、整饬风俗礼教、核办保息荒政、移民、侨民各事"②。在民治司下设有专门的保息科，负责官绅所办育婴、济良、栖流等慈善事业以及各地水、旱灾害及其余事故的善后赈济等工作③，由此，慈善救助事业从行政上划归民政部管理。随着晚清行政体制的变革，社会救助机构逐渐呈现专门化趋势。

晚清时期，顺天府社会救助的行政机构也趋于专门化。清末新政前，顺天府下设的户田科、户粮科、善后局及其掌管的育婴堂、功德林及朝阳门、安定门、西直门三门粥厂等机构，是清末官职改革前顺天府社会救济的行政管理机构。清末新政后，随着中央行政体制的变革，顺天府的行政机构也做了相应的变革，设置了民政科、度支科等六科，并在民政科下设警察、自治、户籍三股，其中户籍股负责办理调查户口、编订户籍及一切慈善赈抚等事宜。④

近代以来，西方社会先进的社会救助理念及救济方法，在中外人士的传播与推动下，汇成了一股中国社会救助事业发展进程中难以抗拒的潮流。如果说鸦片战争至 19 世纪末的半个多世纪中中国社会救助事业发展如涓涓细流的话，那么 20 世纪前期中国社会救助事业发展则如惊涛骇浪。20 世纪初的清末新政成为中国社会救助事业发展的分水岭，它初步实现了中国社会救助行政管理机构的制度化、专门化，标志着中国社会救助行政体制的现代转型。

中华民国成立后，南京中央临时政府设立内务部，下设民治、警务、礼教、土木、疆理、卫生六司，其中民治司负责抚恤、移民及慈善团体的管理

① 韩延龙：《中国近代警察制度》，中国人民公安大学出版社，1993，第 94 页。
② 《清朝续文献通考》卷 119，职官五；转引自敖文蔚《清末民初社会行政管理的重大改革》，《江汉论坛》2000 年第 6 期。
③ 韩延龙：《中国近代警察制度》，第 72～73 页。
④ 《顺天府衙门分科治事暂行章程》，第一历史档案馆：28-1-1-027；转引自王宏伟《晚清北京社会救济制度研究》，博士学位论文，首都师范大学，2007，第 16 页。

事宜；卫生司负责预防和治疗传染病及地方病等事务。各省设立民政厅，负责赈恤、救济、慈善等救济事宜。① 北洋政府时期仍设内务部，依据 1912 年 7 月公布的《各部官制通则》及 8 月颁布的《内务部官制》规定，内务部下设民政、职方、警政、土木、礼俗等司，其中民政司执掌贫民赈恤、罹灾救济，以及贫民习艺所、盲哑收容所、疯癫收容所、育婴、恤嫠、慈善及移民等其他事项。② 1912 年 12 月颁布的《修正各部官制通则》将民政司改为民治司，民治司内置五科，第四科具体掌管慈善救助事宜，如罹灾救济、蠲缓正赋钱粮、备荒及救灾、积谷、救灾基金、八旗生计、京师平粜及赈济、育婴及其他慈善事业、红十字会设置及奖励、游民习艺所、济良所、教养局及贫民工厂等救济事项。③

1920 年 10 月，为了有效应对华北五省严重的自然灾害，北洋政府设置了赈务处，附设于内务部。1923 年 5 月公布的《赈务处暂行章程》规定，其处长由内务部次长兼充，副处长由司长兼充。赈务处分为总务、赈粜、工赈、赈务、运输五股办事。1924 年 10 月公布的《督办赈务公署组织条例》和《附设赈务委员会章程》规定，设立督办赈务公署主办全国官赈，督办直属总统。署内分置总务、赈务、稽查三处办事。④

随着中央救助行政管理机构的变动与调整，地方社会救助行政管理机构也进行了相应的调整。1913 年，北洋政府颁布了《划一现行各省地方行政官厅组织令》，规定省行政机关称行政公署，其下设的内务司负责办理赈恤、救济、公私慈善、病院、卫生等事项。1914 年 5 月公布《省官制》后，将省行政机关改称为巡按使公署，社会救助事宜由其下设的政务厅的内务科来管理⑤。而县一级的社会救助工作也由内务科负责⑥。

民国初期，中国社会救助行政管理体制是在顺应历史潮流，适应社会发展需要，继承与发展的基础上，进一步实现了救助管理体制的科层化、制度化、专门化。北洋政府时期，社会救助的行政管理体制实现了中央、省、县三位一体的管理，除此之外，还在内务部附设赈务处，负责较大灾害的救助管理。

---

① 蔡勤禹：《国家、社会与弱势群体——民国时期的社会救济（1927-1949）》，第 86 页。
② 钱实甫：《北洋政府时期的政治制度》（上），中华书局，1984，第 108 页。
③ 商务印书馆编译所编《最新编订民国法令大全》，商务印书馆，1924，第 244 页。
④ 钱实甫：《北洋政府时期的政治制度》（上），第 179 页。
⑤ 钱实甫：《北洋政府时期的政治制度》（上），第 229~237 页。
⑥ 蔡勤禹：《国家、社会与弱势群体——民国时期的社会救济（1927-1949）》，第 87 页。

北洋政府时期，北京作为一个特别行政区，其社会救助的行政管理体制既有别于其他行省，也有别于其他如热河、绥远等特别行政区。清代，清政府把京师附近在直隶省境内的24个州县划为一个特别行政区，称为顺天府，设府尹一人。民国初年仍称顺天府。1914年，北洋政府将原来的24州县减为20县，将顺天府改称为京兆，作为中央政府所在地方，并将顺天府尹改称为京兆尹，行政机关也由顺天府尹公署改称为京兆尹公署，正式成为民国时期独立的特别行政区。① 民国初期，北京作为北洋政府所在地，其地方政权随着北洋政权的变动经历了一个不断更迭过程，因此其社会救助并没有形成一个独立、完整的行政管理机构。1914年6月，北京成立了京都市政公所（或称"市政公所"），与1913年成立的京师警察厅一起负责北京的市政管理。② 京都市政公所具有社会救助的职能，据1917年颁布的《京都市政公所暂行编制》规定，京都市政公所设有四处，负责掌管具体事务，其第二处执掌有关交通、劝业、卫生、救济各事业③，但京都市政公所主要负责市内道路、桥、梁、水道、沟渠及其他建筑修缮工事等工作，京师警察厅则沿袭了清末北京内外城巡警总厅的社会救助职能。民国元年，京师警察机关仍沿用清末旧制，设内城总厅，由厅丞主管。1913年，北洋政府颁布了《划一现行各省地方行政官厅组织令》，规定将内城总厅改设为京师警察厅，直属内务部。④ 1914年，《京师警察厅分科执掌规则》规定，京师警察厅下设总务处、行政处、司法处、卫生处、消防处五处，其中行政处的第二科负责关于残废笃疾者的救恤及贫民教养事项。⑤ 京师警察厅并非专门的治安机构，而是身兼多职的综合性的市政管理机构。

北洋政府时期，由于北京缺乏一个独立、统一、完整的市政机构，北京社会救助事业的行政管理机构就由京师警察厅、京都市政公所等机构执掌，但主要由京师警察厅负责。由表2-1可知，北洋政府时期，在北京九所公营救助机关中，有八所属于京师警察厅管辖，只有一所属京都市政公所管辖。这也证明了美国作者甘博（Sidney David Gramble）在北洋政府时期对北

---

① 钱实甫：《北洋政府时期的政治制度》（上），第265页。

② 北京市档案馆：《北平市政府印》，《北京印迹——官印》，http://www.bjma.gov.cn/static-file/Exhibition/yin/1-1.html。

③ 蔡鸿源主编《民国法规集成》第7册，黄山书社，1999，第130页。

④ 钱实甫：《北洋政府时期的政治制度》（上），第206页。

⑤ 蔡鸿源主编《民国法规集成》第10册，第267页。

京慈善救济事业调查时所做出的判断："在帝王时代，北京的慈善救济事业很差，它几乎全部是由个人或民间组织主持进行的。但是自中华民国成立后，北京的慈善事业几乎全部由政府接管，大部分由警察主持。"① 但在冬季对贫民施粥中，除由京师警察厅、市政公所负责外，步兵统领署和京兆尹署也负责有关施粥事宜，"在过去，对贫困者的这种施舍和救济是由民间慈善机构或者寺庙进行的。目前（作者注：1919 年前后）中国其他地区的类似机构仍然担当着这一工作。但是在北京城这一工作以及其他许多有组织的慈善事业，已几乎全部被政府接管，主要由京师警察厅、步兵统领署和京兆尹署或者京都市政公所负责"。②

表 2 - 1　北洋政府时期北京各公营社会救助机关概览

名称	京都游民习艺所	乞丐收容所	京师警察厅教养局	妇女习艺工厂	疯人收养所	贫民教养院	济良所	贫民习艺工厂	感化所
所辖	京师警察厅	京师警察厅	京师警察厅	京师警察厅	京师警察厅	京师警察厅	京师警察厅	京都市政公所	京师警察厅

资料来源：依据北平特别市社会局编《北平特别市社会局救济事业小史》及 1929 年北平特别市市政府秘书处《北平特别市市政公报》第 6 期的有关内容整理而成。

清末民初，国家慈善救助事业的行政管理机构伴随着中西合璧新式救助理念的实践，开始从碎片化向专门化、从非制度化向制度化转变。这种转变加速了中国传统慈善救助事业的现代转型，同时也为清末民初慈善救助事业的开展提供了保障。北洋政府时期，由于北京特殊的政治身份和政治环境，其社会救助行政管理机构不同于国家救助行政管理体制，出现了由京师警察厅、京都市政公所等多个机构共辖的管理模式。这一管理模式不利于社会救助事业的有效开展。

二　北京社会救助的经费来源及其管理

救助经费是社会救助事业顺利开展的基石，所以，研究和考察救助经费状况及其来源不仅可以反映特定历史时期社会救助事业发展的态势，而且在

---

① 〔美〕西德尼·D. 甘博：《北京的社会调查》（上），陈愉秉等译，中国书店，2010，第 285 页。

② 〔美〕西德尼·D. 甘博：《北京的社会调查》（上），陈愉秉等译，第 298 ~ 299 页。

某种程度上体现了国家与社会对社会救助事业的参与和互动程度。

　　社会救助作为社会的"安全网""减震器"，对缓和社会矛盾，维护社会稳定具有重要意义。统治者认为，"为政以恤民为要，而恤民以赈济为急。盖民生富庶，则政教易行；闾阎凋敝，则祸乱时起"①。所以，社会救助事业历来受到统治者的重视与支持，而作为国都北京的社会救助事业更是受到统治者的重视。清代前期，北京建立了育婴堂、养济院、栖留所等救助机构，这些救助机构的建立与发展和清政府的大力扶持是分不开的。如1662年建于北京广渠门外的育婴堂，曾得到清政府财力上的大力支持。1725年（雍正三年），清政府拨给育婴堂白银1000两，用于婴幼儿的抚养及日常开支。此后，为了使育婴堂能够有固定的经济收入，1730年，清政府再拨白银1500两，主要用于该堂兴建产业，然后对外出租，收取租金。② 即使在国困民穷的光绪末年，政府对育婴堂的经费资助也未停止。该堂除资产收入外，还有顺天府每月拨款白银70两，以及江浙海运局和各商号每年捐助的白银119余两。③ 1653年，为收留北京五城"无依流民及街衢病人"，北京设立了栖留所，清政府每年提供经费白银2600两，由五城"兵马司副指挥赴部承领支销，按年造册报部，多余经费留于下年使用，不足则请都察院奏明加增"。④ 对于民间慈善团体，清政府也给予一定的财政资助，比如，京城著名的慈善团体功德林，在雍正初年，清政府下令雍和宫每年拨给济贫银1000两；到乾隆元年（1736），清政府又令崇文门税课司每年赐予经费1000两白银。⑤ 清代前期北京的慈善救济事业表明，"京师的福利机构政府下力较大，即使是民办的福利机构，政府也多予以资助"⑥。政府对公域的控制旨在显示皇恩浩大，体现的是政府对民众的施惠，而不是现代救助意义上政府应承担的责任。

　　近代以来，给西方列强的割地赔款、国内频发的天灾人祸，使以天朝上

---

① 吴廷燮：《北京市志稿》（二），北京燕山出版社，1989，第14页。
② 黄彭年等：《畿辅通志》第109卷，光绪十年刻本，商务印书馆，1934年影印本，第4330页。
③ （第一历史档案馆藏胶片）《顺天府档案》，档案号：28-1-45-1；转引自王宏伟《晚清北京社会救济制度研究》，第20页。
④ 黄彭年等：《畿辅通志》第109卷，第4323页；转引自王宏伟《晚清北京社会救济制度研究》，第21页。
⑤ 吴廷燮：《北京市志稿》（二），第108页。
⑥ 王子今等：《中国社会福利史》，中国社会出版社，2002，第278页。

国自居的清王朝遭受重创，变得满目疮痍，国库空虚与举借外债成为晚清政府财政的常态。据统计，从 1853 年到 1911 年，清政府举借外债的次数中可以确认的达 208 次，平均每年举借外债 3.6 次。[①] 随着晚清政府财政状况的不断恶化，原有的政府主导的经费筹措方式已无法满足北京慈善救济事业的发展，如何实现资金来源多元化就成为北京慈善救济事业发展的必然选择。鸦片战争后，在西方社会先进救助理念及救助方法的影响下，北京慈善救助事业也在不断发生变化。各种新型的善款募集方式不断地在实践中被探索与应用，如义演、广告、发行彩票、购买股票、赈捐等，它们与传统的政府拨款、地产租金等募集方式并存，再加上新式救助机构产品的售款，共同组成了晚清慈善救助经费的源流。清末，北京外城贫民工厂的经费来源包括"恩赐粟米六百九十石、外城各戏团义务夜戏捐助、捐局公益项下每月拨银四百两、将来出品售卖银钱、总厅设法筹济"[②]。该厂的经费组成状况体现了清末社会救助经费来源的多元化。同时在北京救灾活动中，民间社会力量发挥了重要作用。1901年，为了救助北京地区的灾民，李鸿章奏请开办顺直赈捐。此后该赈捐成为顺直地区慈善救助经费的主要来源。1900～1903 年，在顺直地区所有赈灾款项中，赈捐款所占比例高达 96.6%。[③] 晚清慈善救助经费来源呈现多元化特征，且其总的发展趋势逐渐趋向社会化，即通过个人或民间力量的募捐筹资。

与晚清政府不同，北洋政府时期北京慈善救助经费主要源于政府支出。如 1915 年，北京城开办的 12 个粥厂全部由政府接管，其中 7 个由京师警察厅管理，3 个由步军统领署管理，2 个由京兆尹署管理。[④] 粥厂开办经费分别源于总统府、内务部、市政公所、交通银行以及民间或私人（见图 2-1），共计 1.405 万元，而来自民间或私人的捐资数额最少，仅占捐资总数的0.04%，其余资助经费均来自官方。虽然民间或私人捐资较少，但仍是北京社会救助经费来源不可或缺的组成部分，如 1915 年步兵统领署接受资助的经费中，非官方资金约占资助经费总数的 29%，官方资金约占资助经费总数的 71%（见图 2-2）。作为收养北京遗弃婴儿的育婴堂，每年费用在1 万元至 1.2 万元之间，都由京师警察厅、市政公所、内务部资助以及私人

---

① 许毅等：《清代外债史论》，中国财政经济出版社，1996，第 653～667 页。
② 田涛等整理《清末北京城市管理法规》，北京燕山出版社，1996，第 354～355 页。
③ 《光绪朝军机处录副奏折》，《清单》，档案号：3-107-5609-57；转引自王宏伟《晚清北京社会救济制度研究》，第 100 页。
④ 〔美〕西德尼·D. 甘博：《北京的社会调查》（上），陈愉秉等译，第 285、299 页。

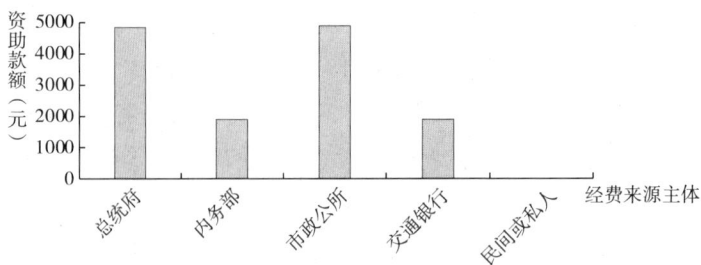

图 2 - 1   1915 年京师警察厅经营粥厂经费来源比较

资料来源：〔美〕西德尼·D. 甘博：《北京的社会调查》（上），陈愉秉等译，第 302 页。

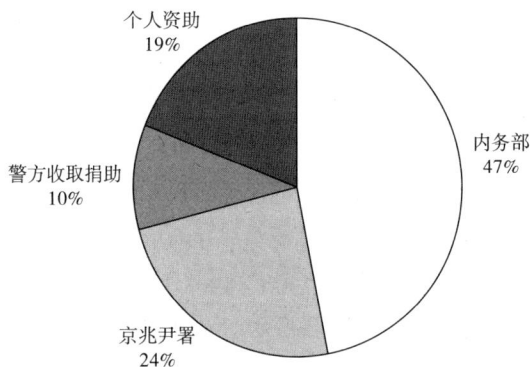

图 2 - 2   1915 年步兵统领署经营粥厂经费来源比较

资料来源：〔美〕西德尼·D. 甘博：《北京的社会调查》（上），陈愉秉等译，第 302 页。

捐助来支付。根据 1918 年 4 月 30 日的年度财政报告，在育婴堂经费收入中，个人捐助金额为 10106 元，警察厅资助 18093 元，市政公所资助 4000 元。[①] 特别是在北洋政府后期，随着政府军费开支及受助人数的增多，政府支出渐显不足，如 1919 年，随着北京粥厂领粥人数的增多，政府拨款及警方得到的私人捐助，已不能满足粥厂的开支，而财政部也明确表示今后不再弥补粥厂的财政赤字。[②] 在此情况下，募款在社会救助经费来源中日益重要，于是各种募捐活动，如举办游艺会、义演、购买股票、发行彩票等，在北京大为盛行。在东直门外北京自来水公司的场地上，为给北京粥厂筹款，每年举办三天义演活动，包括唱歌、表演、杂技等，由近九个团体的男子演出。这些团体均为各地的自愿者，而花费也往往自理，如蜈蚣神圣地狱会的演员，利

---

① 〔美〕西德尼·D. 甘博：《北京的社会调查》（上），陈愉秉等译，第 310 页。

② 〔美〕西德尼·D. 甘博：《北京的社会调查》（上），陈愉秉等译，第 302 页。

用双刃剑、铁锁链、长矛等武器进行表演；老小狮子圣会的演员们在锣鼓的伴奏下进行舞狮表演；大鼓老会表演舞蹈和音乐；大云车会唱中国民歌；等等。① 1918 年，北京育婴堂用 1000 元来投资纺织厂，用 500 元来购买北京自来水公司的股票，以期获得更多经费收入②。1919 年，北京市孤儿院创办小报，通过刊登广告获得广告费来增加该院的收入。如京沈、京绥、京汉和京浦铁路购买报上的广告面，该院因此每月收入达 400 元。③ 1920 年 8 月，华北救灾协会在中央公园举行救灾筹款的游艺活动，时间从下午两点至午夜十二点，娱乐内容有京剧客串、大鼓、露天电影、五色烟火、昆曲、杂耍、奇巧灯景灯谜、拳术等活动。④ 值得一提的是，为救济 1920 年华北五省的受灾群众，北京筹划了科学的募款办法：其一，请大总统出任筹款大会名誉会长；其二，请国务院定期开会，款待关系诸人，实时进行募款事宜；其三，组织募款委员分会，委员人数由各分会酌量增加，委员分会包括政府衙署、外国人士、银行商会、学校、家庭、教会、服务、慈善等团体；其四，在中西各报馆尽力宣传此次募款之事。⑤ 北京较为科学、多样化的募款方式是晚清募捐活动的进一步丰富和发展的结果，不仅拓展和稳定了北京社会救助经费来源，而且使行善观念深入人心。北洋政府时期，北京慈善救助事业虽然"几乎全部由政府接管"，但其经费来源随着政府支出的减少而逐渐多元化，官款、募捐款、产品销售所得、购买股票收入等款项，共同支持与维系着北京社会救助的开支。

就经费管理而言，清末民初慈善救助经费开始实行预算与报账制度，如顺天府习艺所规定，将"应支款项按年月先立预算表呈报巡警部。每月用出若干，月终据实造报，年终又须通计汇报一次，均应造册列表，以清眉目"，⑥ 但社会救助经费的管理仍存在着严重的问题，"经手管理公共资源的官员，常常把这些资金当做他们捞取私人收入的合法来源，对于捐助用作慈善事业的资金，他们也往往照常大捞一把。这样很多情况下本来用作救济穷人的资金，都被充作了'行政经费'。虽然帝制已经消失，中华民国也已建

---

① 〔美〕西德尼·D. 甘博：《北京的社会调查》（上），陈愉秉等译，第 303 页。
② 〔美〕西德尼·D. 甘博：《北京的社会调查》（上），陈愉秉等译，第 310 页。
③ 〔美〕西德尼·D. 甘博：《北京的社会调查》（上），陈愉秉等译，第 313 页。
④ 《赈济灾民的具体办法》，《晨报》1920 年 9 月 25 日。
⑤ 《全国急募赈款大会》，《晨报》1921 年 1 月 29 日。
⑥ 田涛等整理《清末北京城市管理法规》，第 436 页。

立，统治者再也不能把自己看做征服者，但是慈善机构的老一套做法和官员的心态同以前相比，并没有多么大的改变"。① 北京社会救助经费的管理虽然采取了一些较为科学的管理措施，但传统落后的管理意识与管理手段仍严重制约着北京社会救助事业的发展。

第二节　社会救助法规

受儒家文化及佛教思想的影响，中国传统社会救助理念主要体现"慈善恩赐、重养轻教"的施惠特征。近代以来，受西方法制思潮及社会福利思想的影响，中国传统社会救助理念伴随着近代中国社会变迁的步伐开始了本土化的现代转型，"国家责任、积极救济、全民救济等观念逐步为国人所接受，并进而化为国家的立法诉求"②。

一　清末民初的法制思潮

中国自古以来就以礼仪之邦著称于世。在中国漫长的封建社会里，礼是"一套法则"，是人们社会交往的行为准则，也是规范和调节社会秩序的法则，故此，中国传统的法系具有中国特有的"引礼入法、礼法结合"的特点。进入近代，受西方法文化的影响和熏陶，并在中西法文化的冲突与比照中，清末一股主张依法治国的立宪思潮出现了。资产阶级维新派的代表人物康有为在《请定立宪开国会折》中指出："臣窃闻中西各国之强，皆以立宪法开国会之故，国会者，君与民共议一国之政法也……立行宪法，大开国会……则中国富强可计日而待也。"③ 在朝廷里也有一批官僚积极倡导立宪，如翰林院编修赵炳麟在 1902 年 8 月上奏清廷时指出，"欲固国本，必达下情；欲达下情，必行宪法"。他认为，"泰西宪法……皆君民互相保护，互相限制之公义，昔人云泰西以法立国，其国祚多延至千余年，盖特此

---

① 〔美〕西德尼·D. 甘博：《北京的社会调查》（上），陈愉秉等译，第 335 页。
② 岳宗福、杨树标：《近代中国社会救济的理念嬗变与立法诉求》，《浙江大学学报》2007 年第 3 期。
③ 张晋藩：《中国近代社会与法制文明》，中国政法大学出版社，2003，第 179 页。

耳"。① 1902 年开始，国内报刊也开始鼓吹立宪主张。上海的《中外日报》指出，清廷应"取东西各国已行之法择其善者而行之，斟酌会通，勒为成书，实力施行，务使上自皇室下至庶民皆范围于宪法之列"②。正是在朝野有识之士的大力宣传与积极呼吁下，立宪思潮成为当时社会一股影响较为广泛的社会思潮，以致时人颇有感触地说："风气至今，可谓大转移，立宪也，议院也，公然不讳，昌言无忌。且屡见诸诏旨，几等口头禅。"③

在立宪思潮的影响和推动下，特别是"庚子之乱"后，清朝统治者在经历了外国侵略者的凌辱与驱赶后，才恍然意识到："西方之富强，不全在坚甲利兵，在法政制度方面，实有其更重要的原因。"④ 而"中国律例，自汉唐以来，代有增改。我朝《大清律例》一书，折衷至当，备极精详。惟是为治之道，尤贵因时制宜，今昔情势不同，非参酌适中，不能推行尽善"⑤。于是，1902 年，沈家本、伍廷芳被清廷委任为修律大臣，并主持修律馆。在"参考古今，博辑中外""汇通中西"的思想指导下，开始吸收与采纳西方先进的法律思想与法律制度，这标志着中国法律向近代化转型迈出了第一步。在修律的过程中，中国法学专家在大量翻译国外法学著作的同时，还聘用外国法学专家为修律顾问，正是在中外法学家的共同努力下，清末修律取得了较为丰硕的成果，不仅制定了一系列新法，如《大清新刑律》《大清民律草案》《大清新刑律草案》《法院编制法》《大清商律草案》等，初步形成了近代中国较完整的法律体系，而且还推动了全国性法政学堂的建立。据 1909 年统计，全国法政学堂达 47 所，约占全国 124 所专门学堂的38%，学生人数达 12282 人，约占全国专门学堂学生人数（22426 人）的 55%。⑥

在清末立宪思潮的推动下，清廷除制定了《钦定宪法大纲》《宪法重大信条十九条》等三部具有资本主义性质的宪法文件外，还在大力吸收和借鉴

---

① 赵柏岩：《防乱论》，《赵柏岩集》第 10 册，1911 年铅印本，第 39 页；转引自卞修全《立宪思潮与清末法制改革》，中国社会科学出版社，2003，第 27 页。

② 《论时局之可危》，《中外日报》1902 年 6 月 16 日；转引自卞修全《立宪思潮与清末法制改革》，第 21~22 页。

③ 卞修全：《立宪思潮与清末法制改革》，第 4 页。

④ 王伯琦：《近代法律思潮与中国固有文化》（上），序言，清华大学出版社，2005，第 5 页。

⑤ 《清德宗实录》卷四九五；转引自张晋藩《中国法律的传统与近代转型》，法律出版社，1997，第 436 页。

⑥ 刘秀生、杨雨青：《中国清代教育史》，人民出版社，1994，第 128 页。

外国先进的法学理论和法律制度的基础上，制定了具有西方色彩的刑法、商法、民法等新型专门法律。① 诚如著名法学家张晋藩先生所言，"晚清政府以前所未有的速度制订了大量的新法或草案，其中固然有对传统中华法系的继承部分，但主要是移植西方有关的实体法与程序法，连同以《宪法大纲》为核心的宪法性文件，组成了六法的法律体系，标志着中国法律近代化的开端"；同时晚清法律的近代化"为民国以后北洋政府、国民党政府的立法建制提供了前进的基础"。②

受国外法制社会的影响，以孙中山为首的资产阶级革命党人在建立中华民国之后，强烈期盼制定宪法和法律，实现依法治国。孙中山认为："古今立国首重纲维，共和之治，尤为法纪。"③ 1912 年 1 月 6 日，他在南京回答《大陆报》记者的提问时曾指出："中华民国建设伊始，宜首重法律。"④ 而制定一部好的宪法在孙中山看来尤显重要，他认为，一部宪法实为"立国之根本"⑤，"国家宪法良，则国强；宪法不良，则国弱。强弱之点，尽在宪法"⑥，所以"国会开幕后，辟头第一事须研究一部好宪法。中华民国必有好宪法，始能使国家前途发展，否则将陷国家于危险之域"⑦。黄兴也积极倡导依法治国，主张用法律保障和维护人民的权利，实现国家的强大。依法治国最根本的是制定一部有力的宪法。他认为，"宪法者，人民之保障，国家强弱之所系焉也。宪法而良，国家日臻于强盛；宪法不良，国家日即于危弱"，强调了宪法对国家建设的重要作用。辛亥革命取得胜利后，黄兴就认为，"建设共和国家之第一着，首在制定宪法"⑧。

在革命党人积极倡导与践行依法治国的思想和主张时，社会各界的有识之士对依法治国也怀有浓厚的兴趣，他们以各种方式积极宣传与倡导自己关于依法治国的思想与主张。早在 20 世纪之初，梁启超就对中国如何实行法治主义提出了自己的看法。他认为："中国要救亡图存，必须实行法治主义；法制必须与民权相结合；法制必须与道德教育相结合；实行法治要加强中西

---

① 卞修全：《立宪思潮与清末法制改革》，第 127 页。

② 张晋藩：《中国法律的传统与近代转型》，第 464、447 页。

③ 《孙中山集外集》，上海人民出版社，1990，第 468 页。

④ 《孙中山全集》（二），中华书局，1982，第 14 页。

⑤ 《孙中山全集》（三），中华书局，1982，第 2 页。

⑥ 《孙中山全集》（四），中华书局，1984，第 331 页。

⑦ 《孙中山全集》（三），第 5 页。

⑧ 湖南省社会科学院：《黄兴集》，中华书局，1981，第 316 页。

法律文化交流，走中法与西法相结合的道路。"① 梁启超还从法理学的角度阐释了实行依法治国的必要性，视法律为"天下之公器"，认为法是治理国家普遍而有效的工具，国家与法律是紧密联系在一起的，"有国斯有法，无法斯无国。故言治国而欲废法者非直迂于事理，亦势之必不可得致者也"②。1913 年 9 月，梁启超在就任民国北京政府司法总长后，更坚定了依法治国的信念，他指出："今之稍知大体者，咸以养成法治国为要图。"③

在革命党人及社会有识之士依法治国舆论的影响和感召下，民国初年出现了兴办法政学校的热潮。据统计，开办的法政（法律）学校共 67 所。在这 67 所学校中，新建学校 46 所，约占 68.7%；由原有法政学堂改建的有 21 所，约占总数的 31.3%；公立学校 25 所，私立 42 所，分别约占总数的 37.3% 和 62.7%。这 67 所学校分布于除西藏、青海、新疆和内外蒙古等边远地区之外的所有省份，这足以表明民国初年这股办学热潮规模的宏大和社会影响的广泛。此外，法律书籍大量出版。据对现有民国法律资料的分类与统计，以民国政府颁布施行的法律、法规为主题而出版的书籍约有 27 种；以有关外国宪法和其他法律以及共和政治制度为主题而出版的书籍约有 34 种；当时出版的时人编写或翻译的法学著作或对有关法律的阐释性著作，约有 31 种。④

清末民初的法制思潮对人们的思想和社会生活产生了积极影响，有力地推动了近代中国的立法活动，加速了中国法制近代化的进程，并为南京国民政府法制近代化奠定了基础。

二　社会救助的法制化建设

近代以来，随着中国社会的剧烈变动以及弱势群体的扩大，社会救助由传统政府施惠型向现代政府责任型转变，就成为中国社会救助事业发展的迫切需要。而社会救助的法制化建设为中国社会救助事业的近代化转型奠定了法制基础。具体言之，这一时期社会救助的法制建设主要有两个方面。

---

① 刘新：《梁启超法制思想研究》，《法学家》1997 年第 5 期。
② 《管子传》，参见刘新《梁启超法制思想研究》，《法学家》1997 年第 5 期。
③ 梁启超：《政府大政方针宣言书》，《饮冰室合集·文集》（二十九），中华书局，1989，第121 页。
④ 李学智：《民国初年的法治思潮》，《中国近代史研究》2001 年第 4 期。

（一）慈善救助的褒奖法规

从社会心理学的角度讲，激励是指管理者借助一定的方式和方法，激发、加强社会成员的动机，引导、保持社会成员的行为，以促进管理者目标顺利实现。① 褒奖作为一种激励机制，在中国慈善救济事业发展中历来受到管理者的重视。

受传统文化的熏陶，乐善好施、扶危济困的善举已成为中华民族源远流长的美德。明代，朝廷对施善者"已定有奖给匾额、官职及特准建坊之例"②。清朝沿袭了这一做法，并明确规定对养恤孤寡、捐资赡族、助赈荒款等"实于地方有裨益"的善举，"其捐银至千两以上者，均请旨建坊，给予'乐善好施'字样，由地方官给银三十两，由本家自行建坊；若所捐不及千两者，请旨交地方官给匾旌赏，仍给予'乐善好施'字样，如有应行旌表而情愿议叙者，由吏部给予顶戴，礼部毋庸题请"③。

近代以来，随着国力的衰退、财力的匮乏，在国家力量在慈善救济领域弱化的情况下，褒奖作为引导民众积极参与公共领域活动的一种激励机制就显得尤为重要。如褒奖对教育的贡献就成为清末教育发展的一个显著特征。1898年5月22日，光绪帝发布上谕，声称"各省绅民如能捐建学堂或广为劝募，准各省督抚按照筹捐数目酌量奏请给奖，其有独立措捐巨款者，朕必予以破格之赏"④，大力鼓励绅民积极参与学堂的建设与资金的募集。1904年，颁行全国的《癸卯学制》也明确规定："绅董能捐设或劝设公立小学堂及私立小学堂者，地方官奖之，或花红，或匾额；其学堂规模较大者，禀请督抚奖励给匾额；一人捐资较巨者，禀请督抚奏明给奖。"⑤ 对于捐款兴学者依据其贡献的大小授予"花红""匾额""旌表建坊"，或赏以"官衔"等奖励。晚清捐资兴学的褒奖"是将中国传统文化中对'义举善行'的旌奖方式移诸教育奖励上"⑥，这种奖励仍然是对封建帝王褒奖风格的继承和延续，

---

① 乐国安：《社会心理学》，中国人民大学出版社，2009，第457页。
② 曾桂林：《民国时期慈善法制研究》，博士学位论文，苏州大学，2009，第145页。
③ 《大清会典事例》第403卷，参见张小莉《清末"新政"时期政府对教育捐款的奖励政策》，《历史档案》2003年第2期。
④ 朱寿朋编《光绪朝东华录》（四），中华书局，1958，总第4126页。
⑤ 《奏定学堂章程·初等小学堂章程》，湖北学务处本，第3页；转引自张小莉《清末"新政"时期政府对教育捐款的奖励政策》，《历史档案》2003年第2期。
⑥ 张小莉：《清末"新政"时期政府对教育捐款的奖励政策》，《历史档案》2003年第2期。

并不是一种新的奖励政策。

民国建立后，明清以来朝廷授予施善者官衔或恩准建坊之例，随着朝代的鼎革，已成为历史车轮下的滚滚风尘。为了适应时代发展的需要，北京政府制定与颁布了一系列有关社会救助的褒奖法规。1913 年，经国会会议议定教育部颁布的《捐资兴学褒奖条例》规定，人民或者华侨凡以私财创立学校或捐助学校、图书馆、博物馆、美术馆、宣讲所等有关教育事业者，均可获得褒奖。根据捐资数额大小，褒奖分为匾额并金色一等褒章、金色褒章（分三等）、银色褒章（分三等），废除了明清时期授以官衔或恩准建坊的褒奖形式。此外，该条例还对团体捐资、遗嘱捐资等褒奖情形做了规定。[①] 在该条例执行过程中，教育部先后于 1914 年、1918 年和 1925 年分别对《捐资兴学褒奖条例》做了修订和补充，进一步充实和完善了兴学褒奖的内容。

1914 年 3 月，时任大总统的袁世凯颁布了《褒扬条例》，1917 年 11 月北京政府又对该条例进行了修正，凡是具有"孝行纯笃""特着义行""尽心公益""硕德淑行""年登百岁"等八类德行之一者，可由内政部呈请褒扬。[②] 该条例颁布后，1914 年 6 月内务部又制定了《褒扬条例施行细则》，1917 年 11 月内务部又对此细则做了修正。该细则对"尽心公益"做出了明确的界定，指的是："凡创办教育、慈善事业及其他为公众利益事项或办理上列各事确有成效、特着勤劳者，皆属之。其因办理上列各事，捐助财产满二千元以上者，同。"[③] 这表明国家通过褒扬的方式积极倡导民众关注和参与社会公益活动。

民国时期自然灾害频发，为了募集赈灾款项，1914 年 8 月，内务部公布了《义赈奖劝章程》，规定凡捐助义赈款银一千元以上者，由内务部呈请大总统依据《褒扬条例》褒扬之，未满一千元者由各地方行政长官依据款银数额分别给予奖章。[④]

妇女在中国传统社会被视为"沉默的他者"，是被社会遗忘的群体。近代以来，随着妇女对社会活动的积极参与，她们的作用越来越受到社会的重视。1921 年 2 月，北京政府公布了《慈惠章给予令》，该令规定凡妇女有捐募赈款、办理公益事业、办理慈善事业之一者均可给予慈惠章。慈惠章分宝

①　蔡鸿源主编《民国法规集成》第 16 册，第 7~8 页。
②　蔡鸿源主编《民国法规集成》第 17 册，第 79 页。
③　商务印书馆编译所编《最新编订民国法令大全》，第 1569 页。
④　蔡鸿源主编《民国法规集成》第 15 册，第 260 页。

光、金色、银色三等，各等慈惠章又分五等，分别由内务部呈请大总统以明令给予和由主管官署报部核准给予。[1] 为便于法令的实施，内政部又颁布了《慈惠章给予令施行细则》，对《慈惠章给予令》有关条款做了更明确、更具体的说明。

1923 年，京都市政公所颁布了《补助京都市各慈善机关经费规则》，规定"为奖励普惠贫民健康之医院、医会及救济贫民生计工厂、教养院等慈善机关起见，酌给补助费定额每年为一万八千元"，受奖对象是普惠贫民健康及着重贫民生计非以营利为目的者，在京都市内该管官厅立案经过三年以上成绩优良者，常年须有固定经费确系不敷支配者。凡受助的慈善机关须将该机关设立年月、实在状况及成绩详册具呈公所，由公所派员考查，确系经费支绌、成绩优良者，依情况酌量补助；已受助的慈善机关由公所随时派员调查，如有中途变更宗旨或与受助条件不符者，随时停减资助经费。[2]

褒奖条例的制定，成为激励民众积极参与社会慈善公益活动的助推器，通过这一激励机制可以激发社会诸方面的力量，协助政府解决社会救助中政府乏力的问题，同时也有利于促进民间社会救助力量的发展。

（二）慈善救助机构规章

近代以来，在西方福利救济事业的影响下，具有近代意义的社会救助团体相继在国内建立。晚清政府逐渐颁布诏谕，饬令全国各省创设用以收容孤贫幼童及无业游民的工艺局。1901 年，北京创办了全国首家工艺局，该局延聘教习，因材施教，"授以收留人员书画、算术、雕刻、织布、织绒毯、珐琅、铜铁、瓦木诸作，使其离局后能自谋生计"。[3] 此后，经民政部批准立案，北京又创办了诸多"教养兼施"的救助机构，如京师内城贫民教养院，外城初级教养工厂，外城中级教养工厂，外城公立贫民养济院，外城教养女工厂，民政部习艺所，外城贫民工厂，内城公立博济初级、中级工厂等多所救助机构，这些机构制定了相应的规章制度。如《内城公立博济工厂初级章程》对办厂宗旨、收留资格、学习工课、办事人员的职权、工作时间、工厂房屋等做了明确的规定，如该厂收留人员的条件为：年未满八岁及已过十五岁以上者；肢体残废及瞽目者；有疮疥恶疾者。厂中办事人员设有总经理一

---

[1] 商务印书馆编译所编《最新编订民国法令大全》，第 1565 页。
[2] 北京市政公所编译室编《京都市法规汇编》，1928，第 143～144 页。
[3] 彭泽益编《中国近代手工业史资料》（二），三联书店，1957，第 518～519 页。

人，负责厂中一切事宜，人员的进退、经费的筹划以及厂中米石、银钱的收支；庶务司事一人，专司支发银钱、经理工料及一切庶务；监察司事二人，专司工徒起居、出入及工厂宿舍整理，并帮助教科工科教习监察工徒勤惰及性行良否，记载功过实行赏罚之事项；教科教习，专司讲解训导并督察工徒动作行为之事项；工科教习，专司教授工艺，并记录工徒之勤惰，交予监察司事。厂中教授课程为：讲演立身行事之本及孝悌忠信礼仪廉耻之事实，浅近算学，粗浅之毛笔字，普通体操，幼童能胜任之手工。① 《外城贫民工厂章程》对办厂宗旨、贫民入厂出厂条件、教授科目、职员设置等做了详细规定。如对收容人员教授的科目分手工及浅近文艺两种。手工有织呢、织布、制造铜锡器皿、印刷、织带、缝纫、搓绳、编制藤竹各器等；文艺有讲演普通有益身心之学术及关于伦理之故事、日常应用之粗浅文字、心算笔算珠算之加减乘除、图画体操等。②

民初，北京颁布了《贫民工程队章程》《育婴堂章程》《京都平民习艺工厂组织章程》等法规。如 1928 年 3 月 3 日颁布的《京都平民习艺工厂组织章程》规定，本厂以"收养市内平民，授以相当教育及各种工艺，俾得自谋生计"为宗旨，该厂设总务课、工事课、营业课，工徒的衣、食、住均由本厂供给。③

北京政府时期，动荡的政局、频发的灾害引发了更多的游民潮。1915 年北京政府颁布了《游民习艺所章程》，该章程规定"本所直隶于内务部，专司幼年游民之教养及不良少年之感化等事项，以获得有普通知识、谋生技能为宗旨"，收容人员为贫苦无依者或性行不良者。该章程对游民数额、入所年龄、出所年限、教育事项、工艺事项等内容做出了详细的规定。④ 如教育事项方面，游民习艺所设有初等小学、高等小学两种课目。初等小学课目为国文、修身、读经、习字、算术（珠算、笔算）、图画、风琴唱歌、体操；高等小学课目为国文、修身、读经、习字、算术（珠算、笔算）、历史、地理、英文、商业或工业、理科、图画、风琴唱歌、体操。工艺事项有织染科、打带科、印刷科、刻字科、毡物科、铁器科、木工科、石工科、制胰科、缝纫科、制帽科、制鞋科、抄纸科。⑤ 1914 年，北京政府公布了《中国

---

① 田涛等整理《清末北京城市管理法规》，第 378～380 页。
② 田涛等整理《清末北京城市管理法规》，第 352～354 页。
③ 北京市政公所编译室编《京都市法规汇编》，1928，第 137、142 页。
④ 蔡鸿源主编《民国法规集成》第 14 册，第 205～206 页。
⑤ 商务印书馆编译所编《最新编订民国法令大全》，第 480～481 页。

红十字会条例》，是慈善救助团体监管立法的又一表现。该条例规定："中国红十字会依陆军部、海军部之指定，辅助陆海军战时卫生勤务并依内务部之指定，分任赈灾施疗及其他救护事宜。""中国红十字会会长副会长由大总统派充"，其资产及账簿"由陆军部、海军部、内务部各就所管事项随时派员检查"。①《中国红十字会条例》加强了政府对红十字会的监督管理。1915年，北京政府又公布了《中国红十字会条例施行细则》，对红十字会的机关、会员、议会、职员、奖励等事项做出更为详尽的规定。②

社会救助的制度化、法制化建设是社会救助事业发展进步的表现。清末民初，中国社会法制的近代化建设刚进入起步阶段，无论是北京地方还是国家层面的社会救助立法，均处于初始阶段，各救助法规多以"条例、规则的形式颁布实施，法律位阶低，有的还没经过完整的法定程序"③，并且"缺乏总体规划，显得不够完备、不够系统，还没有形成一套全面完整的慈善法律体系；同时，立法层次也低，颁布的多为法规章程，法律效力较低"④。

第三节　北京社会救助实践活动：以娼妓、婴幼儿为检视对象

清末民初，中国社会处于剧烈的转型与变动期，而社会救助对象也因社会的转型与动荡呈现多元化特征：因天灾人祸、城市近代化等因素造成的难民、流民、城市失业者等贫弱群体，乞丐、娼妓、罪犯等社会病态群体，以及老幼病残等生理性弱势群体。本节以娼妓、婴幼儿为例，透视、考察清末民初北京社会救助实践活动的状况。

一　对娼妓的救助

娼妓问题是中国社会躯体内的恶瘤，也是中国社会发展进程中难以根治

---

① 蔡鸿源主编《民国法规集成》第20册，第85～86页。
② 蔡鸿源主编《民国法规集成》第20册，第87～95页。
③ 周秋光、曾桂林：《民国时期的慈善法规述略》，《光明日报》2009年1月20日，第12版。
④ 曾桂林：《民国时期慈善法制研究》，第73页。

的痼疾。

作为帝都的北京，其娼妓业甚为发达，娼妓之多成为北京社会特殊的一幕。清末民初，随着西方女权主义思想的传播和影响，娼妓作为特殊的弱势群体，得到了政府和社会的广泛关注与救助。

（一）娼妓概况

娼妓是中国社会由来已久的罪恶和弊病，早在殷代便有中国最初的娼妓"巫娼"。清灭明王朝后，顺治皇帝曾两次降旨，停止教坊女乐，京城官妓由此废止。康熙十二年（1673），康熙谕令省府州县严刑禁止提取伶人娼妇，要求各省乐户改业为良。近 2000 年的官妓制度由是废止，但私娼难以根除。[①] 清廷的禁娼令使国都北京的娼妓业得到了有效的控制，光绪二十三年到二十四年（1897~1898）间，北京妓院仅有 37 家，每家人数在 10 人左右[②]。1905 年后，京师及各省先后向妓院征收妓捐，登记注册后才能挂牌营业，其目的是通过征收高额税费来禁绝娼妓，然而这一初衷并未实现，反而助长了娼妓之风的盛行。据统计，1905 年北京登记注册的妓院有 373 家，相当于光绪初年妓院总数的 10 倍。这些妓院按等级高低分为小班、茶室、下处、老妈堂四种[③]。民国初期，北京政府基本沿袭了清末抽收妓捐的娼妓管理制度，使得娼妓业不断扩大。由表 2-2 可知，1912 年至 1917 年，北京妓院和妓女总数呈现增长趋势，同 1912 年相比较，1917 年妓院约增加了 15.01%，妓女约增加了 29.74%。该表中所列的妓院和妓女总数仅是经官方注册登记许可的，而未获政府许可擅自经营的"暗门子"妓院和妓女数也在迅速上升。据最保守估计，北京暗娼人数约为 7000 人，且多为满族妇女，这样北京登记与未登记妓女的人数约为一万多人，若与当时北京人口比较，每 81 人中便有一个妓女，或每 21 个妇女中便有一人当妓女。[④] 由此可知，北京妓女之多实属罕见。诚如《东方杂志》刊文所言："中国不论哪方面的事业，都是比较西欧先进各国贫乏与落后的。但惟有一样，却是欧洲与亚洲许多国家所不能及的，那就是娼妓之

① 刘锦涛：《试论清代治娼理路、措施与成败》，《妇女研究论丛》2008 年第 4 期。
② 徐珂：《清稗类钞》第 11 册，中华书局，1984，第 5153~5154 页。
③ 卞修跃：《稗海精粹：近代中国社会面面观》，四川人民出版社，1999，第 302 页。
④ 〔美〕西德尼·D. 甘博：《北京的社会调查》（上），陈愉秉等译，第 261 页。

多，冠于全世界。"①

表2－2　1912～1917年北京妓院和妓女总数分布

年　份	妓女数（人）	妓院数（家）
1912	2996	353
1913	3184	366
1914	3330	357
1915	3490	388
1916	3500	391
1917	3887	406

资料来源：〔美〕西德尼·D. 甘博：《北京的社会调查》（上），陈愉秉等译，第260页。

（二）娼妓的社会危害

娼妓的增多给北京社会带来了重大危害，时人曾把娼妓的流弊概括为："玷污道德风纪；破坏家庭和平；堕落男女意志及人格；牺牲社会经济；引起恶疾，流毒人群；妇女多属不能生育；所生子女多系夭亡；妨碍女权；影响民族。"② 这些流弊不仅危害北京的普通民众，而且也侵蚀着北京的政界要员。妓院已成为首都官员保官求升的必到场所，一个政界要员要想得到提升或保住高位，不花费大量的时间和精力在妓院这一特殊场所进行社交活动，是极其困难的。妓院助长了官场的腐败，使得官员道德沦丧。而首都官场腐败的示范作用助长了全国范围的不良习气。此外，妓院也是性病传播的主要场所，性病的泛滥严重影响着人们的身心健康。据估计，北京社会下层90%的人因性病影响到身心健康，1/3的学生和社会上层人士患有或曾经患有性病。在协和医院门诊就医的人中，有10%的人是由于感染性病而前来就诊的。③《北平娼妓调查》中的统计数据显示，1929年6月至11月，受检的2.905万名娼妓中，患病者达12495名，约占受检娼妓人数的43%，其中患有淋病的娼妓就有9855人，约占患者人数的78.9%。④ 性病成为当时社会"最可恐怖的传染病，犹或过之，减灭国力，败坏人种。考其用事，直是吞

---

① 碧茵：《娼妓问题之检讨》，《东方杂志》第32卷第17期，1935，第101页。
② 北平特别市社会局编《北平特别市社会局救济事业小史》，第69页。
③ 〔美〕西德尼·D. 甘博：《北京的社会调查》（上），陈愉秉等译，第273～274页。
④ 转引自王书奴《中国娼妓史》，上海生活书店，1934，第224页。

噬人类之恶魔"①。可见，娼妓"不仅毁害个人，且足以毁坏社会"。而"贫穷与罪犯及娼妓三者常互为因果，而关系至为密切"②，因此，北京的娼妓问题就成为政府亟待解决的主要问题。

（三）娼妓救助

近代以来，中国社会救助事业出现了新的变化，传统社会"重养轻教"的救助方式逐渐被"教养兼施"的新型救助方式所代替。清末民初，北京娼妓的救助机构经历了由官督绅办性质的京师济良所向官办性质的北京济良所转变的过程，二者对娼妓都采取了收容管理的办法，以道德教化、技能培训及择配作为救助方式，实行教养结合的新型救助手段③。

济良所是以救助娼妓为目的的新型慈善机构，最初是由美国传教士于1901年在上海创立，后来逐步推广到全国。上海济良所从创办到运行均由西方人士负责，所以它一开始就具有西方慈善救助的性质，其先进的救助方法，很快得到全国各地的效仿。

京师济良所创办于1906年，由巡警部督同绅士"仿照上海济良所办理"，其宗旨"在拯救烟花妓女跳出苦海，再施之以教育，寓劝化于救济之中，期日后仍为有德之妇"。④ 1907年，清政府在初创《北京济良所办事大纲》的基础上，又制定了更为详尽的《重定济良所章程》。该章程对本济良所的组织管理、经费来源、收容条件、教养方式、所女择配等内容做了明确的规定。北京济良所收容"诱拐抑勒来历不明之妓女；被领家需索重价肯阻从良之妓女；被领家凌辱之妓女；不愿为娼之妓女；无宗可归无亲可给之妓女"。愿入北京济良所者可遵照下列各项呈诉收容：亲身到巡警厅区呈诉者；喊告于守望巡警者；邮寄署名禀词于巡警总厅者；自投济良所者。娼妓入所后，有疾病者移居养病室调治，有传染病者送民政部医院治疗。收容期间，所女必须学习国文、伦理、算学、手工、烹饪、图画、体操、音乐等各项知识和技能，每天学习时间为六小时。收容人每天的作息时间分为晨起、早饭、午饭、晚饭、夜卧五个时段。对于不遵守约束之所女，应根据情节轻重

---

① 《中国妇女问题讨论集》第6册，上海书店出版社，1984，第91页；转引自张超《民国妓女问题研究》，博士学位论文，武汉大学，2005，第69页。
② 邝震鸣：《贫穷与妓女》"自序"，北方印刷所，1930。
③ 王娟：《清末民初北京地区慈善事业研究》，第138页。
④ 黄鸿山：《清末济良所的出现与推行》，《学习与探索》2009年第3期。

予以"训诫、记小过、记大过、面壁端坐一点钟至三点钟、食无菜之饭一餐"等惩罚。北京济良所采取自愿而非强制原则，在尊重娼妓意愿的基础上予以收容。收容期间，对收容人员的学习课程、惩罚措施都做了严格的规定，这些学习课程与惩罚措施均体现了中西合璧的特征。①

经费是北京济良所得以正常运行的重要保障，其主要来源于"工巡捐局拨款（每月银一百元）、领娶者之捐助（无定数）、特别捐助（无定数）、原济良所房屋一处赁银、不足时总厅临时补助（无定数）。本所经费收支，每月须造具清册，呈报巡警总厅查核"。② 在管理方面，北京济良所章程规定：绅士经理负责所中一切事物，并受警察厅监督；绅士经理任期一年，由市政公议会投票选举，任期内如有舞弊及违犯章程的，可由总厅撤销，另投票公举。此外，北京济良所还设有女董事、女检察、教习和男司事等办事人员，由绅士经理与巡警总厅协商后聘用。女董事负责二门以内事务，即与收容妇女发生直接联系的事务，女检察负责所女行止出入及工作眠食的事务，教习专管教育，男司事负责二门以外事务。北京济良所严禁外人擅自入内，如有参观者，须持总厅发给的特别执照或经女检察的许可方可入内。③在所女的择配方面，北京济良所章程规定在所诸女各印照片一张，注明姓名号数，挂于照片陈列室。愿娶所女者须"在相片陈列室观看相片，认明后可到总厅及该管分区或所绅处陈明指定愿娶之女姓名号数，请求入观券，持券到所，由男司事收券引至接待室，由女检察导引该女士，在接待室监临相见面商，以彼此情愿为相当之配合"④。愿娶所女者由本人开具年岁、籍贯、亲属、住所、职业、有无妻妾等情况说明书，并取具妥实铺保水印切结或同乡官印结担保，无假冒及卖奸转卖等弊，禀请总厅查复批示。请领所女者经批准后，领取人须自拍照片两张，交所呈总厅备查，再由所发给愿书，交领取人及出所之女，在官绅监督下，两人当面签字，即可发放。⑤

京师济良所在创办过程中，还积极对外宣传其宗旨和章程。1906年，巡警总厅"把北京城内各妓院的掌班召集起来，对他们大谈济良所的宗旨，以

---

① 田涛等整理《清末北京城市管理法规》，第451～466页。
② 田涛等整理《清末北京城市管理法规》，第452～453页。
③ 田涛等整理《清末北京城市管理法规》，第453～455页。
④ 田涛等整理《清末北京城市管理法规》，第464～465页。
⑤ 田涛等整理《清末北京城市管理法规》，第464～466页。

期开通风气、祛除陋习。到场的北京大中小堂掌班共有 600 余人"。① 在北京警局及绅士的努力下，京师济良所不断发展壮大，到 1908 年，"'规制渐臻完善'，发所择配的妇女已近百人。此外还收容多名 10 岁以下的幼女，为此特地在济良所中增设'幼女工场'，招募老妇教以粗浅工艺及烹调、缝纫等事"。② 从北京济良所章程可知，官方积极筹办救娼机构，并每月拨给一定的救助经费，显示官府对社会问题的关注与重视；就救助手段而言，北京济良所在向所女传授文化知识时，较注重对所女思想道德的教育。此外，还授以一定的谋生技能；通过规章制度和惩罚措施使所女改过自新；在所女择配时，能够更多地体现所女的主体性。但在实际运行过程中，北京济良所并未如章程呈现的那样完美，"还存在着许多弊端，常常遭到时人的批评"③。

民初，清末设立的济良所并未因朝代的更替退出历史舞台，而是在原来的基础上做了符合时宜的更改。如依据《北京济良所管理条例》规定，北京济良所由"巡警部督同绅士创办"，改为"经内务部批准，由警察厅建造经营"。民初北京济良所与清末北京济良所相比，最大的变化是不仅收容不愿为娼之妓女，而且也收容"无处容身及无依无靠的妇女"，收容范围扩大到娼妓以外的"二无"之女。此外，工作人员的名称也做了更改，称其为经理、女看守、女监督、教师、文书等，名称的变化标志着封建意味较浓的绅士、教习、司事等称谓已不再符合民初社会发展的需求。④

民初，北京济良所收养人数逐渐增多，北京地方政府也加大了救助资金的投入。1917 年底，所内收容人数为 123 人⑤，有时申请人数"超过可收容量的两倍"⑥。1917 年北京济良所用于收容者在教育、食物、就医方面的经费支出分别为 459 元、4376 元、639 元，共计 5474 元；用于管理开支的费用为 6749 元。两项开支合计 12223 元，而政府拨款为 11836 元。⑦ 从北京济良所的经费开支中可以看出，民初北京地方政府更加重视对解决社会

---

① 李孝悌：《清末的下层社会启蒙运动（1901－1911）》，河北教育出版社，2001，第 116 页。
② 《政治官报》1908 年 11 月 4 日；参见黄鸿山《清末济良所的出现与推行》，《学习与探索》2009 年第 3 期。
③ 黄鸿山：《清末济良所的出现与推行》，《学习与探索》2009 年第 3 期。
④ 〔美〕西德尼·D. 甘博：《北京的社会调查》（下），陈愉秉等译，第 571～574 页。
⑤ 〔美〕西德尼·D. 甘博：《北京的社会调查》（下），陈愉秉等译，第 577 页。
⑥ 〔美〕西德尼·D. 甘博：《北京的社会调查》（上），陈愉秉等译，第 278 页。
⑦ 〔美〕西德尼·D. 甘博：《北京的社会调查》（下），陈愉秉等译，第 577 页。

问题的投入。

民国初期，北京济良所由官督绅办转为官办，体现了北京地方政府对娼妓这一特殊弱势群体的重视。虽然它存在着许多弊端，如"收容妓女无独立处理之权，凡娼妓到所请求救济者，非呈报前警察厅不得受领；加以该所一切之设施、所女之待遇，异常恶劣；请领所女规则又多缺点，以致不愿为娼之妇女裹足不前"①，但值得肯定的是，它为许多苦难妇女以及从人贩子和大烟鬼家庭拯救出来的孩子提供了"希望之门"，至少在一定程度上扭转了许多姑娘的命运。②

清末民初，在中国娼妓业合法化的变迁历程中，在西方女权主义思想的影响下，以上海为代表的现代文明窗口首先发起了针对娼妓的收容救助活动，虽然发起者为美国传教士，但它点燃了中国对娼妓实施新型救助的燎原之火。③ 北京济良所在继承上海济良所先进救助理念及救助手段的同时（如制定章程、教授各种知识和技能等），还剔除了对娼妓的宗教教育，代之以伦理教育，并实现了济良所治理的本土化。北京娼妓救助是在制度的规制下，采取"教养结合，以教为主"的施救方式，并在经历由官督绅办到官办的转型后，步入由政府主导的救助活动。虽然这一时期北京娼妓的救助呈现救助层次低、救助范围窄、救助手段呆板等缺点④，但它对促进北京娼妓救助事业的发展具有重要的推动作用。

二 婴幼儿的救助

家庭贫困化与重男轻女的封建传统观念是导致弃婴的最根本原因，时人在概纳弃婴之因时也曾指出，弃婴的原因不外乎有三种："私生、贫穷、轻女。私生者多，则可征其社会性道德之沦丧；贫穷者多，则可征其社会一般经济之降落；轻女则多，则可征其社会之失常态与不健全。"⑤

中国对婴幼儿的救助，有着较悠久的历史。早在战国时期，管仲"九惠

---

① 北平特别市社会局编《北平特别市社会局救济事业小史》，第70页。
② 〔美〕西德尼·D. 甘博：《北京的社会调查》（上），陈愉秉等译，第280页。
③ 在上海济良所的影响下，北京、天津、保定、汉口、镇江、南京、苏州等地也先后创办了济良所。
④ 王娟：《清末民国时期北京的"救娼"与"废娼"》，《妇女研究论丛》2006年第3期。
⑤ 李文海等编《民国时期社会调查丛编·社会保障卷》，福建教育出版社，2004，第89页。

之教"中的"慈幼""恤孤"就是齐国对婴幼儿实施的慈善救济。清前期，随着弃婴的增多，育婴机构也相继在各地兴起，如高邮州育婴堂（1656年）、通州育婴堂（1664年）、杭州育婴堂（1666年）、苏州育婴堂（1674年）、江宁育婴堂（1670年）、松江育婴堂（1809年）等。这些育婴堂"所着重的是保存他们的生命，而不是他们日后的社会或家庭生活"①。

鸦片战争后，受西风东渐的熏染以及西方传教士育婴事业的启迪，中国婴幼儿的救助事业开始了近代转型，新型"教养结合，以教为主"的救助方式逐渐取代了传统"重养轻教"的施救手法。1882年，由李鸿章主持创办了具有官督绅办性质的京都广仁堂，针对"历来善堂每仅给衣食，致养成一班惰民，于世无补"的弊端，确立了"本堂之设，既养且教，务俾益人习一人之业，渐使能自谋生"的办堂宗旨。② 京都广仁堂"参照天津广仁堂成案，凡孤儿之无依无告者，均准收养"，流落京师的各省难民婴孩也在收养之内。对收养的婴幼儿依据其不同资质授以不同知识技能，"其资质优者，立义学以教之；其次教以手艺，如刻字、成衣之类；其蠢而有力者，如栽桑植蔬"。该堂还设立义学，立仁、义、礼、智四斋，授以《百家姓》《千家诗》《孝经》以及《四书五经》等内容。京都广仁堂对收养婴幼儿采取教养结合的施救手段，其教授内容仍以儒家思想文化为主。1906年，北京设立的外城初级教养工厂专收无业乞丐、贫民之幼童，年在八岁以上十五岁以下，"入厂教以读书识字，使有普通知识并各种手工，俾出厂后得以自谋衣食"。教科授以有益身心之学问，及孝悌忠信礼义廉耻之事实、加减乘除、唱歌等内容。③ 从清末婴幼儿的救助可以看出，晚清社会救助虽在施救方式上采取了教养并重的施救手段，而且也较注重对被收养人员谋生技能的培养，但其施救方式仍带有浓厚的封建性，较为突出道德教化的色彩。

民国初期，北京婴幼儿的救助事业得到了进一步的发展。1917年，鉴于北京"内外城弃儿日多，殊乖人道，且常为外国慈善团体所收养，我国反无相当机关从事救济，亦殊可耻"的境况，京师总商会会长陈遇春在崇文门外南岗子街创设育婴堂一所。④ 该堂规定收养婴幼儿年龄不得超过三岁，并对不同年龄段的弃儿规定了喂养方法：一岁以内的孩子要完全用牛

---

① 梁其姿：《施善与教化——明清的慈善组织》，第126页。
② 王娟：《晚清北京慈善事业的主要变化及相关分析》，《江汉论坛》2007年第6期。
③ 田涛等整理《清末北京城市管理法规》，第275~277页。
④ 王之相编《北平育婴堂概览》，北平养蜂夹道育婴堂，1932，第6页。

奶喂养；一岁以上两岁以下的孩子，要喝牛奶吃蛋糕；在两岁到三岁之间的孩子，要吃米粥、牛奶和蛋糕；三岁以上的孩子不再喝牛奶吃蛋糕，而是按正常时间吃普通饭食。对于特别幼小婴儿则由奶妈喂养，每名奶妈喂养三名孩子。每名被收养弃儿分别在半岁、一岁半、三岁不同年龄段接种牛痘。① 育婴堂的经费"由绅商自行认捐"，捐款分年捐、季捐、月捐三种。② 除由私人捐款外，政府资助也是其经费的主要来源。如在育婴堂1918年的财政收入中，个人捐款为10106元，警方拨款18093元，市政公所拨款4000元。③

该育婴堂终因管理不善及经费短缺的原因，收养人数逐年减少并最终停办。从1922年至1927年历年收养人数来看（图2-3），1922年收养婴孩为210名，1927年减少为96名。主要有以下原因：一为该堂管理不善，造成大量婴幼儿死亡；二为经费短缺，1927年终因该堂内存款用尽，而官厅协款又久而不发，所以停办。④ 南京国民政府时期，重组的北平育婴堂通过延聘医士护士、设置卫生用具、改良养育方法、成立保婴训练班等措施，使北平的育婴事业步入了一个全新的发展时期。⑤

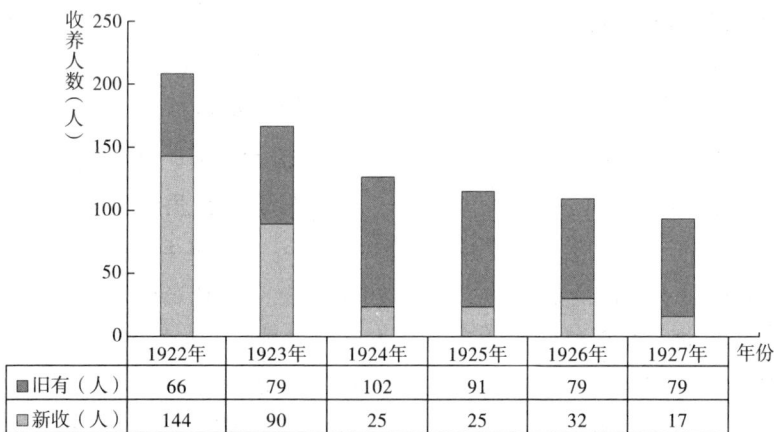

年份	1922年	1923年	1924年	1925年	1926年	1927年
旧有（人）	66	79	102	91	79	79
新收（人）	144	90	25	25	32	17

图2-3　1922～1927年历年收养婴孩人数比较
资料来源：北平育婴堂《北平育婴堂报告书》，1935。

---

① 〔美〕西德尼·D.甘博：《北京的社会调查》（上），陈愉秉等译，第310页。
② 王之相编《北平育婴堂概览》，第6页。
③ 〔美〕西德尼·D.甘博：《北京的社会调查》（上），陈愉秉等译，第310页。
④ 王之相编《北平育婴堂概览》，第7页。
⑤ 北平特别市社会局编《北平特别市社会局救济事业小史》，第3页。

除育婴堂之外，孤儿院是民国初期对婴幼儿救助的另一主要机构。民国初期，北京有两所孤儿院：一所为贫儿院，又称北京孤儿院；另一所为龙泉孤儿院。这两所孤儿院均为民间人士创办，但接受官方的资助。北京孤儿院开设于1912年，最初是用来收养革命烈士的孩子，后扩大到普通人的孩子，只要家庭无力养活，并且经董事会调查属实后，便可以由孤儿院接收。该院注重对收养孩子的教育，除星期天外，每个孩子每天至少有两小时对普通常识的学习，此外还要参加五小时的手艺活学习。男孩学习木工和织地毯，女孩学习剪裁、编织袋子和烹饪。为了培养孩子们的自立能力，通常他们要做一些如扫地、帮厨、洗碗、洗衣服等个人或院内的常事务。每到夏季，孩子们要每天洗澡，冬天则一周一次。生病的孩子由附近的教会医院负责治疗。每年夏天，孩子被带到卧佛寺旅游一次。① 由于该院经营较善，1923年被纳入香山慈幼院。

龙泉孤儿院创办于光绪三十二年（1906），主要是收养孤儿并教以普通常识及各种谋生技能，"自清末迄于民元，为北平第一慈善机关，中外咸知"②。民初，该院得到继续发展，"所有孩子都要接受学校教育和工艺训练，现在（约在1918年前后——笔者注）有12名孩子学习高小课程，5名正在上中学，甚至有一名正在上大学"。③

香山慈幼院是民国初期北京专为收养孤贫儿童所设立的最具近代化色彩的慈善教育机构。1917年，为收养京郊水灾受难儿童，熊希龄于二龙坑、府右街创立慈幼局。1920年，慈幼局迁入新建校舍香山静宜园，故改名为香山慈幼院。其办学宗旨为"救济孤贫儿童，施以完善教养，使能独立生活于社会"④。

在对所收养孩子的教育方面，香山慈幼院"重启诱及扶导，以期养成自治及独立自主之精神"⑤。如婴儿教保园，专收自初生至四岁无依之婴儿，并注重训练婴儿语言、应对、动静及思想与五官四肢筋肉之合作，约分四点：自由动作（压板、滑梯、秋千、爬梯、沙土箱、积木、各种玩具等），户外运动（远足、团体游戏等，以养成合群、互助、自动之习惯），音乐游戏

---

① 〔美〕西德尼·D. 甘博：《北京的社会调查》（上），陈愉秉等译，第312～313页。

② 北平龙泉孤儿院编《北平龙泉孤儿院报告书》，1934，第5页。

③ 〔美〕西德尼·D. 甘博：《北京的社会调查》（上），陈愉秉等译，第313～314页。

④ 杨圆诚：《香山慈幼院概况》，1938，第1页。

⑤ 香山慈幼院编《香山慈幼院教育统计图表一览》，慈祥工厂，1927，全院概况表一。

（以训练听觉及音乐之欣赏），作业（分看图、自由画、陶工、积木，以训练视觉、触觉及创造能力）。幼儿园，专收四岁至六岁之儿童，采用设计教学法，利用环境之接触，引起儿童之兴趣与研究之动机，然后导以有组织之计划之课程，教师每月均规定设计程序，用音乐、游戏、故事、运动、谈话等种种活动，以取得由做而学之功效。[①] 香山慈幼院非常注重儿童自立能力的培养，从幼稚园起就培养他们"自己的事情自己做"的自立习惯，并到农工实习场参观，小学以上的学生必须经常参加建校劳动和各农工场的实习劳动。[②] 为了满足学生的实习需求，该院建有如植物园、动物园、养蜂场、铁工厂、木工厂、制鞋厂等种类齐全的农工实习厂。因其管理科学，成绩显著，香山慈幼院成为民国前期北京婴幼儿救助机构的典范，吸引众多中外人士来参观。在该慈幼院发展过程中，经费短缺也成为其发展的最大障碍。该院在创办时曾由政府从督办水灾河工处款项和京畿水灾捐款中拨出一定金额作为建院专款和办院基金，后因规模扩大，资金需求量日渐增多，故除募捐外，该院还向各银行及善团借款达数十万元。1928 年后，该院得到国民政府及世界红十字会中国分会的接济才勉强得以维持。[③]

清末民初，北京婴幼儿救助活动的主体及内容都发生了新的变化。北京婴幼儿救助主体经历了由政府主导、民间参与，到民间主导、政府参与的转变过程，体现了政府对社会救助事业控制力的式微与民间社会力量慈善救济意识的增强。受西方福利事业的影响，这一时期北京社会救助的内容均体现了"教养兼施"的救助理念，但不同时期，对"教"的重视程度与"教"的时代性则有所不同。与清末相比，民国初期更注重对收养人的教育，尤为注重知识教育及技能培训，知识教育更趋于近代化和去儒学化。

近代以来，社会的巨变打破了中国传统社会的救助格局，新的社会环境需要更多的救助机构来关注数量庞大、成分复杂的弱势群体。清末民初，北京拥有大量的慈善救助机构，如光绪年间北京城的慈善救助机构就达 89 家（表 2－3），1923 年，北京内外城慈善救助机构为 377 家（表 2－4）。这些救助机构有的为官方所设，有的为民间创办，它们共同为北京的灾黎、贫民、老弱病残、弃婴孤儿等弱势群体提供了力所能及的接济。虽然它们的接济对于人数庞大的弱势群体而言只能是杯水车薪，但它们对于广大濒临死亡

---

① 杨圆诚：《香山慈幼院概况》，1938，第 4～6 页。
② 南耕：《熊希龄与香山慈幼院的教育管理》，《中小学管理》1992 年第 2 期。
③ 杨圆诚：《香山慈幼院概况》，1938，第 1～2 页。

线上的弱势群体而言无异于救命稻草，如救助机构的施粥，对于现代人而言，不值一提，但对于饥寒交迫、贫困潦倒的人而言不失为一碗救命之粥。

表 2 - 3　光绪年间北京城慈善组织的类型与数目

类　型	数目(个)	类　型	数目(个)	类　型	数目(个)	类　型	数目(个)
粥厂	35	粜米官厂	5	收还魂字纸局	1	怀少局	1
水局	15	栖留所	5	惜字局	1	牛痘局	1
饭厂	9	暖厂	4	忠义总局	1	恤嫠所	1
善堂	6	育婴堂（局）	3	蚕桑局	1	总　计	89

资料来源：周家楣等编《光绪顺天府志》，北京古籍出版社，1987，第 315 ~ 331 页；转引自王娟《清末民初北京地区慈善事业研究》，第 165 页。

表 2 - 4　民国十二年（1923）北京内外城慈善机关统计

单位：所

名　称	区别		名　称	区别		名　称	区别	
	内城	外城		内城	外城		内城	外城
区署半日学堂	28	23	平民小学校	16	15	平民夜学校	2	1
聋哑学校	1	0	工厂	14	6	习艺所	4	0
工读园	2	0	敬惜字纸	4	4	施舍善书	1	1
买鸟放生	0	1	善社	7	3	水会	8	17
施舍米面	8	1	施舍棉衣	9	2	养老院	5	0
贫儿所	2	0	孤儿院	0	1	育婴堂	1	1
收养院	4	11	疯人院	1	1	残废院	1	0
慈幼院	2	0	粥厂	4	3	防灾会	4	0
赈灾会	8	5	救济会	14	5	地方服务团	5	1
施舍棺木	5	4	施舍钱文	1	0	施医院	7	3
施舍医品	15	8	诊疗所	4	3	贫民养病所	1	2
施舍茶水署汤	14	11	失业介绍所	1	0	人力车夫休息所	11	6
济良所	0	1	贫民借本处	9	7	其他服务社会机关	4	1
瞽目学校	0	1	其他慈善事业	0	1	总　计	227	150

资料来源：刘锡廉《北京慈善汇编》，京师第一监狱，1923，第 41 ~ 46 页。

随着中国社会的近代化转型，社会救助的实践活动也表现迥异于传统的特点，过去"各省设有养济院，以收鳏寡孤独及无亲属依倚之人，然养之而不教之做工"① 的"重养轻教"的施救手段逐渐被新型的"教养结合，以教为主"的施救方式所取代。近代以来，西方列强的入侵、自然灾害与内战的频发造成了城市社会中无数需要救助的弱势群体，弱势群体的扩大不仅加重了城市社会的动荡，而且对传统的社会救助方式提出了挑战。单靠政府一方或仅恃民间社会力量都无以解决弱势群体的救助问题，新的社会救助事业需要的是政府和民间力量的有力配合，需要强有力的政府组织、号召和引导民间社会力量积极有序地参与社会救助事业。清末民初，作为国都的北京，其社会救助事业受到了历届政府的重视，但随着局势的变化以及政府财力的日绌，社会救助的主体经历了由政府主导到政府式微的变化过程，而民间社会力量逐渐成为社会救助事业中不容忽视的主体力量。当时政府并没有积极引导、培养与发展民间慈善力量，更没有创造有利于民间慈善力量发展的社会环境，所以民间社会力量始终处于一种自发的游离状态。

小　结

清末民初，中国社会救助事业伴随欧风美雨的东渐发生了迥异于传统的变革。在清末官制的改革中，民政部的设立标志着国家层面上社会救助行政管理机构的开启。民政部设立后，清末社会救助事业由民政部下设的民治司负责，而北京社会救助事业则由顺天府下设的民政科负责。北洋政府时期，社会救助事业形成了中央、省、县三位一体的管理体制，中央由内务部下设的民治司负责，各省由巡按使公署下设的政务厅内务科管理，县一级由内务科负责。而作为首都的北京，其社会救助事业的管理机构并未像全国一样趋于统一，而是出现了多部门管理现象，在某种程度上降低了社会救助的实际效能，不利于社会救助事业的有效开展。

社会救助的制度化、法制化建设是社会救助事业发展的表现。清末民初，中国社会法制的近代化建设刚进入起步阶段，而社会救助立法也尚处于初始阶段，各救助法规多以"条例、规则的形式颁布实施，法律位阶低，有

---

① 花之安：《自西徂东》，上海书店出版社，2002，第 2 页。

的还没经过完整的法定程序"①，而北京社会救助的法制化建设更多是一些章程、条例等。此外，北京社会救助事业还存在许多亟待解决的问题，如没有形成一套"建设性而非姑息苟且性的社会救济工作体系"②，慈善资金被非法侵占及挪用，救助经费的严重短缺，等等，都成为影响与制约北京社会救助事业发展的重要障碍。

---

① 周秋光、曾桂林：《民国时期的慈善法规述略》，《光明日报》2009 年 1 月 20 日，第 12 版。
② 〔美〕西德尼·D. 甘博：《北京的社会调查》（上），陈榆秉等译，第 334 页。

第三章　制度规制：北平社会救助的
制度化建设

1924 年孙中山在其起草的《国民政府建国大纲》中明确指出，国民政府"建设之首要在民生"，"土地之岁收，地价之增益，公地之生产，山林川泽之息，矿产水力之利，皆为地方政府之所有，而用以经营地方人民之事业，及育幼、养老、济贫、救灾、医病与夫种种公共之需"。以孙中山的三民主义及《国民政府建国大纲》为治国方略的南京国民政府，以制度化建设为先导，推动了中国社会救助事业的发展。丧失国都地位的北平在南京国民政府的规制下，其社会救助事业呈现新的面相。

第一节　北平社会救助行政体制及
实施机构的制度化

南京国民政府时期，随着中国社会形势的发展，国家社会救助的行政体制经历了三次较大的变革，并且可分为以下三个阶段：全面抗战爆发前的 10 年、抗战时期、抗战结束至国民党在大陆的失败。[①] 在全面抗战爆发前的 10 年里，北平社会救助的行政体制及执行机构都发生了较大变化。

一　北平社会救助行政体制的制度化

南京国民政府成立后，对北京政府时期的社会行政体制做了适当的调整。1928 年 4 月南京国民政府将内务部改为内政部，下设总务司、民政司、统计司、礼俗司、地政司等，其中民政司职掌社会救济及赈灾事宜。依据

---

① 蔡勤禹：《国家、社会与弱势群体——民国时期的社会救济（1927 – 1949）》，第 88～93 页。

1928 年 6 月颁布的《内政部各司分科规则》规定，社会救助事宜由民政司下设的第四科负责，具体包括残废老弱救济、贫民救济、地方罹灾调查赈济、慈善团体考核、勘报灾歉及蠲缓田赋审核、慈善事业奖励、地方筹募赈捐审核及游民教养事项等。[①] 南京国民政府时期，灾害仍然是政府面临的主要问题，为了全力、有效地救灾，南京国政府沿袭了北洋政府时期设立赈务处的做法，于 1928 年成立了赈务处，直隶于国民政府，赈务处长由内政部部长兼任。1929 年为了统一管理地方上分散的赈灾机构，又在各地成立了赈灾委员会，如直鲁赈灾委员会、豫陕甘赈灾委员会，隶属于行政院。1930 年又将赈务处与各地的赈灾委员会合并，成立了赈务委员会，主要负责各灾区赈务事宜。[②] 根据 1931 年 6 月国民政府颁布的《赈务委员会组织条例》规定，赈务委员会以内政、外交、财政、交通、铁道、实业各部部长为委员，下设总务科、筹赈科、审核科三科。总务科负责筹划会务，编辑刊物及宣传，经费出纳及编制预算决算，编制统计及表册，购置物品等；筹赈科负责筹募赈款赈品，保管存放及支用赈款赈品，赈品调查及采购，赈品的运输，免税及免费各项护照的办理，灾情的调查等；审核科审核赈款，赈品出纳，审核收放赈款、赈品之册报单据，审核办灾经费之支用等[③]。赈务委员会在各省份设有相应的赈灾机构。依据《赈务委员会组织章程》规定，凡受灾省份均设省赈务委员会，由省政府聘任省政府委员、省党部委员、人民团体成员等各数人组成，内设总务组、筹赈组、审核组。各市、县设立省赈务委员会分会。[④] 南京国民政府时期，赈灾行政体制的扩张与延伸，进一步充实和完善了社会救助的行政管理体制，这有利于政府对救助事业的管理和推行。

关于地方的救助行政，南京国民政府也做了明确的规定。根据 1928 年国民党政府颁布的《修正省政府组织法》，民政厅负责"县市行政官吏提请任免、县市所属地方自治及经费、警察及保卫、卫生行政、赈灾及其他社会救济"[⑤]。而市的救济事宜，则根据 1928 年颁布的《特别市组织法》和《市组织法》规定，特别市、普通市所设的市政府在不抵触中央及省法令范围

---

① 徐百齐编《中华民国法规大全》第一册，商务印书馆，1936，第 506 页。
② 蔡勤禹：《国家、社会与弱势群体——民国时期的社会救济（1927–1949）》，第 88~89 页。
③ 蔡鸿源主编《民国法规集成》第 34 册，第 21 页。
④ 徐百齐编《中华民国法规大全》第一册，第 799 页。
⑤ 李进修：《中国近代政治制度史纲》，求实出版社，1988，第 326 页。

内，应办理市区的公益慈善等事项，并由市政府下设的社会局主管；各县市的，由县市政府主管。①

就北平而言，1928 年 6 月 20 日，根据中央执行委员会政治会议第 154 次会议关于改变京兆、直隶区域名称之决议，将北京改名为北平，定为特别市。6 月 25 日任命何其巩为北平特别市市长。② 1928 年 7 月 3 日国民政府公布的《特别市组织法》规定：特别市直辖于国民政府，而不入省县行政范围；特别市设置特别市政府，依中国国民党党义与中央法令办理全市行政事务，于不抵触中央法令之范围内，"对全市行政事项得发布命令及单行规则"；特别市政府设市长一人（由国民政府任命），财政、土地、社会、工务、公安、卫生、教育各局，设局长一人，由市长呈请国民政府任命。其中，社会局第四科掌理市公益慈善事业及市农工商业等事项，而特别市之合法财政收入源于市之土地税、土地增价税、房捐、营业税、牌照税、码头税、广告税、市公产收入等税捐。③《特别市组织法》对特别市之职权范围、收入来源、隶属机构等做了明确规定。1928 年 7 月 3 日，国民党政府还公布了《市组织法》，规定了直隶与省的普通市的统一组织模式，但无论是《特别市组织法》，还是《市组织法》，都受到多方面的批评与责难。鉴于此，国民政府对两部组织法进行了重新修订，并于 1930 年 5 月 20 日公布了新的《市组织法》。新法规定市分为院（行政院）辖市和省辖市两种。具有下列情形之一者为院辖市：（1）首都；（2）人口在百万以上者；（3）在政治上、经济上有特殊情形者。但人口在百万以上且在政治上、经济上有特殊情形而为省政府所在地者，应隶属于省政府。④ 市之职务、财政、执行机关在旧市组织法规定的基础上做了适当的修改。1930 年 6 月 27 日，北平市划归河北省政府管辖，系河北省政府所在地，依照修订后的《市组织法》规定，北平特别市改为北平市。北平市政府（图 3-1）下设公安、财政、社会、工务、教育、卫生、土地和公用 8 个局，社会局仍负责北平的社会救助事业。⑤

1928 年 8 月 6 日，北平特别市社会局成立，隶属于北平特别市政府，位于北平东城东堂子胡同。此时该社会局下设秘书室及第一、二、三、四、五

---

① 孔庆泰等：《国民党政府政治制度史》，安徽教育出版社，1998，第 104～105、113～114 页。
② 孔庆泰等：《国民党政府政治制度史》，第 111 页。
③ 孔庆泰等：《国民党政府政治制度史》，第 104～106 页。
④ 孔庆泰等：《国民党政府政治制度史》，第 365～366 页。
⑤ 孔庆泰等：《国民党政府政治制度史》，第 373 页。

图 3-1　南京国民政府时期的北平市政府

资料来源：《北平市市政公报》1931 年第 97 期。

科，其中第四科掌管慈善救济事宜，分行政、经理、教育三股；第五科掌管公用事宜，分两股专门负责附属机关的管理。附属机关有：北平特别市第一救济院、北平特别市救济第二院、北平特别市妇女救济院①、北平特别市第一习艺工厂、北平特别市第二习艺工厂、北平特别市妇女习艺工厂、北平特别市疯人收养所、北平特别市乞丐收容所和东安市场管理处等。1930 年 6 月，北平特别市降格为北平市，而北平市社会局也由东堂子胡同迁往原翰林院衙署办公，其职掌依旧。② 为了压缩开支，1931 年 5 月，市政府将工务局所属公用事项改归社会局管辖，1932 年又将教育局裁撤，合并于社会局内。所以，1932 年北平市社会局实际上负责社会、公用、教育三项事务。社会局下设四科两室，第一科为总务科，分设三股：文书股、事务股和公益救济股。公益救济股负责管理所属救济机关，审核各公益慈善团体，整顿风俗，管理本市寺庙，保管登记事项。此外还增设了附属慈善机关经理委员会，协同科室负责北平的社会救助事宜。第二科为农工商科，分设二股：农工股和商业股。第三科为教育科，分设三股：中学股、小学股和风俗股。第四科为公用科，分设三股：水电股、交通股和标准股。同时还设有秘书室和督学室。③ 1937 年，北平沦陷后，日本侵略者设立了伪北平市政府社会局，位于府右街中南海丰泽

---

① 北平特别市妇女救济院后称"北平妇女救济院"或妇女救济院。

② 北京市地方志编撰委员会：《北京志·政务卷·民政志》，北京出版社，2003，第 536 页。

③ 《社会局组织及职掌附属机关名称、成立日期、地址等的呈函和市政府的训令》，北京市档案馆：J2-1-24。

园，主要负责北平的社会救济、商业管理、宗教团体审查等事项。

20世纪二三十年代，随着国家层面社会救助行政体制的变革，北平社会救助行政体制也发生了巨大变化。在北平社会救助行政的变革中，北平社会局的成立对促进北平社会救助事业的近代化发展显得尤为重要，"北平救济事业之重要，亦即本局职责之重要，本局自成立以来，对于救济事业之设施、改良、扩充、扶助不遗余力"，"本局所谓救济事业，非仅指消极之救济而言，而尤注重积极之救济"。同时，北平特别市社会局的成立，也改变了北京政府时期北京救助事业"无统一之上级机关"的弊端。①

二　北平社会救助实施机构的制度化

1928年5月内政部颁布的《各地方救济院规则》规定，各省、区、省会、特别市政府及县市政府所在地，设立救济院，救济院分设养老院、孤儿院、残废所、育婴所、施医所、贷款所。② 北平特别市社会局成立后，奉市政府训令，先后接收了北京政府时期由公安局管辖的贫民教养院、妇女习艺工厂、济良所、疯人收养所、感化所及市政府直辖的平民习艺工厂，并根据《各地方救济院规则》的要求及本市社会救济的实际情况，依照本局制定的救济机关改革计划（图3-2），将原平民习艺工厂改为北平特别市第一习艺工厂，原贫民教养院分组为北平特别市第二习艺工厂和北平特别市（男子）救济院，原妇女习艺工厂及原北京济良所合并改组为北平特别市妇女习艺工厂和北平特别市妇女救济院，疯人收养所内部加以整顿扩充并冠以北平特别市字样。后将北平特别市（男子）救济院扩充为第一救济院及救济第二院，不久又将第一救济院改为农作部，救济第二院改为第一救济院，救济第二院的儿童部改为救济第二院。③ 鉴于北京政府时期北京各公营救济机关各属其主，彼此亦各自为政，不相关联，特别是缺少协力合作的效用，北平社会局成立了附属慈善机关经理委员会，负责各救助机关的考查、统计、规划、改进。④ 该经理委员会的成立只是对各救助机关起一个监督、协调作用，在实

---

① 北平特别市社会局编《北平特别市社会局救济事业小史》，第9～10、16页。
② 徐百齐编《中华民国法规大全》第一册，第814页。
③ 北平特别市社会局编《北平特别市社会局救济事业小史》，第25～26页；其他救助机构名称也有相应变化。
④ 北平特别市社会局编《北平特别市社会局救济事业小史》，第51～52页。

践中，它们仍处于各自为政的状况。各救助机关内设有不同的组织部门，用于教养不同的收容对象（见表3－1）。北平特别市社会局改组后的救助机关具有以下特点：（1）在救济机关的命名上，完全撤弃了旧有救助机关"会""堂""局"的称谓，以具有近代意义的"院""厂"等名称来代替；（2）在教养方式上，教处于主导地位，如果说清末民初是北京"教养兼施、以教为主"救助方式的引进与实验阶段，那么南京国民政府时期是这一救助方式的推广与应用阶段；（3）在救助机关及组织部门设置上，北平特别市社会局各救助机关的设置更为科学、考究，更加符合收容人员的要求。1928年北平特别市社会局救助机构的改革，推动了北平社会救助事业的发展并取得了一定成效（图3－3、表3－2），如经过救助机关的教，收养人员不仅掌握了制作桌子、椅子等诸多生存技能，而且还为各救助机关创造了收入，从而开启了北平特别市社会局救助机关"以院养院"、以市场为导向的救助活动。

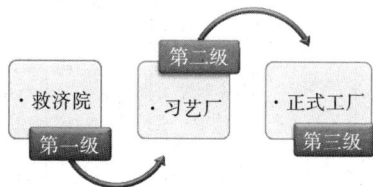

图3－2　北平特别市社会局救济机关改革之三级关系

资料来源：北平特别市社会局编《北平特别市社会局救济事业小史》，第23页。

表3－1　北平特别市社会局救济机构实施概况*

名称 / 类别	第一救济院	救济第二院	第一习艺工厂	第二习艺工厂	第二习艺工厂分厂	妇女救济院	妇女习艺工厂	疯人收养所
宗旨	收容市内贫苦或感化者	同前	收容平民男子授以生活技能，使其能自立	同前	同前	收容市内无告妇女或感化者	收容贫苦妇女授以生活技能，使其能自立	监护并医治疯病者
组织	农作部、杂役组	临时收容部、残老部、儿童部、工作部、感化部	救济部、营业部等	藤竹、毛巾、织袜、木工、雕刻等组	织布、织带、毛巾、鞋、绳、袜等科	临时收容部、残老部、儿童部、工作部、济良部	刺绣、挑花、毛巾、烹饪、缝纫、制鞋等组	男女、轻重、优级普通各病室

续表

名称\\ 类别	第一救济院	救济第二院	第一习艺工厂	第二习艺工厂	第二习艺工厂分厂	妇女救济院	妇女习艺工厂	疯人收养所
收容性别	男	男	男	男	男	女	女	男女
成立年月	十七年十月十六日	同前	十七年十月	十七年十月十六日	十七年十二月十日	十七年十月一日	十七年十月一日	十七年八月
十八年二月止收容人数	六一	二五三	一〇〇	二五八	二〇一	二五三	九二	一二一
地址	前外先农坛	千佛寺胡同	西单皮库胡同	崇外东大地	宣外教子胡同	西城石牌胡同	前外梁家园	地外高公庵
备考	—	该院儿童部现收容人数约一百名不在此内	—	—	—	但得收容八岁以内男孩	同前	—

* 本表格是对原材料的直接引用，因而保留了原表格中的机构名称和民国纪年的方法（以下表格同此处理），其统计时间是从1928年10月至1929年2月。

资料来源：北平特别市社会局编《北平特别市社会局救济事业小史》，第35～36页。

图3-3　北平特别市社会局第二习艺工厂各组成品展

表 3 - 2 1929 ~ 1933 年北平市社会局附属各救济机关分科习艺情况

名　　　称	分科习艺情形
第一习艺工厂	该厂专办印刷工艺，每月营业收入约八百余元上下。
第二习艺工厂	该厂专办毛巾、织布、藤竹、木器等工艺，营业收入每月平均约三百元上下。
第一救济院	该院编劳工队、音乐队、毛巾、编绳等工作，每月收入约一百元上下。
救济第二院	该院分班教授儿童读书。
妇女救济院	该院工艺有缝纫、刺绣、理发等科，每月收入约五六十元上下
精神疗养院	该所收容本市疯人医治疗养。
乞丐收容所	该所有劳工队及音乐队等工作。

资料来源：《北平市社会局拟具改组本局附属救济机关计划致市长呈文》，北京市档案馆：J2 - 6 - 88；名称依原表。

与前相比，虽然改组后的北平救助机关取得了一些成绩，但存在的问题仍制约着北平社会救助事业的发展。如这些救助机关机构臃肿、职能重叠、"不相连属、难期划一"①、"用人较多、经费较重"②，由表 3 - 3、图 3 - 4 可知，在北平市社会局附属救济机关的经费开支中，职员俸薪为 1133.5 元、役警工饷为 844.5 元，分别约占经费总额的 47.8% 与 35.6%。也就是说，仅职员与役警的工资支出就约占经费总额的 83%，而真正用于被救助人员的费用却所剩无几。1934 年，北平市社会局针对救助机关存在的问题，对原有救助机构又进行了大幅度的精简与改革，将原有救助机关合并改组为北平市社会局救济院。该救济院分设四部，前第一救济院为收容部；前救济第二院为儿童部；前第一习艺工厂及第二习艺工厂分别为第一习艺部印刷组和机织手工组；前妇女救济院为第二习艺部；前乞丐收容所为收容部残老感化组。各部事务均由北平市社会局救济院统筹办理实施。1936 年，为了进一步加强对各救济机关的管理，提高救济的实效性，该救济院将收容部改为劳工部，把儿童部与第二习艺部之无技能妇女并为妇女儿童部，而第一、第二习艺部不变。③ 日伪时期，北平市官立的救助机构仍为该救济院及其下设的四部。

---

① 北平市社会局编《北平市社会局救济院特刊》，北平市社会局发行，1936。
② 《北平市社会局拟具改组本局附属救济机关计划致市长呈文》，北京市档案馆：J2 - 6 - 88。
③ 详见北平市社会局编《北平市社会局救济院特刊》。

表3-3 北平市社会局附属救济机关经费开支比较

单位：元

机　　关	经费总额	经　费			备考
		职员俸薪	役警工饷	公杂药费	
第一习艺工厂	五六二	二五三	二五一	五八	
第二习艺工厂	六六九	二四八	三〇四	一一七	
第一救济院	二六五	一〇六	一〇九	五〇	
救济第二院	二〇八	一二四	四一	四三	
妇女救济院	五四五	三〇七	一二六	一一二	
乞丐收容所	一二三	九五.五	一三.五	二三	
总　　计	二三七二	一一三三.五	八四四.五	四〇三	

资料来源：《北平市社会局拟具改组本局附属救济机关计划致市长呈文》，北京市档案馆：J2-6-88。

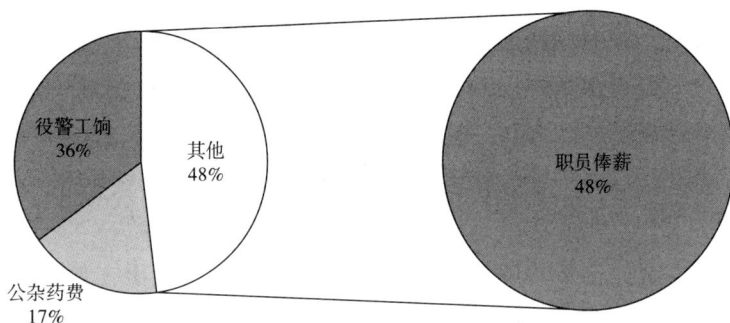

图3-4 北平市社会局救济机关经费开支比较

资料来源：《北平市社会局拟具改组本局附属救济机关计划致市长呈文》，北京市档案馆：J2-6-88。

1928年至1937年间，从北平救助机关的三次变革中（图3-5）可以看出，北平市社会局救助机构的改革呈现由分散到统一、由繁到简、由整体变革到局部调整的演变趋势。北平市社会局救助机构由1928年的7处精简为1934年和1936年北平市社会局救济院下辖的4处，机构的精简减少了救助机关经费的开支，提高了对收容人员的施救经费。如图3-6所示，改组前北平救助机关的经常费为1978元，改组后为1538元，减少了440元；办公费由改组前的360元减为改组后的310元，减少了50元；口粮费由改组前的4440元减少为改组后的3650元，减少了790元；相应的购置费由改组前的49元增加到改组后的1280元，增加了1231元。购置费的增加意味着将更多的钱用于被救助者身上，而非浪费于庞大机构人员薪俸的支付上，这在一定程度上提高了救助的实效性。

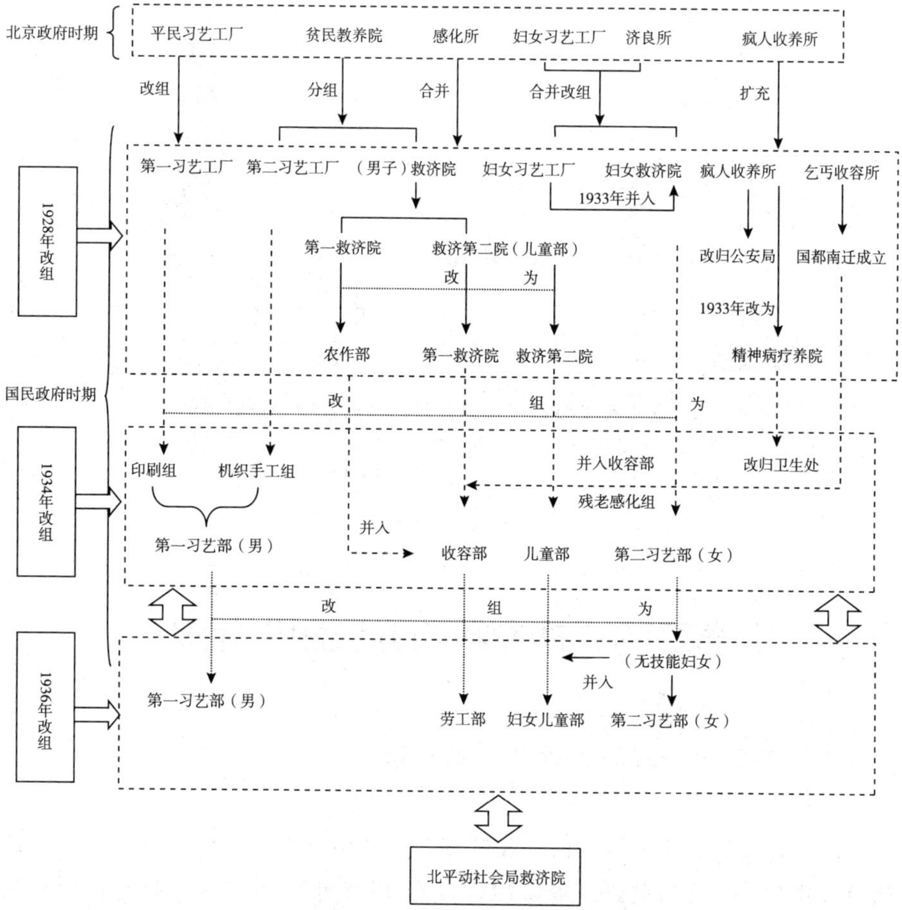

图中流程图内容：

北京政府时期：平民习艺工厂　贫民教养院　感化所　妇女习艺工厂　济良所　疯人收养所

改组　分组　合并　合并改组　扩充

1928年改组：
第一习艺工厂　第二习艺工厂　（男子）救济院　妇女习艺工厂　妇女救济院　疯人收养所　乞丐收容所

1933年并入

第一救济院　救济第二院（儿童部）　改归公安局　国都南迁成立

改　　为　　1933年改为

农作部　第一救济院　救济第二院　精神病疗养院

国民政府时期

改　组　为

1934年改组：
印刷组　机织手工组　并入收容部　改归卫生处

残老感化组

第一习艺部（男）　　并入　　收容部　儿童部　第二习艺部（女）

改　　组　　为

1936年改组：
第一习艺部（男）　　（无技能妇女）　并入　劳工部　妇女儿童部　第二习艺部（女）

北平动社会局救济院

图 3 - 5　1928～1937 年北平公营社会救济机构演变节略*

* 说明：①本表根据以下相关资料记载绘制而成：北平特别市社会局编《北平特别市社会局救济事业小史》，第 26～29 页；北平市社会局编《北平市社会局救济院特刊》，"救济院章程"，北平市社会局发行，1936。

②图中名称依用原资料中的名称；以下图相同处理。

　　南京国民政府时期，北平社会救助的行政管理体制及救助机关伴随北平市政府现代化的转型而发生了质的变化：由多部门管理到统一管理，由注重救济机关量的变化到注重救济机关质的提高，由粗放型收养到集约型收养，等等，这些变化是北平社会救助行政管理体制及救助机关在新的历史时期有所发展的具体表现。它们既得益于南京国民政府《特别市组织法》《市组织法》《各地方救济院规则》等社会政策的制定与执行，又得益于北平市政府、北平市社会局对北平社会救助事业的重视。

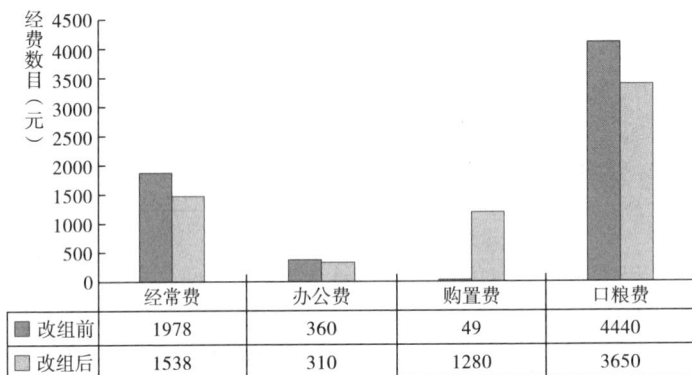

图 3 – 6　北平市社会局救济机关改组前后各项经费增减比较[*]

	经常费	办公费	购置费	口粮费
■ 改组前	1978	360	49	4440
■ 改组后	1538	310	1280	3650

*注：经常费包括薪水、工饷；办公费包括文具、邮电、消耗、杂支、修缮、医药。
资料来源：《救济院章程及一、二、三次会议录》，1934，北京市档案馆：J2 – 6 – 88。

第二节　社会救助的法制化建设

一　南京国民政府的社会救助立法

社会立法是依法行政的前提和基础，是社会政策的具体体现，同时也是社会行政有序运行的重要保障。1927 年至 1937 年，南京国民政府在扬弃北洋政府时期有关慈善救助法律法规的同时，还制定颁布了法律效力较高、涉及面较广的慈善救助法规，将社会救助事业逐渐纳入法制化运行轨道，主要体现为以下几个方面。

（一）监管法制化

南京国民政府成立后，加速了慈善救助的立法进程，颁布了一系列有关慈善救助团体监管的法律法规，如《管理私立慈善机关规则》《各地方救济院规则》《整顿各项慈善事业并防止侵占款产令》《监督慈善团体法》《监督慈善团体法施行规则》，《寺庙管理条例》《改善地方育婴事业令》《各地方慈善团体立案办法》《寺庙兴办公益慈善事业实施办法》《中华民国红十字会管理条例》《中华民国红十字会管理条例施行细则》《佛教寺庙兴办慈善公益事业规则》《义仓管理规则》等。

加强对社会救助团体的管理，是社会救助事业由传统迈向近代的必然要求。南京国民政府成立后，为了加强对全国社会救助团体的管理，1928 年 5月，内政部颁布了《各地方救济院规则》，要求各地设立救济院，分设养老所、孤儿所、残废所、育婴所、施医所、贷款所等，对无自救力的老弱病残者以及贫民进行收养施救。对各地方原有的官立、公立慈善机关，要求具有与救济院分设各所性质相当者，应改正名称、划归救济院继续办理。各地方由私人或私人团体集资兴办的慈善事业，应维持现状，但受主管机关监督。①民间社会救助团体是近代社会救助事业不可分割的重要组成部分，为了加强对私立救助团体的管理，1928 年 10 月内政部又制定了《管理私立慈善机关规则》，规定各地方私立慈善机关应将"机关名称、财产状况、所在地址、现任职员姓名、所办事业、履历详细造册呈报主管机关查核，转报内政部备案"，主管机关对各地方私立慈善机关的各项册报如有检查必要时应随时派员检查。②宗教团体是近代中国社会救助事业不可或缺的重要力量，积极引导与规范宗教团体的救助活动，对社会救助事业的近代化发展具有重要意义。为此，1929 年 1 月内政部公布的《寺庙管理条例》就明确规定，寺庙应根据自己的财力办理一种或数种公益事业，如各级小学校、民众补习学校、夜学校、图书馆、讲演所、公共体育场、救济院全部或残废所、孤儿院、养老所、育婴堂、贫民医院。③ 1935 年，内政部又颁布了《佛教寺庙兴办慈善公益事业规则》，该规则对寺庙兴办救助事业做了规定，如：寺庙应斟酌地方之需要兴办慈善公益事业；寺庙在兴办各项公益或慈善事业时应酌量其经济情形，由一寺独立兴办，或由数寺院合力举办，或当地佛教会督促该地全体寺庙共同举办；寺庙兴办慈善公益事业应受主管官署之监督并受当地佛教会之指导。④

民国以来，特别是南京国民政府时期，随着中西思想文化交流的加深，在西方社会福利事业的法制思想及制度的影响下，1929 年 10 月，南京国民政府制定颁布了"中国近代第一部较为全面调整慈善事业相关社会关系的成

---

① 蔡鸿源主编《民国法规集成》第 40 册，第 2 页。
② 蔡鸿源主编《民国法规集成》第 14 册，第 9 页。
③ 《中国佛教会"佛教寺庙兴办慈善公益事业规则"等有关寺庙法规》，北京市档案馆：J2 - 7 - 67。
④ 《中国佛教会"佛教寺庙兴办慈善公益事业规则"等有关寺庙法规》，北京市档案馆：J2 - 7 - 67。

文法"① ——《监督慈善团体法》。该法规定：凡慈善团体不得利用其事业为宗教上之宣传或兼营为私人谋利之事业；慈善团体发起人应具有下列各项资格之一：名望素著操守可信者，曾办慈善事业卓有成效者，热心公益慷慨捐输者，对于发起慈善事业有特殊之学识或经验者。而有下列情况之一者不得为慈善团体发起人：土豪劣绅有劣迹可指证者，贪官污吏有案可稽者，有反革命之行动者，因财产上之犯罪受刑之宣告者，受破产之宣告尚未复权者，吸食鸦片者。慈善团体如有拒绝主管官署检查或违反其他规定者，主管官署可撤销其许可或解散之。办理慈善事业有成绩者，主管官署应呈请国民政府或省政府褒奖之。② 为了进一步完善该监督法，1930年，行政院根据该监督法第14条规定，制定公布了《监督慈善团体法施行规则》；1932年，行政院对该规则又重新做了修订。该施行规则对慈善团体的概念及设立条件、程序，以及主管官署函纳的机关及职责等内容做了更明确的说明，如该施行规则对《监督慈善团体法》中的"慈善团体"规定，"凡永久设立或临时办理者均属之"③。

为了进一步加强对各地慈善团体的管理，1932年9月，内政部又颁布了《各地方慈善团体立案办法》。该办法规定：慈善团体立案时应由全体董事备具正副呈请书并附呈下列各文件：章程或捐助章程、登记清册、财产目录、印鉴单、全体社员名册或捐助人名册、职员名册、各项足资证明之文件；各主管官署办理慈善团体立案时应酌置下列各簿册：慈善团体登记簿、慈善团体登记收件存根册、慈善团体登记证书存根册；各主管官署对于慈善团体之呈请查有违背法令及本办法者，应令其补正始行立案；各主管官署准许慈善团体立案后，应即发给立案证书并公告之。④

（二）褒奖法制化

南京国民政府成立后，沿袭了北京政府时期对捐赠褒奖立法的做法，颁布了一系列捐赠褒奖法规，如《兴办水利防御水灾奖励办法》《办赈团体及

---

① 曾桂林：《民国时期慈善法制研究》，第55页。
② 《北平市政府饬属遵办各地方慈善团体立案办法及内政部关于监督慈善团体法等训令》，北京市档案馆：J2-7-84。
③ 蔡鸿源主编《民国法规集成》第40册，第11页。
④ 《北平市政府饬属遵办各地方慈善团体立案办法及内政部关于监督慈善团体法等训令》，北京市档案馆：J2-7-84。

在事人员奖励条例》《赈灾委员会捐助赈款给奖章程》《办理赈务公务员奖励条例》《捐资兴学褒奖条例》《捐资兴办卫生事业褒奖条例》《捐资举办救济事业褒奖条例》《褒扬条例》《颁给勋章条例》《颁给勋章条例施行细则》等。这些法规"即从名誉上予以褒扬，授予奖章、奖状或匾额"[1]，以激励与引导民间社会人士或团体积极参与慈善救助活动。

自然灾害是民国时期社会最为严重的天敌，为了调动民间社会力量参与防灾救灾，南京国民政府成立后颁布了《兴办水利防御水灾奖励办法》《办赈团体及在事人员奖励条例》《赈灾委员会捐助赈款给奖章程》《办理赈务公务员奖励条例》等一系列兴办水利及赈灾的褒奖与惩罚法规。1929 年 1 月，南京国民政府颁布了《兴办水利防御水灾奖励办法》，该办法后经修订改为《兴办水利奖励条例》，于 1933 年 10 月公布；1935 年 4 月，国民政府又颁布了《修正兴办水利奖励条例》，该条例规定凡兴办水利确有成绩者，或于水利上有重大贡献者均应予以褒扬或奖章奖励。兴办水利有下列事实之一者特予褒扬：捐助款项一万元以上者、经募款项三万元以上者、河塘堤埝变出非常竭力抢堵消灭重大危险者、办理堵口大工特着奇能减轻灾害者、对于水利学术有特殊发明者。办理水利有如下事实之一者酌给奖章：捐助款项者、经募款项者、种植森林有裨水利者、抢险出力者、革除河工积弊者、办理河湖修防三汛安澜者、水利著述有特殊贡献者。[2] 为了募集赈款，1929 年 5 月，国民政府颁布了《赈灾委员会捐助赈款给奖章程》，该章程规定凡捐助赈款者，依据捐款数额的多寡分别奖给匾额或褒章。"凡呈请给奖及由会给赠予者"，均将受奖人姓名、籍贯或团体名称连同事迹分报内政部备案。[3] 1931 年，为了使赈灾的褒奖更具有法律效力，国民政府颁布了经立法院审议通过的《办赈团体及在事人员奖励条例》《办理赈务公务员奖励条例》等项法规。其中《办赈团体及在事人员奖励条例》规定："热心赈济、声誉素著，所办灾赈范围普遍全国各灾区或捐助赈款在十万元以上、募捐五十万元以上者，由赈务委员会会同内政部开具事实案呈请行政院转呈国民政府明令褒奖，并得于所赈济各地方建立纪念碑碣"；"热心公益，所办灾赈范围及于数省或一省市，或捐款在一万元以上、募捐五万以上者，由所在地方官厅或所属法团开具事实，送由赈务委员会及内政部，呈由行政院转呈国民政府给

---

① 曾桂林：《民国时期慈善法制研究》，第 145 页。
② 徐百齐编《中华民国法规大全》第一册，第 758 页。
③ 《河北省政府公报》第 317 期，1929，第 14～15 页。

予褒章，并得刊名所赈济地方之纪念碑碣"。①

　　鼓励民间社会力量举办教育、公共卫生、救济等慈善事业仍是南京国民政府褒奖立法的主要内容。1929 年南京国民政府颁布了《捐资兴学褒奖条例》《捐资兴办卫生事业褒奖条例》《捐资举办救济事业褒奖条例》等法规，对以私产创办或捐助教育、卫生、救济等慈善事业的民间人士或社会团体，以其捐资的多寡授予不同等级的奖状。如 1929 年 1 月，南京国民政府在继承北京政府捐资兴学褒奖法规相关内容的基础上，颁布了《捐资兴学褒奖条例》，该条例规定"凡以私有财产处置创立或捐助学校、图书馆、博物馆、美术馆及其他教育机关者，得依照本条例请给褒奖"，褒奖按照捐资多寡授予奖状。具体为："捐资五百元以上者，授予五等奖状；捐资一千元以上者，授予四等奖状；捐资三千元以上者，授予三等奖状；捐资五千元以上者，授予二等奖状；捐资一万元以上者，授予一等奖状"。如捐资在三万至十万元者，除给予一等奖状外，并于年终由教育部汇案呈请国民政府明令嘉奖；如捐资在十万元以上者，除授予一等奖状外，由教育部专案呈请国民政府明令嘉奖。② 相较北京政府，南京国民政府不断完善了捐资兴学褒奖的内容，如增加了经募捐资、在蒙藏地区捐资，以及外国人捐资、捐资合计等方面褒奖办法的规定③。1929 年 5 月，国民政府公布了《捐资举办救济事业褒奖条例》，该条例规定凡以私有财产创办或捐助救济事业者，无论以个人或私人团体名义均可按照捐资多寡授以奖匾。"捐资至一百元以上者，其奖匾由普通市政府或县政府题给；捐资至五百元以上者，其奖匾由各省民政厅题给；捐资至一千元以上者，其奖匾由省政府或特别市政府题给；捐资至五千元以上者，其奖匾由国民政府题给"。④

　　此外，南京国民政府颁布的《褒扬条例》《颁给勋章条例》《颁给勋章条例施行细则》等综合性的法规，也涉及对慈善公益事业成绩卓著者予以褒奖。1931 年 7 月颁布的《褒扬条例》规定德行优异、热心公益二者之一者均可依本条例褒扬之。"凡创办教育慈善及其他公益事业，或因办理此等事业而捐助款项者"均称为热心公益，褒扬方式为授予匾额和褒章。⑤ 1935 年

---

① 上海市社会局编《公益慈善法规汇编》，1932，第 94～95 页。
② 教育部编《教育法令汇编》第一辑，商务印书馆，1936，第 45～46 页。
③ 曾桂林：《民国时期慈善法制研究》，第 155 页。
④ 国民政府文官处编《国民政府法规汇编》第一编，1929，第 295～296 页。
⑤ 蔡鸿源主编《民国法规集成》第 40 册，第 411 页。

颁布的《颁给勋章条例》及《颁给勋章条例施行细则》，也有涉及慈善救助褒奖的内容。如《颁给勋章条例施行细则》规定，对非公务人员"创办慈善事业，规模宏大，福利社会，昭垂久远者"颁给采玉勋章；对友邦人民"创办教育或慈善事业，有功于我国家社会者"颁给采玉勋章。[①]

（三）税收减免法制化

南京国民政府时期，国民政府对慈善救助事业的干预除应用行政、法律手段外，还借鉴西方资本主义税收优惠立法的手段来调节，促进社会慈善救助事业的发展。这一时期税收优惠立法主要有收益税、所得税；具体言之，收益税有《土地法》《土地赋税减免规程》《房捐征收通则》《营业税法》等；所得税有《所得税暂行条例》。而税收优惠主要体现在："一是针对慈善组织的，即慈善组织本身享受的税收优惠规定；二是针对捐助者的，即公司、商号等社会组织以及个人的捐赠所享受的税收减免优惠。"[②]

在收益税方面，北京政府时期曾制定了《土地收用法》，该法规定对从事"教育、学术、慈善所应设之事业"的地方自治团体或人民，经国家许可，可收用宅地、山林、荒地等公有或民有土地。[③] 南京国民政府成立后颁布的《土地法》《土地赋税减免规程》《房捐征收通则》《营业税法》等，分别从土地、房捐、营业等方面，以法规形式确保了对公益慈善救济事业的减免优惠政策。如1930年颁布的《土地法》，该法共分5编，397条，其中第4编的第327条规定，学校、学术机关、公共医院、慈善机关等公益事业用地，"由中央地政机关呈准国民政府免税或减税"[④]。1931年颁布的《营业税法》规定："不以营利为目的的合作社、贫民工厂等，得免征营业税。"[⑤]

在所得税方面，北京政府为了解决财政危机，1914年颁布了《所得税条例》，该条例规定对不以营利为目的的法人所得实行免税。[⑥] 后因时局动荡，未被推广。南京国民政府成立后，在《所得税条例》的基础上，公布了

---

① 《北平市市政公报》第292期，1935，第1页。
② 曾桂林：《民国时期慈善法制研究》，第128～129页。
③ 谢振民编著《中华民国立法史》下册，中国政法大学出版社，2000，第1151页。
④ 谢振民编著《中华民国立法史》下册，第1164页。
⑤ 国家税务总局主编《中华民国工商税收史·地方税卷》，中国财政经济出版社，1999，第29页。
⑥ 国家税务总局主编《中华民国工商税收史·直接税卷》，中国财政经济出版社，1996，第7～8页。

立法院审议通过的《所得税暂行条例》。该条例规定对"不以营利为目的之法人所得"，"残废者、劳工及无力生活者之抚恤金、养老金及赡养费"，"教育慈善机关或团体之基金存款"实行免税。①

（四）救助经费管理及经费保障的法制化

南京国民政府成立后，加强了对慈善资金管理的制度建设。1928年5月，内政部颁布的《各地方救济院规则》中明确指出："救济院各所之基金应组织基金管理委员会分别管理之，基金管理委员会由地方法团公推委员若干人组织之"，"救济院基金无论何项情形不得移作别用"。② 1929年10月，国民政府颁布的《监督慈善团体法》也对慈善团体资金的管理做出规定，慈善团体所收之款项物应逐日登入账簿，所有单据应一律保存，账簿、单据保存时间不得短于十年；主管官署应随时检查慈善团体的财产状况。③ 慈善团体每届月终应将一个月内收支款目及办事实况公开宣布④。对于赈款的管理，国民政府也制定了相应的管理制度。1931年12月公布《赈务委员会收存赈款暂行办法》，对收存赈款的手续做了明确规定：捐助赈款收入首先交由总务科收发股先行点收，总务科收款后，除附来文者，仍将来文编送外，应即填写收到赈款通知单，以一联通知筹赈科并同时点缴款项，筹赈科核收后，即在总务科存单款数上加盖该科图记，总务科点缴赈款后，应即将另联通知单交审核科存放。筹赈科收款无论数之多寡应即移存指定银行。⑤ 南京国民政府以法规的形式把慈善救助机关或团体的资金管理纳入了制度化、程序化、专业化轨道，资金管理呈现多部门、程式化、公开化、严密化的特点。

救助经费是社会救助事业健康持续发展的重要条件之一，为了确保社会救助资金来源的可靠性，南京国民政府成立后以制度的形式加以规制。1928年5月国民政府公布的《各地方救济院规则》规定，救济院经费由"各地方收入内酌量补助或设法筹集；救济院基金无论何项情形不得移作别用"。"前

---

① 国家税务总局主编《中华民国工商税收史·直接税卷》，第24页。
② 蔡鸿源主编《民国法规集成》第40册，第2页。
③ 《监督慈善团体法》，北京市档案馆：J2-7-84。
④ 《北平特别市社会局关于颁发监督慈善团体法施行规则的训令》，北京市档案馆：J2-7-21。
⑤ 蔡鸿源主编《民国法规集成》第39册，第494页。

项经费应分别列入省预算及县地方预算为固定之款，不得挪减"。① 为了应对频发的自然灾害，1930 年 10 月国民政府颁布了《救灾准备金法》，这是中国历史上第一部以立法形式出现的救灾法规。该法规规定："国民政府每年应由经常预算收入总额内支出百分之一为中央救灾准备金，但积存满五千万元后得停止之"，"省政府每年应由经常预算收入总额内支出百分之二为省救灾准备金，省救灾准备金以人口为比例，于每百万人口积存达二十万元后得停止前项预算支出"，"遇有非常灾害为市县所不能救恤时，以省救灾准备金补助之，不足再以中央救灾准备金补助之"。②《各地方救济院规则》与《救灾准备金法》将救助经费纳入政府的预算中，从而保证了救助经费的持久性与稳定性，同时政府对救助经费的预算也改变了过去救助经费无保障的困境。

（五）救助经费募捐的法制化

近代以来，随着中国社会的剧烈变迁，繁重的社会救助任务远超出了政府的财力所为，所以慈善募款逐渐成为社会救助经费的主要来源。然而，社会上出现的名目繁多的捐资及众多假借募款名义到处骗财等情形，直接影响民众募捐的积极性。为了改变过去募款存在的种种弊端，南京国民政府制定公布了一系列规范募捐活动的法律制度。

对募捐的制度化建设，国民政府首先规范慈善团体募款的审批程序，1930 年颁布的《监督慈善团体法施行规则》对募款程序做了明确规定："慈善团体如需募款时，应先得主管官署之许可，其收据、捐册并须编号送由主管官署盖印方为有效。"③ 而对赈灾募款，国民政府也做了明确规定，1929 年颁布的《内政部发给办赈护照办法》指出，各慈善团体在筹集赈款时须办理赈款护照，其具体程序为：将"慈善团体名称、办赈人员姓名及随带行李件数、由某处至某处及经过地点、携带何项赈品或赈款若干、办赈期限"以请领书的形式送交赈灾委员会审核，符合实情后由内政部发给赈款护照。慈善团体在领到护照后不得随意涂改及借给他人使用，办赈结束后应及时将护照缴由赈灾委员会函送内政部注销。④ 相关政府部门对慈善团体募款的审核

① 蔡鸿源主编《民国法规集成》第 14 册，第 2 页。
② 武艳敏：《灾难的补偿：1930 年"救灾准备金法"之出台》，《四川大学学报》2006 年第 2 期。
③ 《北平特别市社会局关于颁发监督慈善团体法施行规则的训令》，北京市档案馆：J2－7－21。
④ 蔡鸿源主编《民国法规集成》第 39 册，第 508 页。

批准，增强了政府对募捐活动的监管，使慈善团体的募款活动得以在制度的规制下进行，有效地减少了过去募款活动中存在的假借名义到处行骗的乱象。

（六）办赈惩罚的法制化

1931年国民政府公布的《办赈人员惩罚条例》指出，凡负有办理赈务的公务员及其他人员或者法团，如有下列情形之一者（卷逃赈款者；购买赈粮、赈物浮报价目者；与商民通同作弊于采购赈粮、赈物等扣取费用者；意图侵吞赈款、赈物假造或涂改单据赈目者；意图冒领所经管赈款、赈物，浮报灾民名额者；负有办赈任务人员，假借职务上之权力机会，购买贩运物品漏税渔利者），应由该主管长官或所属社团详具事实，移送法院，按情节轻重依照刑法判处。[①] 该条例规定对办赈人员的种种舞弊行为依法进行惩罚，打击了在办赈过程中借公肥私、贪赃枉法的不法分子，保证了赈济事业健康有序地发展。

南京国民政府前期，相对稳定的社会环境、健全完善的法制体制、慈善救济立法的实践与经验，以及高素质的立法人员等，成为推动中国社会救助立法全面快速发展的重要因素。这一时期中国社会救助立法以"继受与创新"为特点，形成了"以监管慈善团体为核心，以慈善捐赠褒奖为配合，以慈善行政、慈善税收优惠为关联"[②] 的法律结构。与北京政府时期社会救助法规相比，南京国民政府前期社会救助的许多法规"都经过了立法院正式的立法程序，法律效力等级较高"，而且从颁布法规的数量而言，远超北京政府时期，这一时期颁布的法规数约为20项。[③]

二　北平市的社会救助立法

南京国民政府时期，在中央政府加速社会救助立法的过程中，北平市政府根据《特别市组织法》和《市组织法》的相关规定，在不抵触中央法令的前提下，制定、颁布了一系列有利于促进北平社会救助事业发展的法规，主要涉及救助机关或团体的监管、褒奖、税收减免等方面。

---

① 蔡鸿源主编《民国法规集成》第39册，第511页。
② 曾桂林：《民国时期慈善法制研究》，第75～77、84页。
③ 周秋光、曾桂林：《民国时期的慈善法规述略》，《光明日报》2009年1月20日，第12版。

（一） 监管的法制化

1928 年 6 月，北平市政府成立后逐渐加强了对社会救助事业的管理，而这时社会救助方面的立法也更多体现为对救助机关及团体监管的法制化建设。

为了缓解失业压力，北平市政府颁布了一系列法规。1928 年 10 月公布的《北平市社会局职业介绍所章程》指出，本所之设立旨在为防止失业，免费介绍工人适当之工作并对职业介绍所职员、票簿、介绍职业委员会的设置等方面做了规定。① 同年 10 月又公布了《北平市社会局职业介绍所施行细则》，规定职业介绍所介绍的对象为工厂商号之工人与学徒、家庭及公私各机关之男女佣工、公私各团体之男女职员；受介绍者须来本所填写求职票，如雇主需要时得以书面或亲自来本所接洽，并填写求人票；本所对特别贫困无法自活者，优先介绍；职业介绍不收介绍金或任何名义之杂费；如有嗜好鸦片、酗酒、无切实保证、品习不良情形之一者不予介绍。② 1929 年 5 月颁布了《北平市社会局介绍职业委员会细则》，该细则规定该委员会由实业团体、工人团体、慈善团体及其他有关系之团体各推举一人至三人由北平市社会局延聘之，本会除以介绍职业为主外，还得兼筹失业者之救济、调查、统计。③ 为了加强对职业介绍所的管理，1932 年 5 月公布的《北平市职业介绍所登记规则》规定，该职业介绍所之主办团体或申请人须为官署核准或领有营业执照者始准申请登记，登记时应附具简章证件，并于申请书内载明如名称、介绍所之地址、经费或资本等事项，如系商营并须取具两家铺保。④ 在北平失业人员中不仅有工人，而且还有贫士、寒儒，1929 年 2 月公布的《北平市职业补习学社简章》中明确指出：职业补习学社创办的宗旨为以训练服务社会人才以及救济失业寒儒和有志上进之苦学生；对居住北平一年以上之男女、年龄在 20 岁以上且身体健全者、具有服务政署之经验或曾受中等以上教育文理通达者、志趣高尚品性善良者，经北平市社会局选送可为学社社员；凡为学社社员者得须住宿，除膳宿、杂用、书籍、文具、纸张等费概不征收外，另给每月两元以上十元以内之课绩奖金；学社课业每日为八小时，

---

① 北平市政府参事室编《北平市政法规汇编》，北平市社会局救济院印刷组，1934，第 10 页。
② 北平市政府参事室编《北平市政法规汇编》，第 11～12 页。
③ 北平市政府参事室编《北平市政法规汇编》，第 12～13 页。
④ 北平市政府参事室编《北平市政法规汇编》，第 33 页。

四小时为讲授，四小时为自修；学期为一年，期满毕业者由学社发给毕业证。① 以上法规对职业介绍所的设置、介绍对象的条件及要求、执行主体的职能、职业介绍所的管理，以及对失业人员的培训等方面做了明确规定。

此外，北平市政府还颁布了以下法规：《北平市社会局妇女救济院救娼部简章》《北平市社会局社会调查委员会章程》《北平社会局附属慈善机关经理委员会章程》《北平特别市私立公益慈善各团体登记规则》《北平市公益慈善基金委员会章程》《北平市各慈善团体联合会组织规章》《北平特别市妇女习艺工厂、妇女救济院请领厂、院女规则》《北平特别市妇女习艺工厂、妇女救济院收容妇女请领规则》《北平市社会局救济院章程》《北平市社会局救济院办事细则》《北平市社会局救济院收容人入院出院章程》《北平市社会局救济院请领养子养女规则》《北平市社会局救济院收容妇女择配规则》等，这些法规从不同方面完善和规范了北平市的社会救助立法。如对各慈善团体实行登记，是北平市政府成立后加强对社会救助管理的主要表现。1929 年 4 月市政府公布的《北平特别市私立公益慈善各团体登记规则》规定：本市所有各项公益慈善团体均应依照本规则函请社会局核准登记，登记时需具备陈请书并附章程及代表人姓名、住址、印鉴呈社会局审核；社会局对登记者应派员查明，对符合相关规定者方可登记，如登记者手续不合或违背法令及与事实不符时，应更正后始行受理。对登记之团体如有违反法令者，社会局应依法纠正之，对屡犯者应撤销登记，吊销凭照，其情节重大者得呈请市政府办理。② 为了提高社会救助的科学性、实效性，北平特别市政府成立了社会调查委员会，隶属于北平特别市社会局，根据 1929 年 9 月市政府颁布的《北平市社会局社会调查委员会章程》的规定，该委员会旨在调查社会实况，为社会改进与建设提供参考；对于本市劳工家庭状况及生活费、失业、慈善事业等事项均为该委员会调查之内容；该委员会于每月月终将调查成绩呈报社会局局长察核。③ 1930 年 2 月市政府又公布了《北平市公益慈善基金委员会章程》，规定慈善基金委员会旨在谋求本市公益慈善事业之发展及其基金之充实；其职责为公益慈善事业的筹划、考察、指导及其改善事

---

① 北平市政府参事室编《北平市政法规汇编》，第 13～14 页。
② 《北平特别市社会局关于本市私立公益慈善各团体登记规则的训令通告等》，北京市档案馆：J23－1－22。
③ 北平市政府参事室编《北平市政法规汇编》，第 4 页。

业以及公益慈善基金的筹集、保管、支配及其公布事项。① 为了联合本市各慈善团体共谋发展救济事业，1935 年 12 月，北平市政府公布了《北平市各慈善团体联合会组织规则》，该规则对该联合会会员、组织、会期、执行、经费等方面做了规定。② 该规则改善了过去各慈善团体"各自为政，不相联络"的局面，这对于整合本市各慈善团体的力量，促进北平社会救助事业的发展具有积极作用。

（二）褒奖法制化

作为一种激励机制，褒奖对促进社会救助事业的作用一直受到中央及地方政府的重视。北平特别市政府成立后，不仅重视对慈善救助机关的褒奖立法，而且也关注受助人员的奖励立法。

1928 年 12 月 5 日，北平特别市政府公布了《北平市私立慈善机关补助规则》，该补助规则是在《补助京都市各慈善机关经费规则》的基础上制定的，具体规定了受补助的对象、条件、经费，以及对成绩卓著的慈善团体、慈善家、执教员的褒奖。该规则规定：凡市内各种慈善救济事业经社会局登记者得依本规则请求补助及奖励，对于虽具慈善性质但不在社会局管理范围者、成立不足半年者、临时救济无固定机关者、收容不及五十人者不得申请补助；补助金额应依各机关收容人数而定，每月不得超过两元，但只有消费而无生产者不在此限。同时《北平市私立慈善机关补助规则》增加了对成绩卓著的慈善团体、慈善家、执教员的褒奖，对各种慈善社团成绩卓著者，按等级呈由市政府或转请内政部给予匾额褒状等表彰；对各慈善家热心公益者，由社会局列举呈由市政府核请内政部按等给予褒章；对各慈善机关义务执教员且工作在十年以上者，由社会局考核成绩呈由市政府分别给予奖章或奖金。③

同日，北平特别市政府还公布了《北平市私立贫民女工厂补助规则》。该规则规定：凡市内私人或慈善团体办理贫民女工厂经社会局登记者得依本规则请求补助，补助分开办补助和常年补助两种；对具有下列条件者可请求开办补助：开办目的在救济一般贫苦妇女者、已筹集相当资金者、创办人具有资望及相当能力者；具有下列条件者可请求常年补助：开办在一年以上其目的在救

---

① 北平市政府参事室编《北平市政法规汇编》，第 2 页。
② 陈乐人主编《北京档案史料》第 3 辑，新华出版社，2007，第 46～48 页。
③ 北平市政府参事室编《北平市政法规汇编》，第 30 页。

济贫苦妇女而成绩卓著者、收容女工在五十人以上者、确具工厂规模及相当设备者。对受补助之女工厂如有营业不善或有其他情弊时即行停止补助。①

由慈善救助机关及团体的褒奖立法向受助人员的褒奖立法转变是北平慈善救助立法的重要转变。1929年2月北平特别市政府颁布的《北平特别市男女习艺工厂艺徒奖励规则》规定，对于艺徒勤勉成绩优良者、能独出心裁发明或改良出品适合应用者、学习功课有进步者、遵守厂训厂规不犯过失者以及连续两个月不告假者，如艺徒符合上述规则之一款或数款者，各习艺工厂应依照本规则奖励之。艺徒符合上述规则之一者授以名誉奖、之二者授以物品奖、之三以上者授以银钱奖，银钱奖不得超过国币两元。但艺徒如有过犯应分别轻重酌扣应得之奖金全部或一部。②

南京国民政府前期，北平市政府对社会救助的褒奖立法更侧重于私立慈善机关或团体，通过褒奖政策激励和引导更多的民间社会力量积极参与社会救助事业，以期弥补在社会救助活动中政府能力的匮乏。这些褒奖制度更多是给予受助者精神上的关怀，不再将受助者视为消极被动的救助对象，而是作为向自食其力的人转变过程中的积极、能动的主体。

（三）救助经费管理法制化

南京国民政府成立以前，北京市慈善救助资金的管理仍沿用传统的管理模式，各公营救济机关的经费以及其他各种收入，如外界之捐款、售品之代价等，并没有特别保管，"因之经理存放，殊乏定程，挪借拨付任意支配，极其弊端，莫可究诘"。1928年6月北平特别市政府成立后，认识到要想促进慈善事业的进展，必须使慈善资金有确实的保障，遂加强了慈善资金管理的制度化建设。1928年10月设立了资金保管股，该股隶属于北平特别市社会局附属慈善机关经理委员会，专门负责各院各厂经费以外各种收入之经理、存放及核算报告等事宜。所有各院各厂慈善捐助资金由社会局会计悉数点交接收保管，再由会计股股长将存折、支票及票簿移交资金保管股查收保管，每月延请会计师查账公布。各附属慈善机关的各种临时收入也由资金保管股收存，资金保管股在接收各项资金后以该经理委员会的名义存入指定银行，资金保管股委员的印鉴交由存款银行查封。如各机关因建设之需要而

---

① 北平市政府参事室编《北平市政法规汇编》，第30～31页。
② 北平特别市市政府编《北平特别市市政法规汇编》，北平特别市市政府，1929，第20～21页。

动用银行存款时，须经社会局局长批准后经由资金保管股保管人员签发支票。① 北平特别市改革后的慈善救助资金管理改变了过去经费存放无定程、挪借拨付太随意的弊端，呈现资金管理的流程化、明晰化、制度化等特点。

（四）税收减免法制化

税收减免立法是北平市政府促进社会救助事业发展的又一政策。1932 年 7 月，北平市政府颁布了《北平市娱乐场所附缴慈善捐章程》，规定凡本市娱乐场所所发售的入场券，每一张附征银洋一分作为娱乐慈善捐，但本市公益慈善团体举办演唱、戏剧、电影或杂技及其他各种游艺筹集款项时，在经公安局、社会局核准后，免于缴纳娱乐慈善捐。② 同年 6 月，北平市政府又颁布了修订的《北平市契税征收章程》，规定官署地方自治团体或公益法人买典房地时只交契纸费，免纳契税，但以收益为目的者不在此例。③

（五）募捐的法制化

针对市面上混乱的募捐现象，1931 年市政府制定并公布了《北平市公益慈善团体筹款限制办法》。该办法规定各慈善团体如举办各种游艺活动时，须将游艺种类、剧目角色或开会表演项目、票额及票价、举办游艺所需各种费用数目呈报社会局，社会局对呈请捐款的慈善团体，委派人员调查其办理成绩及实在情形，认为有筹款之必要者方得批准。呈请捐款的慈善团体在经社会局批准后，还得呈请公安局饬令该管区署派警员到场监察方得举行。慈善团体在举办筹款结束后应于十五日内将收支情形及所筹款项、用途分别开单呈报社会局查核，未呈报者不得再举行筹款活动。没有在社会局登记备案的慈善团体不得举办筹款活动，④ 筹款限制办法规范了慈善团体的募捐活动，使募款得以在官方的监管下进行，促进了慈善团体募款活动的健康、有序运行。

社会救助制度是衡量社会救助事业发展水平和现代化程度的主要标志，也是社会救助事业规范运行的重要保障。20 世纪二三十年代，随着监管、褒

---

① 北平特别市社会局编《北平特别市社会局救济事业小史》，第 96～97 页。
② 《北平市公安局关于奉命公布娱乐场所附缴慈善捐章程的训令》，北京市档案馆：J181－20－7807。
③ 北平市政府参事室编《北平市政法规汇编》，第 23 页。
④ 北平市政府参事室编《北平市政法规汇编》，第 32 页。

奖、税收减免、经费管理、募捐等规章制度的出台和完善，北平社会救助工作初步形成了多维一体的制度化格局，对促进地方社会救助事业的现代化转型发挥了重要作用。

小　结

1928 年 12 月，在派别纷争和流血冲突中产生的南京国民政府宣布了国家的统一①，面对国内外复杂的社会环境，南京国民政府如何实现社会的稳定以及如何获得新生政权的合法性，就成为其成立后迫切需要解决的主要问题。而新生政权要获得完全意义的合法性，"就必须取得权力之源即人民的信赖和认同，这就涉及一系列的问题：人民最为关心和需要的是什么？"，"政权有无能力提供人民所需之物"，等等。② 南京国民政府成立后，中国社会存在着无以计数的因连年混战及自然灾害频发所产生的贫民、流民、乞丐等弱势群体，他们的生存问题不仅影响着新生政权合法性的获得，而且也直接威胁着新生政权的巩固。为此，南京国民政府通过制定诸多有关社会救助事业的法规制度来规范、加强政府对社会救助事业的控制与管理，以期实现社会的稳定及政权合法性。20 世纪二三十年代南京国民政府对社会救助事业的制度化建设是对北京政府时期相关救助制度的继承与发展，同时也为后来《社会救济法》的颁布奠定了基础。

1928 年 6 月国都的南迁对北平而言是一个重要的分水岭。迁都后，北平面临着百业萧条、工人失业、贫民增多等诸多社会问题，这些问题又严重地影响着北平的社会稳定。为此，新成立的北平特别市政府在丧失昔日中央政府的恩泽庇护后，步入了独自解决北平社会问题的新时代。1927 年至 1937 年，中央政府加大了对社会救助的立法建设，制定颁布了有关社会救助行政、监管、褒奖、税收减免、惩罚、经费等方面的法律法规，使社会救助的法制化建设逐步趋于完善。北平市政府在贯彻执行中央政府有关社会救助法律法规的同时，依据本市社会救助事业发展的现状及存在的问题，制定颁布了适合北平救助事业发展的法规政策。这些法规政策对促进近代中国社会救助事业的发

---

① 〔美〕费正清、费维恺编《剑桥中华民国史（1912－1949 年）》下卷，刘敬坤等译，中国社会科学出版社，2007，第 117 页。

② 王海洲：《合法性的争夺：政治记忆的多重刻写》，江苏人民出版社，2008，第 15 页。

展起到了如下作用：一是界定和规范了社会救助活动的主体组织及其行为方式；二是激励和褒奖社会民众的各种捐赠活动，确立起有利于社会救助事业发展的激励机制；三是为社会救助事业发展造就了所需的社会条件和环境。①

在制度法规的规制下，北平社会救助事业步入了科学的、近代化的快速发展轨道。如在收养人员的教养方面，北平市和特别市社会局救助机关依据受助对象的身体状况、年龄、性别、有无技能等不同特征，实行分类收养、分类救助。从1928年至1936年，北平的市政府以精简机构、提高效益为指导思想，对北平社会救助机构进行了三次变革，实现了人员、机构的精简和救助实效的提高，极大地促进了北平社会救助事业的近代化发展。

社会救助制度法制化建设的实效性取决于救助制度法规的执行情况，这一时期由于受时局的限制，救助制度法规的执行受到了一定影响。如1930年10月南京国民政府颁布的《救灾准备金法》，该法颁布后无论是中央政府还是省政府，都因财政困难均未执行，直到1935年南京国民政府和各省政府才根据该法将救灾准备金列入预算，但实际列入预算的比例远低于《救灾准备金法》规定之比例。② 1929年4月北平特别市政府公布《北平特别市私立公益慈善各团体登记规则》，根据该规则，本市各公益慈善团体应一律于1929年5月15日以前来社会局登记，但有些慈善团因未明"登记之旨意"始终未依照规则前来登记。③ 1930年12月17日，经北平市政府批准，该规则废止。④ 尽管南京国民政府前期社会救助法的实施不尽如人意，但社会救助法的制定与颁布，对社会救助的制度化建设以及促进社会救助事业的现代转型具有不可替代的重要作用。

---

① 周秋光、曾桂林：《民国时期的慈善法规述略》，《光明日报》2009年1月20日，第12版。
② 武艳敏：《灾难的补偿：1930年"救灾准备金法"之出台》，《四川大学学报》2006年第2期。
③ 《北平特别市社会局布告》，北京市档案馆：J23-1-22。
④ 《呈为请将公益慈善团体登记规则废止请示遵由》，北京市档案馆：J2-7-43。

第四章　政府济困：北平官方社会
救助活动

北平特别市政府成立后对本市原有公营社会救助机构进行了合并改组，并不断对其进行完善与调整。随着北平社会救助机构变革的步伐，北平社会救助事业步入了一个新的发展阶段。

第一节　北平官方的社会救助

一　院内救助活动：北平市社会局①各附属救助机关及其改组后的救济院

（一）北平市社会局救助机关概况

1928 年 8 月 6 日北平特别市社会局成立，根据市政府的要求北平特别市社会局对警察厅、顺天府等管辖的旧有救济机关进行改组合并：为游惰学习技能设立第一、二习艺工厂；为妇孺施教养设立救济第二院；为罪徒予反省设立第一救济院；为茕独废疾者托栖止设立乞丐收容所；为疯人得以治疗设立精神病院。这些救助机构通常收养人数约为 2000 人，其中未成年者在救济第二院、第二习艺工厂学徒受课，成年者在第一救济院、第一习艺工厂习艺，互相衔接，教养兼施。但这些救助机构（图 4 - 1）并无集中统一的管理机构，且科组重复，分院设所用人较多，造成经费开支较重，仅薪饷总额竟占全数经费十分之八有奇。② 为加强管理，节省开支，提高救助的实效性，1934 年社会局

---

① 1928 年 6 月至 1930 年 6 月为北平特别市社会局；本章统称"北平市社会局"。
② 《北平市社会局拟具改组本局附属救济机关计划致市长呈文》，北京市档案馆：J2 - 6 - 88。

对上述各救助机构进行精简，将原来"重复之科组，归并划一"，改组为北平市社会局救济院①，"一切事务方面之文书、会庶，工务方面之设计实施，营业方面之营运推销"统由救济院办理。如该救济院机关组织结构所示（图4-2），救助机构在经过改革后实现了机构精简与统一管理，不仅"可以少用人员，且得统一臂指之效"②。1936年，北平市社会局又对救助机构的科组及受助人员的分配等进行了调整，将原第二习艺部无技能妇女拨入儿童部，将原收容部改为劳工部，同时增加了各部有利于收养人员技能培训的科组（图4-3）。此次机构的调整使北平市的社会救助机构更加完善科学。

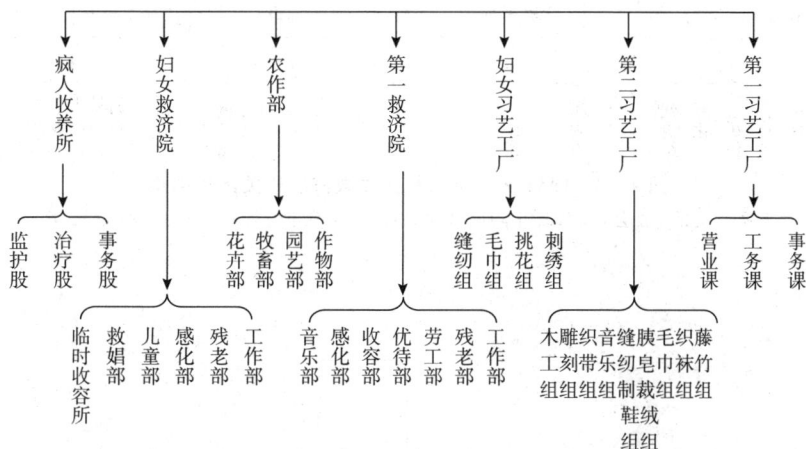

图中各机关组织结构如下：

疯人收养所：监护股、治疗股、事务股
妇女救济院：临时收容所、救娼部、儿童部、感化部、残老部、工作部
农作部：花卉部、牧畜部、园艺部、作物部
第一救济院：音乐部、感化部、收容部、优待部、劳工部、残老部、工作部
妇女习艺工厂：缝纫组、毛巾组、挑花组、刺绣组
第二习艺工厂：木雕刻组、织工组、音乐带组、缝带组、胰皂制组、毛巾裁制组、织袜组、藤竹绒组、鞋绒组
第一习艺工厂：营业课、工务课、事务课

图4-1　北平市社会局附属机关组织结构

资料来源：北平特别市市政府秘书处《北平特别市市政公报》1929年第7期，第20页。

北平市社会局救济院设有院长、事务股长、营业股长、工务股长、主任、医务员、书记、助理员等岗位，负责院内不同事务。如院长，承社会局局长之命，管理全院事务；事务股长，承院长指挥，办理院内部一切事物及警卫事宜；营业股长，承院长指挥，办理审核料品、估定货价及院内一切营业事务；工务股长，承院长指挥，办理督促院工师艺徒一切工作事务；主任，承院长指挥，分别管理各部事务；医务员，秉院长之命，承事务股长之指挥办理治疗及检查事务。③ 北平市社会局救济院的成立使北平社会救助事

---

① 因社会局的名称变化，其所辖救济院名称也有变化，本章统称"北平市社会局救济院"，简称"救济院"；各救济机构名称同此处理。
② 《北平市社会局拟具改组本局附属救济机关计划致市长呈文》，北京市档案馆：J2-6-88。
③ 《北平市社会局拟具改组本局附属救济机关计划致市长呈文》，北京市档案馆：J2-6-88。

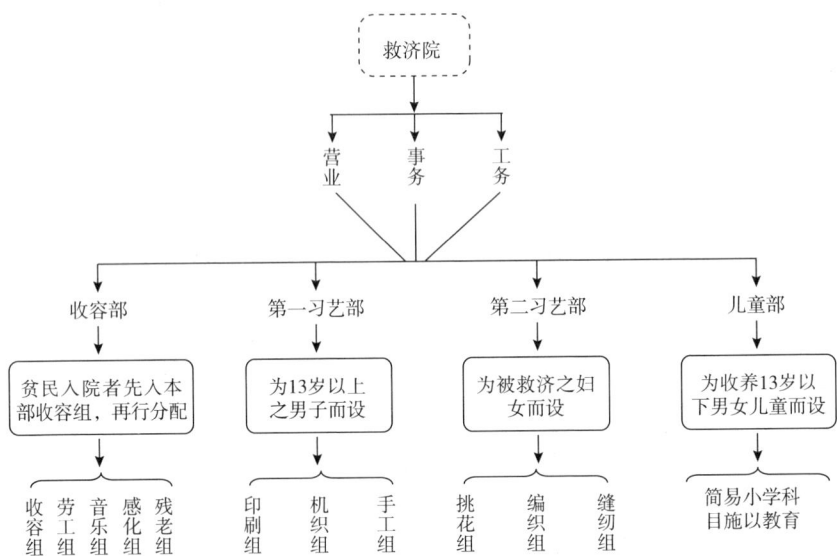

图 4 - 2　1934 年北平市社会局救济院机关组织结构

资料来源：《北平市社会局拟具改组本局附属救济机关计划致市长呈文》，北京市档案馆：J2 - 6 - 88。

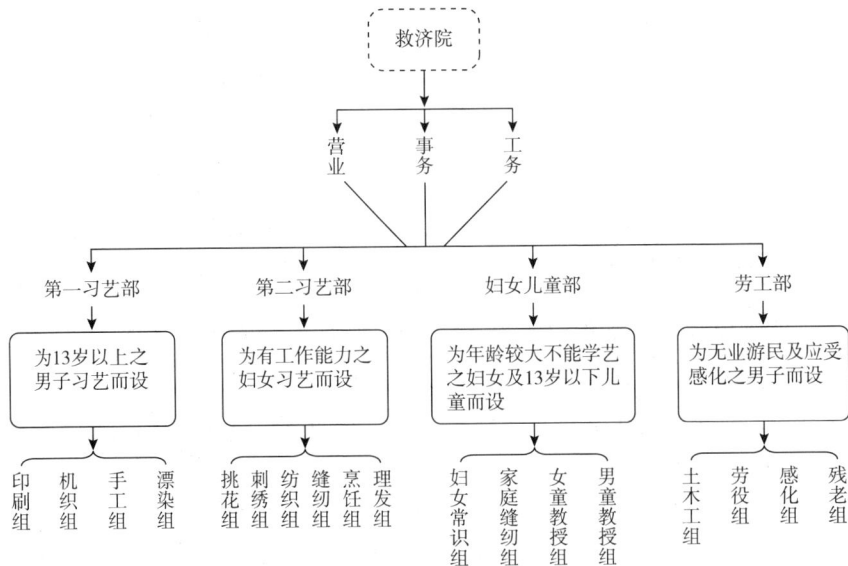

图 4 - 3　1936 年北平市社会局救济院机关组织结构

资料来源：北平市社会局编《北平市社会局救济院特刊》，"救济院章程"，北平市社会局发行，1936。

业拥有了统一直接的管理机构以及责任明确、分工协作的管理格局。

北平市社会局救济院对收容人员的收养方式、收养期限、出院条件等方面做了具体规定：对本院收养之工徒，每天除习艺时间外，还按其程度分级授课；收养之儿童受教育期限为四年，届满后，视其程度分别转送学校肄业或第一、二习艺部及其他工厂习艺；而工徒、妇女习艺期限为三年，工徒在习艺期满后应在院尽义务一年，期间应发给一定津贴；对于工徒、妇女习艺及尽义务期满后，如无家属认领，可由救济院代觅职业，自愿留院服务者，按其年龄程度酌派工作或授以较深习艺；家属在领回本院收养男女时须取具铺保，经社会局核准后，方得出院；妇女收容以六个月为教养期，期满后经社会局批准，可公开招领或悬像择配；在领养无亲属儿童为养子、养女时，领养者须取具本市殷实铺保两家作为担保；入院妇女如带有六岁以下男孩，准其随同入第二习艺部，六岁以上者应由儿童部收养之；本院收容男女除专条规定外，在教养期满后用贷资营业、介绍工作、资遣回籍等办法遣置之；救济院如遇收容人死亡，须通知其家属备棺承领，同时还得上报社会局及地方法院检察处，查验后方可殓埋，其无家属者，由院棺殓抬埋。[1]

（二）北平市社会局救助机关的施救对象及施救概况

在中国传统社会中，社会救济对象一般局限于生理性弱势群体，即老弱病残幼。近代以来，随着社会的剧烈变动，社会救济对象不断从生理性弱势群体扩大到社会性弱势群体。北京政府时期公布的《游民习艺所章程》将游民纳入救济对象，规定年龄在 8 岁以上 16 岁以下为入所条件，对不合于此项年龄及有疯癫残疾者概不收入。[2] 游民习艺所只是针对 8 岁至 16 岁的健康游民而设，救济范围过于狭窄。南京国民政府成立后，于 1928 年 5 月颁布的《各地方救济院规则》，以法规的形式将以下 5 类人群纳为院内救助对象：无力自救之男女，年在 60 岁以上，无人抚养者；年龄在 6 岁以上 15 岁以下贫苦无依之幼年男女；无人抚养、不问男女老幼之肢体残废、盲哑者；年龄在 6 岁以下之贫苦及被遗弃之男女婴孩；贫苦无资营业或经营农事，年龄在 15 岁以上并无不良嗜好之男女。[3]

南京国民政府时期，国都地位的丧失以及由此引发的经济萧条，使得北平受助群体及受助对象范围异常扩大。为此，北平市救助机关根据本市实际情况也相应地扩大了受助对象，如北平第一、二救济院均以收容市内无告贫

---

① 北平市政府参事室编《北平市政法规汇编》，第 29 ~ 30 页。
② 蔡鸿源主编《民国法规集成》第 14 册，第 205 页。
③ 蔡鸿源主编《民国法规集成》第 40 册，第 2 ~ 3 页。

苦或须感化者为主旨，凡生活无依者、游手无业者、志愿习艺自助者、不受
家庭约束经尊亲属送请教养者、身受拐骗无家族承领者、因案由司法或警察
官厅送请感化者均可入院接受救助。妇女救济院规定凡为生活无依者、奴婢
及童养媳受虐待者、志愿脱离贱业者、贫民妇女志愿习艺自助者、不受家庭
约束经尊亲属送请教养者、身受拐骗无家族承领者、因案由司法或警察官厅
送请感化者均可依照入院手续而收容之。① 经精简改组后的北平社会局救济
院将孤苦残老无依者、游手无业者、志愿习艺自助者、身受拐骗无家族承领
者、家庭贫困由亲属送请教养者、因案由司法或警察机关送请收容者、奴婢
及童养媳与其他妇女受虐待者、妓女不愿为娼者、流离失所者9类人群列为
救助对象。② 由此可知，北平社会局各救助机构及救济院的收容对象范围远
大于《各地方救济院规则》所规定的收容范围，北平市救助机构特别强调对
身受拐骗无依者、妓女、奴婢、童养媳，以及受虐待之妇女的关照。社会救
助对象的界定与范围的扩大，体现了社会救助由传统社会的伦理道德标准向
现代社会制度规范标准转变，更多的具有了现代的人文关怀，同时也体现了
现代政府对社会救助事业的管理责任与公平标准。③

　　1928年，南京国民政府公布的《各地方救济院规则》对救济院各所的
施救方式、基础设施等方面做了明确规定。如对无力自救的男女年龄在60
岁以上且无人抚养者，均得收养于养老所。除授以有益身心之课程外，还根
据体质使其从事糊裱纸类物品、纺织及编造饰物、练习简单书画、饲养家
畜、栽种植物、制作本地适宜之简单工艺品等，但衰老或疾病难支者应免
除。养老所应设有教室、工作室、游戏场、男女寝室、饭室、男女浴室、男
女厕所等场所及其设备。孤儿所主要收养年龄在6岁至15岁贫苦无依之幼
年男女，对收养孤儿应按照年龄送入学校免费肄业，达到成年的男女在出所
时应介绍相当职业。如有愿领作养子养女者，"须具领状并觅取殷实铺保二
家，经孤儿所调查属实方准照领，领后倘有虐待或转卖情事，除将原领之人
收回外并由院将领主、保人一并移送司法官厅依法讯办"。④ 对于无人抚养的
残废者，无论男女老幼均得收养于残废所；对入所者应按其肢体残废及盲、
哑三种，就其各自能力授以千字课、手工、简易算术、平民常识、音乐、词

① 北平特别市社会局主编《北平特别市社会局救济事业小史》，第30～33页。
② 陈乐人主编《北京档案史料》第4期，新华出版社，2007，第79页。
③ 蔡勤禹：《国家、社会与弱势群体——民国时期的社会救济（1927-1949）》，第97页。
④ 蔡鸿源主编《民国法规集成》第40册，第2页。

曲、说书、各种工艺等知识技能。"残废人"受教养后，如能自食其力，救济院应为其介绍职业令其出所。施医所为治疗贫民疾病并辅助卫生防疫各行政而设。施医所应设医士室、诊士室、手术室、药剂室、挂号室、待诊室。①《各地方救济院规则》详细规划了地方救济院的施救图景，为各地社会救助活动的实施提供了蓝本。

北平社会救助实践活动是在遵循《各地方救济院规则》的前提下，根据北平受助群体的性别、年龄、体质、有无技能等不同情形，通过教养结合的救助方式，对他们施以分类救助，以培养受助群体的谋生技能及自立能力。如1929年9月26日发表于《北平日报》的《北平救济院参观记》一文指出：北平救济院（注：北平第一救济院）设有劳工部、感化部、工作部三部。劳工部掌管劳工队中一切事务；感化部又设有劳工队室、工徒室、收容所，对初入院而有不良嗜好者，须先入收容所，经感化后，再入各部；工作部设有毛巾科、绳科、鞋科等。当时本院收容人数为300余人，其来源有公安局送来捕获之烟贩及社会局收容之乞丐不等，初入院者大都污秽不堪，为之沐浴，并易以院衣服，然后拨入临时收容所，稍加管束后，再正式与众同处。有老残抱病者，则另室处之；壮年童年者，每日清晨四点半起床，晚九时睡觉。壮年者，编成劳工队，分三队，共100余人，由工务局代觅工程；年幼者，设鞋科、毛巾科等，使他们入内学艺，日久艺成，亦可自立，绳科系旧式打绳机，每日出品额为四五十斤，毛巾科内设有机器10余架，每日出品四五打不等。同时年幼者还组建有音乐队一队，分军乐、细乐两种，专供社会红白喜事之雇用，收入亦颇不少。入院者每日下午都有两小时受教育的机会，对年纪较高不适于读书者，由本院为之讲演处世立身之道，使能幡悟既往，改过自新而已；其他以及童年者，都须上课，工读并行，共占8小时。此外，其余时间则可随意游戏散步，藉纾胫骨。院内设有养病室、诊治室，诊治室内设诊案、桌椅、药架，架上满置药瓶，尽系西药，医务由院中聘医生一人掌管之。宿舍共五间，每屋可容五六十人，炕系砖制，颇清洁有序。饭厅共两所，一为艺徒饭厅，一为贫民饭厅。教室设置与普通学校教室相同，四周满列成绩与佳作。尚有沐浴室一处。②

归并改组后的北平市社会局救济院，其救助实践活动更加科学完善。如

---

① 蔡鸿源主编《民国法规集成》第40册，第2~3页。
② 《北平救济院参观记》，《北平日报》1929年9月26日，第7版。

第一习艺部专为 13 岁以上之男子习艺而设计，根据收容人员资质、年龄、体格分配习艺，习艺期限定为 3 年，期满后发给证书。所有收容艺徒每日除学习 8 小时的印刷、机织、手工、漂染等项工艺外，还由职员分班授以一小时的课程（图 4-4），以国语、常识、数学等科为主，旨在灌输常识，培育完善工人，使有自立谋生之能力。此外，习艺部还设有运动场，有篮球、排球等设备，以锻炼收容人员体魄。每星期一由习艺部主任召集全体收容艺徒训话，授以八德之要义、格言之解释以及为人处世之常识，以期改正其不良之习惯。工徒宿舍由班长负责，每舍设有两个班长，每 10 人为一小班。第二习艺部收容人员均为有劳动技能之成年妇女及 13 岁以上之女童，视其资质分配习艺。该部收容人员每日习艺 6 小时，由工厂管理员设计指导，对其制成品按件给资，并考核其工作优劣分别予以奖惩。为增进妇女学识，该部还设有补习班，收容人员除习艺外，每日还需学习两小时的课程，如国语、常识、公民等。此外该部还设有图书室、游艺室，以增进其知识，活泼其身心。救济院对收容人员的劳动产品以工资或计件付酬的方式加以回报，对于表现优秀的人员予以奖金鼓励。

图 4-4　北平市社会局第一习艺工厂工徒夜校授课情形

根据北平市社会局编印的《北平市社会局救济院特刊》的概况介绍可知，北平市社会局救济院各部设有医药室、养病室，被收容人如有较轻病症，则拨入该室，由医务员按日诊治。北平市社会局救济院与市卫生事务所合作，按日由该卫生事务所派医生赴各部施诊，每届春夏两季，为全体收容人做预防白喉、猩红热等病注射，药品疫苗均由该卫生事务所供给，医生、护士车费由救济院按月拨付。被收容人每人每年发给单棉衣各一套，夹棉鞋袜各一双，其棉被褥除每年冬季将原有者拆洗补缀拼制外，并适量予以增加。后由于经费拮据，筹措维艰，夏季单衣仅能制发一套，以致每逢衣服洗后无可更换。冬季棉衣若有破坏亦难于补充，夹鞋袜每人仅有一双。被收容人入院手续为：先由事务股讯问口供，然后视其情形，分拨各部。被收容人出院，需由其亲属保领，其自请出院、无法觅保者，经查确能自立谋生，亦可准其具结出院。唯在第一习艺部，习艺未满三年者，不得出院。妇女训练6 个月期满后，可由其家属取具妥实铺保，由该院派员核对后，并由被领者出具同意结，呈奉社会局批准方得出院。其领娶为妻者，由请领者缮具"声请书"并取具本市 7 等以上铺捐之铺保三家，经核对后，连同被领人同意结，呈奉社会局批准出院结婚。①

　　南京国民政府前期，北平市社会局各附属救济机关及改组后的救济院，其社会救助的实施活动日趋科学化、正规化。受助人员的入院、日常行为、出院、认领等方面均有严格的制度规定。救助机关依据被收容人员的资质、年龄、体格等特征，按照救济章程的规定，将被收容人员分拨到不同的救助部门，并授以他们相应的知识与技艺。北平市社会局救助机关不仅注重对被收容人员谋生技能的培养，而且也注重对被收容人员身心健康的呵护。救济院内受助人员除学习工艺及课程外，还得进行体魄锻炼与道德教化。北平社会救助的目的就是通过院内收养，教授其自立谋生之知识与技能，同时关注其身心健康，将受助人员培养成体格强健、通达情理、自立谋生的合格社会成员。值得关注的是，改组后的北平市社会局救济院注重通过激励机制来鼓励与激发被收容人员劳动的积极性与创造性。如图 4-5 所示，1936 年 1 月至 10 月份，北平市社会局救济院原料、工资、奖金、杂费及修置费的经费开支总额为 31050.27 元，其中用于奖励工作成绩优秀之收容人员的经费（即奖金）为 1699.81 元，在 5 项经费支出中居于第三，比杂费与修置费的总和还要多。北平市社会局救济院对劳动有突出表现的受助人员予以一定的经济奖励，以激发受助者劳动的积极性，提高劳动生产效率，从而既增加了

---

① 北平市社会局编《北平市社会局救济院特刊》，北平市社会局发行，1936。

救助机构的收入，又达到了对受助者救济帮助的目的，推动了社会救助事业由传统"关怀式救助"向现代"发展式救助"的转向。

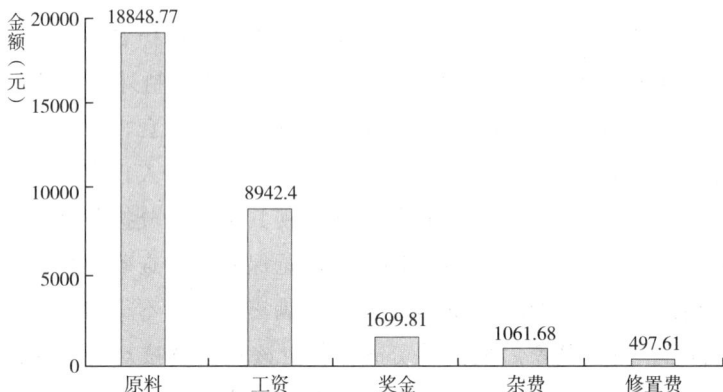

图4-5　1936年1～10月北平市社会局救济院工资、奖金、原料、杂费等统计
资料来源：北平市社会局编《北平市社会局救济院特刊》，北平市社会局发行，1936。

（三）北平市社会局救助机关的经费状况

北平市社会局救助机关的经费主要来源于财政拨款、社会捐助及机关营业收入等。南京国民政府前期，北平在丧失国都地位后，也失去了中央财政的大力支持，北平财政出现了入不敷出的困局。如图4-6所示，1932年至1935年度4年间，北平财政支出逐步接近或大于收入，虽然4年间北平市政府的财政收入呈增长趋势，但财政支出也紧随财政增长逐年呈递增趋势，有时甚至超出财政收入，如1934年出现了206149.203元的财政赤字。由于北平市政府财政的窘困以及受助人数的不断增加，社会救助经费的财政拨款日显不足，如早在1928年8月份、9月份，北平市社会局各附属救济机关所需口粮、煤火等费总数为6000余元，但市财政局实拨1500元，"按照实用数目，所差尚多，赊欠甚巨，而每日所需口粮，更属刻不容缓之事，本局惟竭力周转"，"有不敷者，即由各该机关设法挪垫，并向各商店赊欠，以资维持"。①

国都南迁后，北平市面顿呈萧条，加以战乱和灾荒的影响，北平流民、犯罪、失业人数不断增多，严重影响着北平社会的稳定。为了维护

---

① 北平特别市社会局编《北平特别市社会局救济事业小史》，第43页。

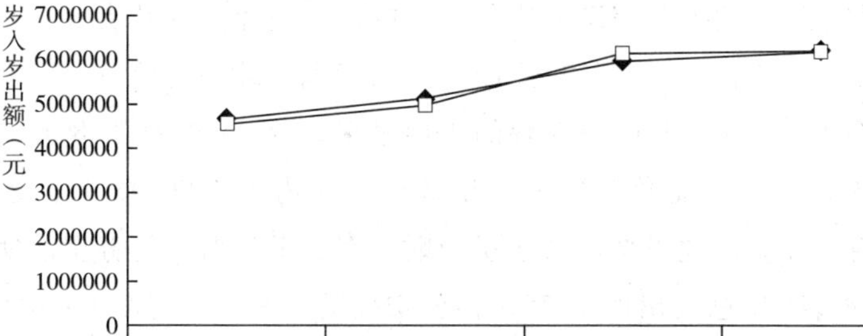

	二十一年度 （1932）	二十二年度 （1933）	二十三年度 （1934）	二十四年度 （1935）
◆ 岁入（元）	4683267.496	5232982.619	5962978.133	6222826.000
▭ 岁出（元）	4604688.886	5010286.658	6169127.336	6222826.000

图 4-6　1932~1935 年度北平岁入岁出比较

资料来源：北平市政府秘书处第一科统计股主编《北平市统计览要》，1936，第 50~51 页。

北平社会的治安，北平市政府加大了对市公安局经费的开支。由图 4-7
可知，1930 年度在北平市政府全年经费预算中，公安局经费预算最多，
社会局经费预算最少，如按照制钱一文代表 5 万元计算，则 1930 年度公
安局的经费预算为 220 万元，社会局的经费预算为 20 万元，社会局的经
费预算仅占公安局经费预算的 9%，而社会局还负责其他事务，真正用
于社会救济事业的经费已不多。1929 年北平市社会局各附属救济机关的
预算开支为俸薪工饷 3072 元、公杂费 1199 元、口粮煤火蔬菜 5223 元，
合计 9494 元。①

图 4-7　1930 年度北平市政府全年经费预算

资料来源：社会调查所编《北平社会概况统计图》，社会调查所发行，1931。

① 北平特别市社会局编《北平特别市社会局救济事业小史》，第 44~45 页。

在北平市政府全年财政的实际开支中，各项经费的开支分布也与预算相同。如图 4－8 所示，1932 年至 1935 年 4 年间，北平财政各项经费支出总额为 22006928.88 元，其中公安费的支出最多，为 8689771.058 元，约占财政总支出的 39.5%，而救恤费的支出却较少，为 164300.48 元，远低于公安费、教育文化费、建设费、行政费、财务费、卫生费、党务费、实业费、协助费，约占财政总支出的 0.75%，公安费的 1.9%。从表 4－1 可知，1932 年至 1935 年 4 年间，北平各年救恤费的支出变化较大，分别为 63208.72 元、18931.87 元、55620.89 元、26539 元，分别约占各年经费总支出的 1.37%、0.38%、0.90%、0.43%。北平各年救恤费的支出并不意味着这些经费全部用于官办救助机构，官办救助机构的经费只占其很少一部分。北平妇女救济院由社会局拨给每月经常费 1200 余元，自 1932 年 2 月份起缩减经费，每月暂发 990 余元，救娼部经费月发 220 余元，其中该妇女救济院职员薪俸就占 995 元。[1] 1934 年 6 月，改组后的北平市社会局救济院将原有第一习艺工厂、第二习艺工厂、第一救济院、救济第二院、妇女救济院、乞丐收容所 6 处经费集结编定为本院经费，每月供洋 6821 元，支出内容为：俸薪、饷工、医药、办公杂费月支洋 2291 元，收容人口粮费月支洋 3650 元，事业费月支洋 880 元。这些经费只能勉强维持，如遇荒歉或冬季，被收容人增多，或者物价上涨等情形，则"资金往往不敷，筹措不无困难"[2]。北平社会救助经费财政拨款的严重不足，直接影响和制约着北平社会救助事业的健康发展。

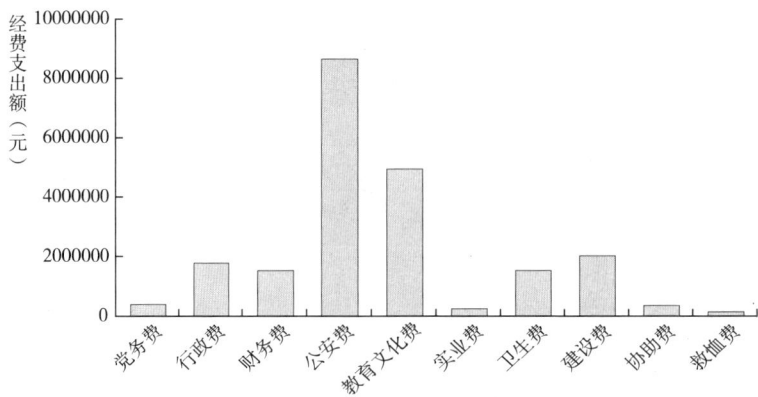

图 4－8　1932～1935 年北平市各项岁出比较

注：此图根据《北平市统计览要》（1936）中北平 4 年来各项岁出比较表中的数据绘制而成。

---

① 北平妇女救济院编《北平社会局妇女救济院概况》，北平妇女救济院，1932，第 2～3 页。
② 详见北平市社会局编《北平市社会局救济院特刊》的"本院经济概况"。

表 4 – 1　1932～1935 年北平市四年来各项岁出比较

单位：元

时间 项目	二十一年度 （1932）	二十二年度 （1933）	二十三年度 （1934）	二十四年度 （1935）
党 务 费	114400.000	129600.000	185600.000	—
行 政 费	362825.330	388636.010	540630.729	531523.000
财 务 费	269807.005	353831.847	463076.590	479265.000
公 安 费	2079943.700	2193753.711	2243216.647	2172857.000
教育文化费	1048670.015	1088352.140	1339128.730	1503811.000
实 业 费	38811.490	36786.180	27303.290	176158.000
卫 生 费	171605.830	270828.300	634246.210	477575.000
建 设 费	412402.580	501110.110	645427.230	511389.000
协 助 费	43014.216	28456.490	34877.020	297496.000
救 恤 费	63208.720	18931.870	55620.890	26539.000
预 备 费	—			46213.000
总　　计	4604688.886	5010286.658	6169127.336	6222826.000

资料来源：北平市政府秘书处第一科统计股主编《北平市统计览要》，1936，第 50～51 页。

在政府财政拨款严重不足的情况下，北平市社会局救助机关积极开展各种形式的自救活动。一方面，他们利用收容人员所学的技能从事各种产品加工，从而获得救助机关发展所需的资金。在产品生产过程中，救助机关注重产品式样的改善、设备的更新、原料的收发和工资成本的核算等，极大提高了产品的生产效益。北平原有慈善机关之出品，于济贫及生产上无甚裨益。国都南迁后，北平市社会局注重出品销路之开拓，除由各习艺厂设有售品处于各该厂门首，并于天桥设一销售处外，还有慈工联合商店之设立，该店以推广慈善团体各工厂之出品及发展家庭工业为主旨。[①] 北平市社会局附属各习艺厂之产品，均可寄托该店代售，如表 4 – 2、图 4 – 9 所示。这些机织、手工出品"则以本市为最多，津保两地次之，太原亦有时批购"[②]。除开设商店外，北平市社会局救助机关还举办慈善工艺售品会，销售各习艺厂之产品。1934 年据家庭福利协会主席、欧美同学会事务长章元善称："上年十一月间，北平各慈善团体，在本市南河沿欧美

① 北平特别市社会局编《北平特别市社会局救济事业小史》，第 62～63 页。
② 详见北平市社会局编《北平市社会局救济院特刊》的"营业股"。

同学会会内，举办慈善工艺售品会，当时各慈善团体以售品成绩甚好，现在该会等再纠合本市各慈善团体附设工厂，于本年十一月二三两日举办慈善公益售品会一次。"① 另一方面，北平市社会局救助机关将年壮力强之男子归入土木工组、劳役组，授以简单土木工程及修沟、筑路常识技能，在班长带领下赴各处工作，以本市工务局及团体、学校所雇用者为多，每日每工工价为 0.15 元至 0.2 元。② 如表 4－3 所列，1935 年 2 月份至 11 月份，北平管理坛庙事务所雇用救济院劳工队，支付给救济院的工资共为 1992.7 元。

表 4－2　北平慈工联合商店寄售户名、品名情况概览

户　　名	品　　名	住　　址	附　记
第二习艺工厂	机织线袜、毛巾、手套，编织篮器等	崇外沙土山	以上慈善救济机关隶属于北平市社会局
第二习艺工厂分厂	机织线袜、毛巾、床毯，手织腿带等	宣外教子胡同	
妇女习艺工厂	手工毛绒织品、刺绣枕套、手帕、小孩衣裤等	前外梁家园	
妇女救济院	机织毛巾、挑花枕套及零星挑花用品	西四石牌胡同	

资料来源：北平特别市社会局编《北平特别市社会局救济事业小史》，第 64 页。

图 4－9　北平市社会局第二习艺工厂织袜组

---

① 《平市警察局内六区区署关于章元善举办慈善工艺售品会的呈及内二区区署关于周正耀设立心灵学会情形的呈》，北京市档案馆：J181－16－76。
② 详见北平市社会局编《北平市社会局救济院特刊》的"劳工部"。

表 4 - 3　1935 年 2~11 月北平管理坛庙事务所雇用救济院劳工队工资情况

受雇时间	雇用工数（每工七分计算）	合计洋银
二月份	一〇六八	七十四元七角
三月份	一千一百五十	八十元零五角
四月份	三千一百五十	二百二十元零五角
五月份	三千二百五十五	二百二十七元八角五分
六月份	三千一百五十	二百二十元零五角
七月份	三千二百五十五	二百二十七元八角五分
八月份	三千二百五十五	二百二十七元八角五分
九月份	三千四百五十	二百四十一元五角
十月份	四千一百八十五	二百九十二元九角五分
十一月	二千五百五十	一百七十八元五角

资料来源：《北平市管理坛庙事务所、北平社会局救济院关于劳工队工资问题的来往函件》，北京市档案馆：J57 - 1 - 419；《北平市社会局救济院关于拨付劳工队工资的公函及坛庙事务所的复函》，北京市档案馆：J57 - 1 - 361。

此外，门类较全的印刷业也为救助机关创造了收入，北平市社会局救济院印刷厂（如图 4 - 10）承揽的印刷品以本市机关、学校、银行、商号为多。据统计，1936 年 1 月至 10 月，北平市社会局救济院仅印刷、机织、劳工、浴室的营业收入分别为 14452.13 元、8253.82 元、1746.55 元、42.71 元，营业总额为 24495.21 元。[1]南京国民政府前期，北平市社会局救助机关的营业收入表明在市政府拨付经费不足的情况下，救助机关逐步实现了自我创业的发展道路。这不仅缓解了当时救助机关经费短缺的困局，而且也为当今社会救助事业的发展提供了重要的启示，即官办社会救助机构不应当完全依赖政府，而可以走与市场相结合的发展道路。

北平市社会局救助机关在接收政府拨款、自我创收的同时，还接受社会上慈善团体及人士的捐助。如北平妇女救济院从 1930 年 4 月 6 日起至 1932 年 5 月 27 日止，共接受社会慈善家捐款 444 元。[2]救助机关除接受捐款外，还收受各慈善家及慈善团体的物品捐助，由表 4 - 4 可知，这些物品绝大多数是收容人员生活的必需品。物品的捐助在一定程度上可以缓解救助经费短缺的局势。

---

① 《救济院 25 年 1 月至 10 月份营业收入统计图》，引自北平市社会局编《北平市社会局救济院特刊》，1936。
② 北平妇女救济院编《平市社会局妇女救济院概况》，1932，第 3 页。

图 4 - 10　北平市社会局第一习艺工厂印刷装订系

表 4 - 4　北平妇女救济院收受慈善家及各慈善团体捐助物品一览

捐助者	捐助物品	数　量	时　间
李运庆先生	铁床	五架	十九年五月十八日
石瑞先生	国布	七十七尺	十九年九月十一日
刘子信先生	铁床	五架	十九年九月十八日
平汉路局	红煤	两吨	十九年十二月十六日
蓣坛寺佛教会	煤球	一千五百斤	十九年十二月十八日
郭鸿鸣先生	青帆洋布	五一一匹	二十年二月二日
中国龙华佛教会	棉衣	三十套	二十年三月十六日
许宅	地瓶	一只	二十年二月二十日
蓣坛寺佛教会	原煤硬煤	三千五百斤	二十年四月十一日
陈岫青先生	手巾	八打	二十年四月二十二日
李世三先生	手巾	八打	二十年五月五日
中华佛教龙华义赈总会	棉衣	三百七十九套	二十年六月三日
郭鹤鸣先生	蓝布、布鞋	六匹、二十一双	二十年七月十日
洪太太	洋袜子	五打	二十年九月九日
汪学涵先生	手巾	八打	二十年十一月十二日
金太太	洋布	四匹	二十年十一月二十五日
顾胡太太	明煤块	一万斤	二十年十一月二十九日

续表

捐助者	捐助物品	数　　量	时　　间
白建章先生	手巾	六打	二十年十一月三十日
王树奎先生	手巾	八打	二十年十二月二日
李伯明先生	国布	四匹	二十一年二月五日
孔超艳先生	国布	二匹	二十一年二月二十五日
金陈介石先生	国布	四匹	二十一年二月二十五日
王树藩先生	毛巾	十打	二十一年五月十八日
左旭亭先生	芭蕉扇	一百五十八把	二十一年五月二十七日

资料来源：北平妇女救济院编《平市社会局妇女救济院概况》，1932，第93~95页。

纵观1928年至1937年北平官办救助机关经费来源可知，已形成了市府拨款、营业收入、社会捐助相辅相成的格局。需要强调的是，这一时期受时局的影响，北平市市长更替频繁，从1928年6月25日至1937年7月28日的9年间，北平市共有市长或代理市长9人，平均每年更换一次市长。在这样的情境下，北平社会救助事业难以获得持续稳定的发展，救助经费只能在"节衣缩食""开源节流"中勉强维持。

（四）北平院内救助绩效评析

国都南迁后，北平社会局救助机关成为北平弱势群体躲避暴风雨的港湾，尽管这一港湾并非风和日丽，但它使无助的人们能够看到暴风雨过后的彩霞。20世纪二三十年代，北平社会救助事业在经历清末民初的发展后，其近代化的表征更趋明显：北平社会救助机构从分散管理到统一管理，从注重规模、数量到注重质量、效益；救助手段既注重对收养人员的"养"，又注重对收养人员的"因材施教"；既注重对收养人员自立能力的培养，又注重对收养人员身心健康的呵护；救助管理对收养人员的入院、出院、认领、择配、学习、作息等都有明确的制度规定；社会救助机关采取了"慈善＋市场"的运营发展模式。

就受助人数而言，1928年8月，北平市社会局成立后，其各附属救助机关加大了对北平市弱势群体的收容力度，据统计，截至1929年2月北平市救助机关第一救济院、救济第二院、第一习艺工厂、第二习艺工厂、妇女救济院、妇女习艺工厂、疯人收养所收容人数分别为61人、253人、100人、

258 人、253 人、92 人、121 人，共计收容总人数 1138 人。① 1934 年 4 月份，据社会局公益救济股统计，各习艺工厂及各救济院所收容之人数为：市立第一习艺工厂收容 191 人，市立第二习艺工厂收容 181 人，市立第一救济院收容 224 人，市立救济第二院收容 153 人，市立妇女救济院收容 262 人，市立乞丐收容所收容 294 人，共计收容 1305 名。② 1935 年度 12 月份，社会局救济院第一习艺部、第二习艺部、收容部、收容残老感化组、儿童部收容人数分别为 443 人、394 人、509 人、355 人、173 人，共计收容人数 1874 人。③ 1936 年 9 月北平市社会局救济院各部收容人数为：第一习艺部 403 人，第二习艺部 80 人，妇女儿童部 479 人，劳工部 667 人，共计 1629 人。④ 虽然北平社会局救助机关每月都有入院、出院者，其收容人数每月都有增减，但从长时段看，收容人数总体上呈上升趋势，特别是 1934 年各救助机关归并改组后，北平市社会局救济院的收容人数有显著增加，但仍极为有限，相对于北平成千上万的弱势群体而言，北平市社会局救助机关有限的收养人数只是杯水车薪。

北平市社会局救助机关收容人数因经费支绌而受到限制，市政府有限的财政拨款只能使救助机关勉强维持现状，无力再图扩建发展。虽然救助机关的收容人数较为有限，但为那些急需救助的人提供了及时的帮助，也使其成为当时北平社会的"安全阀""减震器"。如 1936 年 9 月北平市社会局救济院收容的 1629 人中，11 岁至 35 岁年龄段的人约占总收容人数的 64.8%⑤，这些年富力强的人们，如果得不到及时救助，将会对社会的稳定带来极大破坏。此外，社会局救助机关在北平市的收容救助中占有重要地位。如表 4－5 所示，1934 年下半年对北平市收容机关的调查表明，北平市社会局救济院具有残老收养、妇女教养、游民感化、贫民习艺、育幼等多种教养功能，承担了本市诸多教养、工读相结合的救助任务，这是私立慈善团体所不能企及的。此外，北平官办社会救助机关注重精简机构、提高效益、教养结合、工读并重、技能培养、道德教化、自我创收的先进做法不仅为后来北平社会救助事业的发展奠定了基础，而且对当今社会救助事业的发展颇具

---

① 北平特别市社会局编《北平特别市社会局救济事业小史》，第 35～36 页。
② 《习艺工厂救济院收容人数统计》，《北平晨报》1934 年 5 月 6 日，第 6 版。
③ 北平市政府秘书处第一科统计股主编《北平市统计览要》，1936，第 104 页。
④ 《救济院收容人分配统计图》，详见北平市社会局编《北平市社会局救济院特刊》。
⑤ 《救济院收容人年龄统计图》，详见北平市社会局编《北平市社会局救济院特刊》。

启示与借鉴意义。

表 4 - 5　北平市收容机关调查（1934 年下半年）

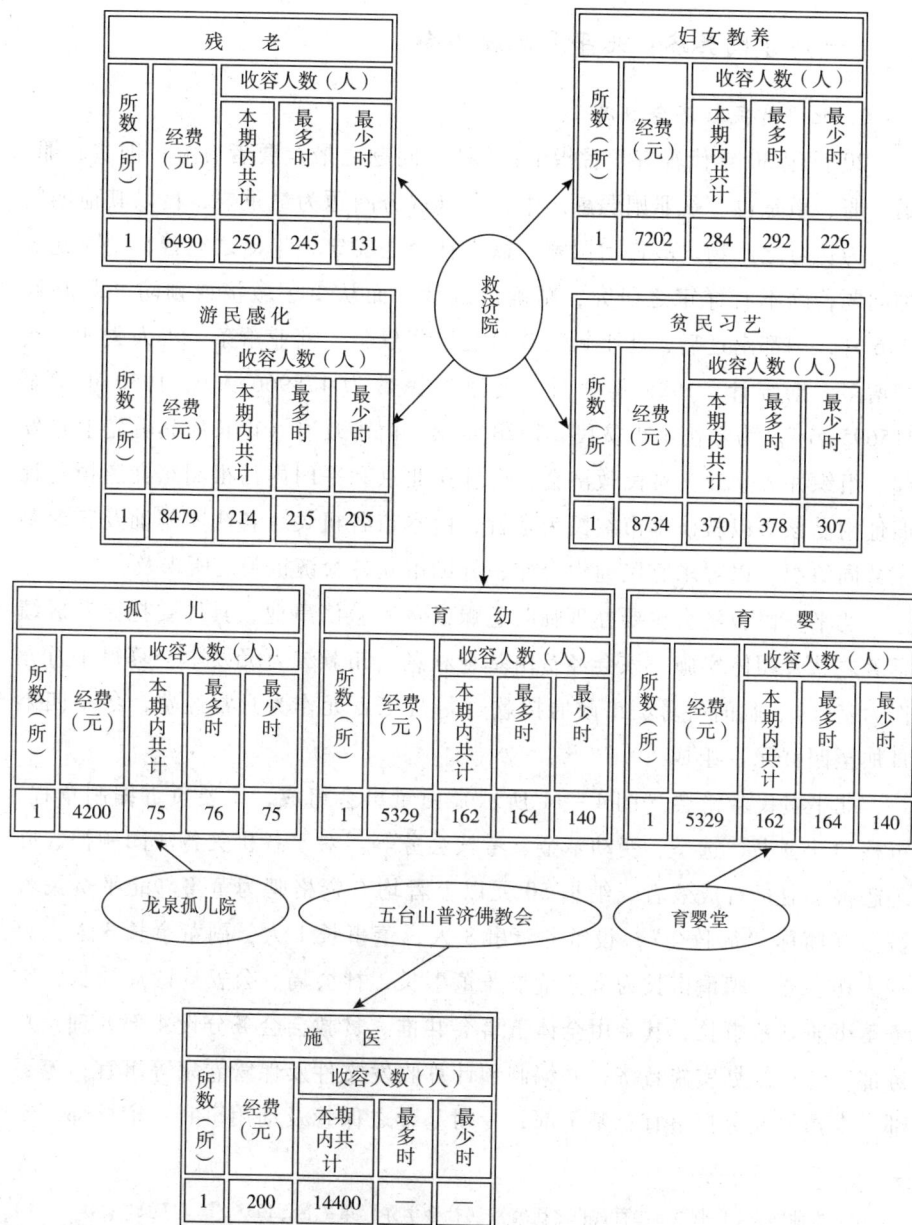

残　老

所数（所）	经费（元）	收容人数（人）		
		本期内共计	最多时	最少时
1	6490	250	245	131

妇女教养

所数（所）	经费（元）	收容人数（人）		
		本期内共计	最多时	最少时
1	7202	284	292	226

游民感化

所数（所）	经费（元）	收容人数（人）		
		本期内共计	最多时	最少时
1	8479	214	215	205

贫民习艺

所数（所）	经费（元）	收容人数（人）		
		本期内共计	最多时	最少时
1	8734	370	378	307

（中心：救济院）

孤　儿

所数（所）	经费（元）	收容人数（人）		
		本期内共计	最多时	最少时
1	4200	75	76	75

育　幼

所数（所）	经费（元）	收容人数（人）		
		本期内共计	最多时	最少时
1	5329	162	164	140

育　婴

所数（所）	经费（元）	收容人数（人）		
		本期内共计	最多时	最少时
1	5329	162	164	140

（龙泉孤儿院）　（五台山普济佛教会）　（育婴堂）

施　医

所数（所）	经费（元）	收容人数（人）		
		本期内共计	最多时	最少时
1	200	14400	—	—

资料来源：《北平市收容机关和施诊机关调查表》，北京市档案馆：J2 - 6 - 5。

二　院外救助活动：北平贫民救济会与小本借贷处

（一）官民共济：北平贫民救济会

1. 北平贫民救济会概况

20 世纪 30 年代曾有学者指出："社会问题之最重要者有五：即贫、罪、娼、弱、愚是也。贫罪娼弱愚之中，尤以贫穷问题为最重要，良以其他四问题实为贫穷之产物。故任何国家，欲求社会之安宁，生活之完善，则对此五种问题，靡不有详审之研究，精确之统计，而从事于救济或预防。"[1] 1928 年 6 月，国都南迁后，北平顿失昔日之繁华景象，商业萧条，工人失业，贫民增多。据统计，1928 年 9 月，北京贫民数为 178966 人[2]，1930 年增至 415695 名[3]。为救济本市贫民，1928 年秋，由市政府（市长何其巩先生）发起、组织并成立北平贫民救济会，会址在北京和平门内吕祖阁东夹道悟善社旧址内。该会以救济本市贫民为宗旨，由本市各机关、各法团领袖及各慈善家共同组织，以寻求官民通力合作，补助市立各救济机关之所未及。[4]

北平贫民救济会主要办理临时急赈或贫民救济事业，具体委托原有成绩卓著之慈善团体实施。该会经费由基金利息（市款二万元及本会募得十万元作为基金）、临时筹募、市政府拨款（每月二百元作为月常经费，冬季四个月加至四百元）组成。

北平贫民救济会（图 4 - 11 所示）由董事会组成，主要负责编制章程、审核预计算书、选举、变动基金、考核会务等。对于各机关各法团领袖、办理慈善事业卓有成效者、纳捐 50 元以上者均有资格聘为董事。北平贫民救济会（简称"贫救会"）设常务董事 8 人，董事长 1 人，副董事长 3 人，总理一切会务。聘请市长为常务董事兼董事长，社会局、公安局两局局长为常务董事兼副董事长，其余由全体董事会共推。贫救会会务分设 4 部办理：总务部，专司规划实施救济，并编制预计算收发文件及保管卷宗等事宜；筹募部，专司筹款募捐事宜；基金部，专司基金之保管及动用事宜；审核部，专

---

① 牛萧鄂：《北平一千二百贫户之研究》，《社会学界》第 7 卷，1933，第 147 页。
② 《北平男女贫民》，《顺天时报》1928 年 9 月 23 日，第 7 版。
③ 《平市年终户口统计》，《北平晨报》1930 年 12 月 28 日，第 6 版。
④ 《北平贫民救济会略历》，北京市档案馆：J2 - 6 - 38。

司审核收支事宜。每部设主任干事一人，干事若干人，承董事长之指挥，办理各部事务，主任干事由选举之常务董事兼充。贫救会选举之副董事长、常务董事及各部干事任期一年，但可连选连任。本会董事长、副董事长、董事及各部职员均为名誉职。①

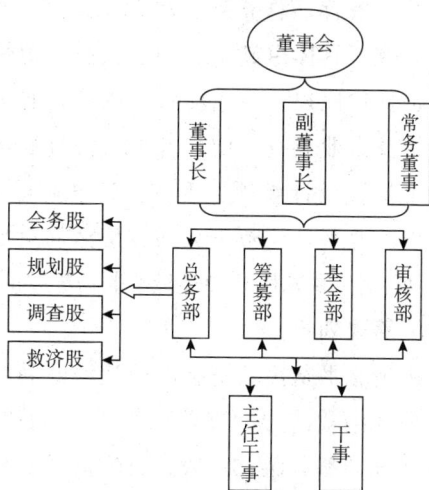

图 4 - 11　北平贫民救济会组织机构
资料来源：《北平贫民救济会章程》，北京市档案馆：J2 - 6 - 36。

2. 北平贫民救济会的制度化建设

北平贫民救济会成立后，先后制定颁布了《北平贫民救济会章程》《北平贫民救济会总务部组织细则》《北平贫民救济会筹募部组织细则》《北平贫民救济会基金部办事细则》《北平贫民救济会审核部办事细则》《北平贫民救济会基金保管规则》《北平贫民救济会粥厂办事细则》《北平贫民救济会粥厂监理员办事规则》《北平贫民救济会施给月米暂行办法》等规章制度，这些规章制度为贫救会救济活动的有序开展提供了保障。

1928 年，北平市政府颁布了《北平贫民救济会章程》。该章程共分 7 章 24 条，对贫救会宗旨、会务、会员、董事、职员等方面做了具体规定，如规定基金部的职员设置为基金董事 11 人，内一人为市政府代表，由市政府推出，余 10 人由董事选出，但银行界应占 3 人，其他慈善团体应占 3 人，各法团占 3 人，教育学术界占 1 人②。1934 年，该章程又做了进一步的修改完

---

① 《北平贫民救济会章程》，北京市档案馆：J2 - 6 - 36。
② 《北平贫民救济会章程》，北京市档案馆：J2 - 6 - 36。

善，如修订了对贫救会董事成员的规定，由北平市市长任常务董事兼董事长，社会局、公安局两局局长任常务董事兼副董事长。① 该章程的修订，进一步凸显了政府对北平贫民救济会的主导作用，有利于北平贫民救济会救济活动的贯彻执行。《北平贫民救济会总务部组织细则》具体规定了总务部的职能及其下属各股的职掌事宜，总务部主要执行贫救会的日常会务及规划实施救济、编制预算等事宜，具体由其下设的会务股、规划股、调查股、救济股来完成，如调查股负责贫民户口及生活状况调查、北平各慈善团体工作接洽、中外慈善团体组织及事业调查、中外各种救济方法调查；规划股负责临时急赈进行事项、根本救济设计事项、现有慈善事业促进事项等。② 由该总务部组织细则可以看出，北平贫民救济会的救济活动更加科学、完善，注重对救济对象实况的掌握，注重汲取中外慈善团体先进的管理经验和救济方法，注重慈善救济的统筹规划等。

募款、赈品的筹集是北平贫民救济会救助活动顺利开展的根本保证，所以如何筹募就成为北平贫民救济会的首要任务。《北平贫民救济会筹募部组织细则》规定，筹募部设劝募、游艺二股，具体负责筹募事项。劝募股执掌请求国内外公司团体协助事项、分队劝捐事项、赈济物品及粮食征求事项、慈善等捐征事项；游艺股执掌筹备各界游艺会事项、征求艺术界出品助赈事项、商请中外各艺团助赈事项、商请各公共娱乐场所票价加捐事项。③ 贫救会多渠道、多手段的筹募措施实现了捐资、捐物来源的最大化。为了规范贫救会资金的监督与管理，北平贫民救济会制定颁布了《北平贫民救济会审核部办事细则》及《北平贫民救济会基金保管规则》。该办事细则规定：审核部设审定股、稽核股；审定股执掌收支手续、审定财政收支事项、审定存单折据证券事项、审定关于出纳各种簿记事项、审定超过预算及其他临时支出事项；稽核股执掌稽核出纳各项账目、编制报告表类。所有每月收支各账目、保管之现金及证券，均应由审核部审核后会同总务部公告之。④ 北平贫民救济会的所有基金及资金均应存入指定银行，所存之基金及资金应由基金部公推干事二人以上执行签字。⑤ 该审核部办事细则及基金保

① 《北平贫民救济会章程》，北京市档案馆：J2-6-36。
② 《北平贫民救济会总务部组织细则》，北京市档案馆：J2-6-38。
③ 《北平贫民救济会筹募部组织细则》，北京市档案馆：J2-6-38。
④ 《北平贫民救济会审核部办事细则》，北京市档案馆：J2-6-38。
⑤ 《北平贫民救济会基金保管规则》，北京市档案馆：J2-6-38。

管规则的制定，保证了资金管理的公开化、透明化及正规化，改变了过去资金管理无章法的混乱局面。

3. 北平贫民救济会募捐情况

北平贫民救济会的性质为官民共办的慈善团体，最初便由市政府发起，由本市各机关、各法团领袖及各慈善家共同创办。以 1934 年北平贫民救济会常务董事组成成员为例，从表 4 – 6 可以看出，1934 年北平贫民救济会常务董事组成成员中绝大部分为现任或曾任政府官员，特别是北平市市长任贫救会的常务董事兼董事长，更体现官方对贫救会的主导作用。官方对北平贫民救济会的主导作用主要体现在对贫救会的宏观管理上，如贫救会规章制度的制定、救济事务的发展与规划等方面。在经费来源方面，贫救会并非像官办救助机构那样主要依赖政府拨款，其经费的来源主要是借助政府的影响力、号召力及强制力从民间募集经费，政府拨款仅占很小一部分。如图 4 – 12 所示，1935 年 5 月至 1936 年 4 月，北平贫民救济会新收经费为 12450.64 元，其中，募款 10121 元，约占总经费的 81%；基金利息 2000 元，约占总经费 16%；存款利息 129.64 元，约占总经费的 1%；市府拨款 200 元，约占总经费的 2%。由此可知，募款是北平贫民救济会经费来源的主要渠道。根据历年《北平贫民救济会征信录》的统计，从 1928 年 10 月至 1937 年 4 月，北平贫民救济会接受社会募捐款数达 204279.64 元（表 4 – 7）。这些募款的捐助者为各机关、各团体及个人，而各团体是捐资的主要力量，自 1935 年 5 月至 1936 年 4 月，在北平贫民救济会 10121 元的募款中，各团体捐款为 5452 元，约占募款总数

表 4 – 6　1934 年北平贫民救济会常务董事名册

姓名	袁良	熊希龄	蔡元彬	余晋龢	彦真明	王毓霖
年龄（岁）	53	69	41	47	60	44
籍贯	浙江杭县	湖南凤凰	浙江崇德	浙江绍兴	北平	江苏淮阴
职务	常务董事兼董事长	常务董事兼副董事长	常务董事兼副董事长	常务董事兼副董事长	常务董事兼总务部主任	常务董事兼基金部主任
经历	现任北平市市长	前国务总理	现任北平市社会局局长	现任北平市公安局局长	曾任内外城市政捐局局长	现任北洋保商银行协理
住所或通讯处	北平市政府	石驸马大街	小羊宜宝胡同 8 号	东堂子胡同 55 号	西城东观音寺 12 号	弘通观甲 4 号

资料来源：《北平贫民救济会职员名册》，1932，北京市档案馆：J2 – 6 – 36。

故都济困——北平社会救助研究（1928～1937）

表 4-7　1928 年 10 月至 1937 年 4 月北平贫民救济会历年募款

年度	十七年度	十八年度	十九年度	二十年度	二十一年度	二十二年度	二十三年度	二十四年度	二十五年度	合计
捐款数	二五〇一〇.六四元	三四五二二.五一元	一九四〇五.九元	一四二〇三.三九元	一五九七六.四元	二一〇六二.八六五元	一二四一五.七二元	一〇一二一.〇〇元	三〇二三二.〇五元	二〇四二七九.六四元

说明：上述各年度捐款时间分别为自民国十七年（1928）10 月至十八年（1929）3 月、十八年（1929）4 月至十九年（1930）5 月、十九年（1930）6 月至二十年（1931）5 月、二十年（1931）6 月至二十一年（1932）5 月、二十一年（1932）6 月至二十二年（1933）4 月、二十二年（1933）5 月至二十三年（1934）4 月、二十三年（1934）5 月至二十四年（1935）4 月、二十四年（1935）5 月至二十五年（1936）4 月、二十五年（1936）4 月至二十六年（1937）4 月。

资料来源：《北平贫民救济会征信录》（第 1、2、5 期）、北京市档案馆：J2-6-38；《北平贫民救济会第三期征信录》，北京市档案馆：J2-6-36；《北平贫民救济会征信录》第 4 期，国家图书馆缩微资料。

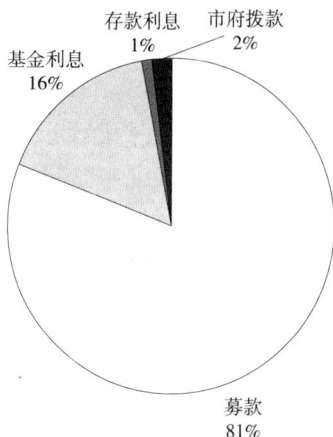

图 4-12　1935 年 5 月至 1936 年 4 月北平贫民救济会新收经费来源比较

资料来源：《北平贫民救济会振款振品收支数目统计表》，《北平贫民救济会征信录》第 4 期，国家图书馆缩微资料。

的 53.9%；各机关捐资为 4100 元，约占募款总数的 40.5%；个人捐助 569 元，约占募款总数的 5.6%。①

北平贫民救济会除接受社会捐款外，还接受社会各界人士的捐物，如小

———

① 《北平贫民救济会振款振品收支数目统计表》，《北平贫民救济会征信录》第 4 期，国家图书馆缩微资料。

130 <<<

米、玉米面、衣裤、原煤、药品等。据《北平贫民救济会征信录》的统计，从1928年10至1937年4月，北平贫民救济会接受的捐物情况如表4-8所示。北平贫民救济会之所以能获得如此多的源源不断的捐款、捐物主要归因于以下几个方面。

一为北平市政府的示范效应与积极倡导。为使政府官员起到示范带头作用，1932年北平市政府规定，当年冬赈市政府及所属各职员均应捐助，并根据薪额多少规定了捐款办法：（1）"五十元至一百元者捐百分之二"；（2）"一百零一元至二百元者捐百分之三"；（3）"二百零一元至三百元者捐百分之五"；（4）"三百零一元至五百元者捐百分之十"。① 在市政府的带动下，北平市各机关、团体纷纷出资捐助，1932年6月至1933年4月，在北平贫民救济会所获得的捐款中，北平市银行公会捐洋5000元，平绥铁路局捐洋5000元，军事委员会北平分会捐洋300元，北平电车公司捐洋50元，北海公园委员会捐洋100元，北平五台山普济佛教会捐洋200元，北平市政府同人捐洋265元，北平市公安局捐洋327元，北平市工务局捐洋95元，北平市财政局捐洋58元，颐和园事务所捐洋8.9元，北平市社会局捐洋92元等。② 同时市政府还积极开展对捐资人的褒奖活动，如1935年11月间，山东省历城县人吴幼权捐助北平贫民救济会房产一所，根据《褒扬条例》第一条第二款，授予捐助人匾额褒章。③

二为社会各界的热心捐助。从历年《北平贫民救济会征信录》对捐款者的记录中可以看出，学校、军队、官员、普通民众、商号等群体均为捐助的主力。学校的捐款，如市立第四十九小学校捐洋2元，市立第五十六小学校捐洋3元，市立第二中学校捐洋7.5元，北平大学法学院捐洋20元，中法大学捐洋30元等；军队捐资，如阎总司令（阎锡山）捐洋4元，总司令行营捐洋50元；商号捐资，如"和新号捐洋一角"，"志强号捐洋一角"，"豆汁房捐洋五分"，"李记面铺捐洋五分"等。诚如美国社会学家甘博在其《北京的社会调查》一书中所指出的："对中国人来讲，他们都非常情愿出钱去帮助那些比自己不幸的人。我们经常发现，一个仅能维持温饱的家庭在救助一位老人；同时，一些富裕的家庭一般都在救济数目不少的贫苦者。在发生饥馑时，学生

---

① 《北平市政府关于北平贫民救济会募捐事宜的训令》，北京市档案馆：J21-1-616。

② 《北平贫民救济会1932年6月至1933年4月底止收入捐款数目详单》，北京市档案馆：J2-6-38。

③ 《北平贫民救济会征信录》第4期，国家图书馆缩微资料。

表4－8 1928年10月至1937年4月贫救会历年捐物一览

年度	小米	玉米面	衣裤	无煤	药品
十七年度	—	六千斤	二千七百七十八件	—	—
十八年度	四百石	一万七千斤	一百七十二件	—	—
十九年度	一百一十三石	一百斤	四百件	二十万斤	—
二十年度	四十石	—	一千三百五十九件	六万斤	—
二十一年度	一百二十三石四斗五升	三千斤	八百三十四件	六万斤	—
二十二年度	一万袋	五千斤	一千二百六十九件	十万斤	一千五百包
二十三年度	六百五十三石五斗六升六合	三千斤	一千四百四十件	十万斤	—
二十四年度	八十石零四斗六升	四千金	二千二百三十一件	十万斤	五百包
二十五年度	三十三石四斗三升三合	六千二百斤	八百八十件	十万斤	—

说明：上述各年度捐物时间分别为自民国十七年（1928）10月至十八年（1929）3月，十八年（1929）4月至十九年（1930）5月，十九年（1930）5月，二十年（1931）5月，二十年（1931）6月至二十一年（1932）5月，二十一年（1932）6月至二十二年（1933）4月，二十二年（1933）5月至二十三年（1934）4月，二十三年（1934）4月，二十四年（1935）4月，二十四年（1935）5月至二十五年（1936）4月，二十五年（1936）4月至二十六年（1937）4月。

资料来源：《北平贫民救济会征信录》（第1、2、5期），北京市档案馆：J2－6－38；《北平贫民救济会第三期征信录》，北京市档案馆：J2－6－36；《北平贫民救济会征信录》第4期，国家图书馆缩微资料。

们非常自愿地每天少吃一顿饭，以便节省一些钱物送给困境中的人。相当数量的现金每天都在施与大街上的乞丐，人们常常看到铜板从人力车或马车里不断地扔向乞讨的人们。"① 中华民族乐施好善、扶危济困的美德在当时那个民风较为朴实的时代得到了发扬光大。

三为募捐方式多样化。北平贫民救济会采取了多种募捐方式，有直接募捐，也有团体或个人的代募；有通过义演、游艺会等方式募捐，也有通过报刊媒介实现募捐；有自愿募捐，也有行政募捐。

北平贫民救济会频繁的募捐活动虽为本会筹集到大量救助资金，但在社会上产生了一些负面效应。一方面频繁的募捐活动容易使人们产生"爱心疲劳"，同时也给人们的生活增添了额外的经济负担，即使是政府职员也深感不堪重负。如1932年，北平市政府曾指出"各机关职员，近来摊派各项捐款，颇觉重烦"②。另一方面，过多的捐款活动也给募捐市场带来了混乱，许多不法分子假借慈善团体名义到处行骗。在北京市档案馆所藏的"北京市警察局档案"中，有许多关于假借慈善名义敛取钱财的案件。如1934年，"三等巡警关宝林、王舒华，募警胡植枢三名查获赵庭山等募捐诈财一案，到署经讯赵庭山供称，因贫所迫，遂与李华年佯作在自治坊当土夫，有同事李德顺病故，伪造自治坊图章、捐册向各户募捐，前后所得钱文花用"③。以慈善名义骗取钱财的不法活动严重影响了人们对慈善募捐的信任。

4. 贫民救济会的救助实践活动

如果说北平市社会局救助机关是官方以救济院院内收养方式对北平市少数弱势群体施予的救助，那么北平贫民救济会则是官方以救济院院外救助方式对北平市绝大多数弱势群体（以贫民为主）施予的救助。国都南迁后，贫穷成为北平社会面临的主要问题，据北平市公安局统计，1929年9月北平内城第一至第六区界内，极贫男女"七万七千三百二十七名口"，次贫男女"四万一千九百八十二名口"；外城第一至第五区界内，极贫男女"四万九千一百九十三名口"，次贫男女"六万三千二百零三名口"；四郊界内，极贫男女"五万八千零十八名口"，次贫男女"五万零八百零七名口"。北平

① 〔美〕西德尼·D.甘博：《北京的社会调查》（上），陈愉秉等译，第332～333页。
② 《北平市政府关于北平贫民救济会募捐事宜的训令》，北京市档案馆：J21-1-616。
③ 《北平市警察局内一区区署关于赵庭山等伪造自治坊图章捐册募捐诈财请讯办的呈》，北京市档案馆：J181-21-21595。

男女贫民共计"三十四万零五百三十名口"，占全市人数三分之一。[1] 为了解决本市贫民的生活问题，北平贫民救济会通过施粥和施放赈品等手段开展对贫民的救助。

（1）设立粥厂。"粥厂乃以活贫民为宗旨，以救济为方针者也"[2]，设立粥厂成为近代中国官民对广大贫民进行院外救助的主要措施之一。北平贫民救济会为了更好地开展对贫民的施粥救助活动，制定颁布了《北平贫民救济会粥厂办事细则》及《北平贫民救济会粥厂监理员办事规则》。《北平贫民救济会粥厂办事细则》规定："放粥时间每日均一律早九点开放。煮米每石米用水不得过七百五十斤，每人需放三两余，连水约十八两之谱。凡老幼废疾先行发放，男女各分一栏，其产妇病人可发给执照请人代领以示体恤。米砂每日下午三时起即令粥夫等先将米粮过筛，将米砂卸净再行入锅。各厂于淘米放粥及洗涮器具时不得有泼洒作践情形。各厂所用粥锅粥桶等件务于用毕洗涮干净以重卫生。对待领粥人务须和平不得强暴。侯领时勿须禁止喧哗拥挤以维秩序。粥夫禁止窃食粥米。逐日报告表应各递二分。逐日报告表应将前已用米若干下存若干注明表内。"[3] 该细则详尽规定了每日施粥时间、用水量、施粥秩序、煮粥注意事项等，开创了北平施粥的制度化建设先河。"平市各粥厂多沿用旧法，以习惯规则为主，以其省事也。故无成文厂规。唯贫民救济会粥厂有成文放粥原则"[4]。粥厂办事除有制度约束外，还派有监理员，《北平贫民救济会粥厂监理员办事规则》规定，粥厂监理员监视粥夫筛米、过秤、入锅、出粥及放粥事项，考核发给优待牌事项，会同区署指挥警察维持秩序，保管米粮、公有物品，使粥厂的办理得到进一步规范。[5]

在粥厂制度的规制下，北平贫民救济会积极开展了对本市贫民的施粥活动，如1934年11月1日，北平贫民救济会在本市开办了八处粥厂，每厂一律八点开门，九点放粥。当领粥人入门时，由粥厂发给竹牌一个，放粥时凭借竹牌领粥。领粥人进入粥厂，非领粥后不准出门，如遇有不得已之事故时，须将竹牌扣留。不是一家人或不住在一处者，不准代领。每人约放四两米，连水约十八两余，未领粥者，施予米四两。凡老幼废疾，先行发放，男女各一栏，产

① 《北平贫民人数最近调查》，《顺天时报》1929年9月27日，第7版。
② 张金鋐：《北平粥厂之研究》，《社会学界》第7卷，1933，第207页。
③ 《北平贫民救济会粥厂办事细则》，北京市档案馆：J2－6－38。
④ 张金鋐：《北平粥厂之研究》，《社会学界》第7卷，第200页。
⑤ 《北平贫民救济会粥厂监理员办事规则》，北京市档案馆：J2－6－38。

妇病人不能亲身来厂者，得由监理员查明，核给代领牌，托人带领。[①] 北平贫民救济会的施粥，既做到了科学有序，又凸显了对特殊受助人员的关怀。据《北平贫民救济会征信录》记载，自1929年12月至1937年3月，如表4-9所示，北平贫民救济会共开设粥厂52个，就食人数7082349人，共食用米数为12657.297石，平均每个粥厂的就食人数约为136199人。如将1930年至1936年就食人数（表4-9）与同时期北平总人数（表4-10）相比，则1930年至1936年就食人数分别占当年北平总人数的88.7%、50.1%、75.1%、51.7%、54.6%、56.7%、39.7%。当然，在贫民救济会粥厂的就食人数中，并非所有人均为北平市民，还包括许多非北平籍人士，但二者的比较，在一定程度上可呈现北平贫民救济会施粥人数的多寡。由图4-13可知，1930年是北平贫民救济会粥厂就食人数最多的一年，食粥人数占到北平当年总人数的88.7%，这主要是受国都南迁北平经济衰退、1930年代世界金融危机的冲击，以及1930年中原大战、西北华北大饥荒的影响，北平贫民人数急剧增多，从而导致了食粥人数的增加。

表4-9　1929年12月至1937年3月贫救会开设粥厂数、就食人数及用米石数统计一览

年　　　月	粥厂数（个）	就食人数（人）	用米石数（石）
1929.12~1930.3	4	1223755	1738.415
1930.12~1931.3	4	719380	1362.212
1931.11~1932.3	8	1120783	2153.000
1932.11~1933.4	8	784301	1674.500
1933.11~1934.3	9	858336	1803.170
1934.11~1935.3	8	887308	1591.700
1935.11~1936.3	5	615314	939.000
1936.12~1937.3	6	873172	1395.300
总　　计	52	7082349	12657.297

资料来源：《北平贫民救济会征信录》（第1、2、5期），北京市档案馆：J2-6-38；《北平贫民救济会第三期征信录》，北京市档案馆：J2-6-36；《北平贫民救济会征信录》第4期，国家图书馆缩微资料。

表4-10　民国十九年至二十五年（1930~1936）北平市户口总计

项别 ＼ 年别（民国）	十九	二十	二十一	二十二	二十三	二十四	二十五
户数（户）	270487	281564	294425	299648	307554	303769	296243
人口总数（人）	1378916	1435488	1492122	1516378	1570643	1564869	1550561

资料来源：《北平市概略》，《北京档案史料》1993年第2期，第15页。

---

① 《平市粥厂各处均今晨开锅》，《北平晨报》1934年11月1日，第6版。

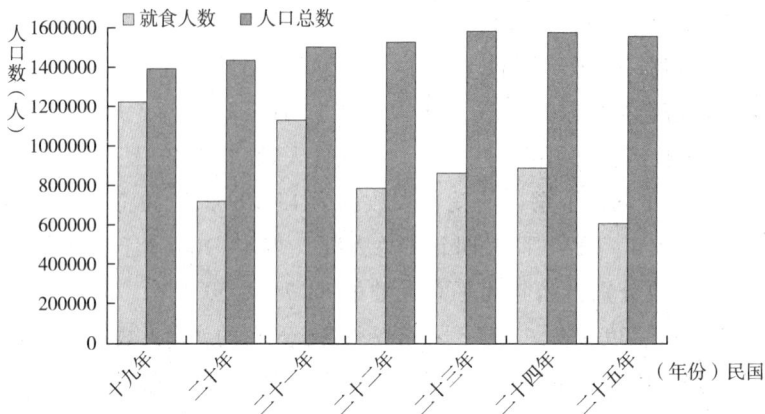

图 4 - 13　民国十九年至二十五年（1930～1936）北平贫民救济会粥厂
就食人数与人口总数比较

说明：该图根据表 4 - 9、表 4 - 10 历年就食人数与北京人口总数绘制而成。

在北平贫民救济会粥厂就食的总人数中，虽无就食者性别统计，但根据民国二十年至二十一年（1931～1932）北平 19 个粥厂领粥人性别统计可知，在领粥人数中"男占 12%，女占 46%，幼男占 19%，幼女占 23%"。领粥妇女多于男子，这主要是由于北平贫民男子多出外工作，妇女儿童无事可做，所以到粥厂领粥，以补家庭食量之不足。[①] 国都南迁后，从 1930 年至 1937 年，北平贫民救济会以施粥的方式向北平 7082349 人施以救助，受助人数约占同时期北平市人口总数的 59%。虽然北平每年设办粥厂花费不下 20 余万元，并且还"徒增贫民依赖之心"，但对于当时一无所有、生活在死亡线上的广大贫民而言，这无疑为救命之粥，"粥厂之设，自其外面观之，不过一场一棚，形似简陋。然自内观之，每日一勺之粥实能活一人一日之命"。[②]

（2）发放赈品。其一，发放赈米。北平贫民救济会除向贫民施粥外，还给贫民施放赈米。在北平贫民救济会成立之初，根据《北平贫民救济会施给月米暂行办法》规定，北平贫民救济会对市内居民有下列情形之一者，由贫救会查明给予月米证（图 4 - 14）施给月米："零丁孤苦无独立能力者"，鳏寡无依年龄在六十岁以上者，虽非鳏寡而年老力衰无人赡养者，残废不能谋生无人赡养者。月米领取以每人每月小米 15 斤为限。如领米

---

① 张金陔：《北平粥厂之研究》，《社会学界》第 7 卷，第 207 页。

② 张金陔：《北平粥厂之研究》，《社会学界》第 7 卷，第 189、208 页。

人生活环境改善则停止给米，领米人不得将月米出售或用月米证抵借款项。每月一日、十六日分两期施给月米，领米人须亲自带证携袋来会领取。领米人额数暂定200人。[①]

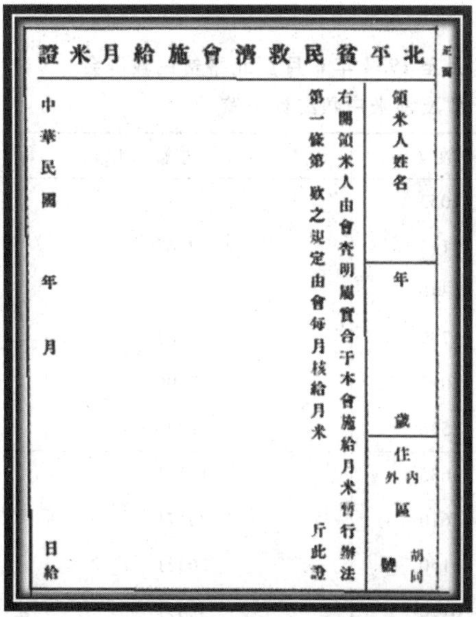

正面

北平貧民救濟會施給月米證

領米人姓名

年　歲

住　內外　區　胡同　號

右開領米人由會查明屬實合予本會施給月米暫行辦法

第一條第　款之規定由會每月核給月米　斤此證

中華民國　年　月　日給

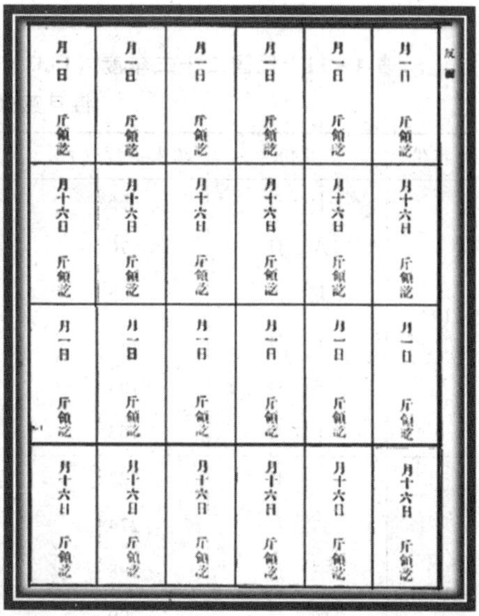

反面

月一日 斤領訖	月一日 斤領訖	月一日 斤領訖	月一日 斤領訖	月一日 斤領訖	月一日 斤領訖
月十六日 斤領訖	月十六日 斤領訖	月十六日 斤領訖	月十六日 斤領訖	月十六日 斤領訖	月十六日 斤領訖
月一日 斤領訖	月一日 斤領訖	月一日 斤領訖	月一日 斤領訖	月一日 斤領訖	月一日 斤領訖
月十六日 斤領訖	月十六日 斤領訖	月十六日 斤領訖	月十六日 斤領訖	月十六日 斤領訖	月十六日 斤領訖

图4－14　北平贫民救济会施给月米证（正反面）

资料来源：《北平贫民救济会施给月米暂行办法》，北京市档案馆：J2－6－38。

《北平贫民救济会施给月米暂行办法》体现了北平市政府对居民中无自救能力、无人赡养之老弱残等弱势群体的特别关照，每月为他们提供了最基本的生活资料，使他们免于陷入生活困境之中。虽然该暂行办法规定领米人额数为200人，但当时北平社会现实使领米人数远远超出了这一规定。以1933年度为例（表4－11），1933年7月份北平贫民救济会发放赈米户数为66户，1934年6月发放赈米户数增至300户，远超于原定领米人数200人的限制。

随着北平老弱残等弱势群体人数的增多，北平贫民救济会开展了冬赈、春赈。1933年北平贫民救济会冬赈户数为33511户，发放赈米2768.834石，受赈人数150331人；春赈户数为37164户，发放赈米2892.28石，受赈人数18.457万人[②]。1934年2月，北平贫民救济会因时届春季，市内贫民生活仍

① 《北平贫民救济会施给月米暂行办法》，北京市档案馆：J2－6－38。

② 北平市政府秘书处第一科统计股主编《北平市政府二十二年度行政统计》，第9页。

处在青黄不接之中，于是决定于3月17日起至25日止，在西砖胡同法源寺西院仓库分8日按区放米。春赈放米总额定为2500袋，放米前派员调查各区贫户，散放米票。赈米时派监放员到场监视，此次放米每户以10斤为限，"极贫及文贫酌增"。①

表4-11　民国二十二年度（1933年7月至1934年6月）北平贫民救济会
每月赈米斤数及领米户数统计一览

年份	月份	领米户数（户）	米粮数（斤）	合上月粮数（斤）
1933	七　月	66	1053	—
	八　月	70	1115	2168
	九　月	85	1340	3508
	十　月	117	1799	5307
	十一月	134	2083	7390
	十二月	163	2536	9926
1934	一　月	223	4635	14561
	二　月	274	5610	20171
	三　月	298	6150	26321
	四　月	299	6170	32491
	五　月	300	6260	38751
	六　月	300	6260	45011

资料来源：北平市政府秘书处第一科统计股主编《北平市政府二十二年度行政统计》，第9页。

其二，其他赈品的发放。北平贫民救济会在对贫民赈品的发放中，除小米外，还施以玉米面、原煤、衣裤、药品等赈品。从表4-12可以看出，1934年11月至1935年3月，北平贫民救济会向本市贫民发放玉米面902万斤、原煤10万斤、衣裤1262件、药品852包。

表4-12　1934年11月至1935年3月北平贫民救济会
冬赈赈品及受赈贫民数目统计

区　郊	户数（户）	人数（人）	玉米面（斤）	原煤（斤）	衣裤（件）	药品（包）
内一区	500	2416	2500	7000	50	31
内二区	1340	6950	6900	4000	70	42

① 《平市春赈下月中旬放米》，《北平晨报》1934年2月24日，第6版。

续表

区　郊	户数（户）	人数（人）	玉米面（斤）	原煤（斤）	衣裤（件）	药品（包）
内三区	2000	11206	10600	25000	120	55
内四区	2000	12451	10600	6500	120	20
内五区	2100	12709	11150	5000	100	64
内六区	600	2711	3000	4000	80	30
外一区	470	2167	2350	5000	20	72
外二区	400	2008	2000	3000	22	9
外三区	1200	7001	6500	15000	120	10
外四区	2000	10030	10600	3000	100	8
外五区	1000	4997	5000	7500	100	11
东　郊	900	5502	4500	10000	80	200
西　郊	800	3896	4200		90	100
南　郊	1000	5328	5000		90	100
北　郊	1020	6135	5300	5000	100	100
总　计	17330	95507	90200	100000	1262	852

资料来源：《北平贫民救济会冬赈赈品暨受赈贫民数目统计表》，北京市档案馆：J2－6－36。

北平贫民救济会赈品的发放，进一步巩固完善了对贫民的救助，使他们在寒冬腊月、青黄不接之时有微薄的生活保障。如果说施粥是为了解决贫民的一时之饥，那么赈品发放是为了帮助贫民在一年之中最困难时期渡过难关。北平贫民救济会通过施粥、发放赈品实现了冬春两季在最困难时期对贫民的救助。

5. 北平贫民救济会救助的绩效评析

北平贫民救济会是官民合办的、以现代董事会管理模式运行的慈善救助机构。该会各项救助事宜实现了制度化、规范化管理，改变了过去慈善团体救助活动无序化运行的状态。官民合作的北平贫民救济会是官方借助民间社会强大的慈善力量来承担繁重的社会救助任务的机构，它实现了官方对慈善团体的主导与控制；而民间慈善力量也试图凭借这一社会救助平台实现与官方的接触，从而达到进入上层社会的目的。近代北平繁重的社会救助任务，以及社会救助由传统社会政府施惠型向近代社会政府责任型的转变，为二者在社会救助公共领域的合作提供了条件。

北平贫民救济会的院外救助活动为北平市数百万贫民提供了救助，其救助人数与救助规模是同一历史时期北平其他任何慈善救助团体无法企及的。

这主要归因于在北平市政府"权威效应"下，北平各机关、团体及个人赈款、赈品源源不断地捐助，归因于官民合作的强大力量。在对贫民的救助实施活动中，北平贫民救济会不管是施粥还是发放赈品，均体现了对受助贫民的关怀，强调了对受助者权益的保护，如在《北平贫民救济会粥厂办事细则》中就有"凡老幼废疾先行发放，男女各分一栏，其产妇病人可发给执照请人代领以示体恤"，以及任何工作人员"对待领粥人务须和平不得强暴"的条款。这些条款中的规定，在某种意义上凸显了现代社会救助理念，即施助是政府的责任，受助是贫民的权利。

国都南迁后，北平贫民救济会为北平社会救助事业的发展做出了重要贡献，成为北平慈善救助团体中不可或缺的重要组成部分。但与北平市社会局救助机关积极的救助相比，北平贫民救济会的救助仅仅局限于消极的补偿性救助上，这种救助作为一时的救急之策曾发挥了重要的作用，但不利于培养受助人员的自立能力，而且容易使受助者养成依赖心理，有失现代社会救助之初衷。

尽管北平贫民救济会的救助活动存在不足之处，但它为当今慈善救助事业的发展留下了宝贵的经验：募款是慈善团体经费来源的主要渠道，适量的募捐活动对激发民众的慈善之心具有重要意义，但过多的慈善募捐活动不仅不会激发民众的慈善之心，而且会增加民众的经济负担，使民众产生对慈善事业的厌恶之情。此外，捐款、捐物的透明化管理是慈善救助事业健康发展的重要保证，北平贫民救济会以征信录的形式，将本会每年收支详情、捐款捐物者的姓名及捐助数目、捐款捐物团体与单位及捐助数目等内容详细登载于《北平贫民救济会征信录》，并于每年6月、7月公之于众。这样不仅可以提高慈善资金使用的透明度，而且也可以提高慈善募捐在民众心目中的公信力。

（二）小本借贷

小本借贷作为对贫民的一种施救措施，早在1919年北京便设立了官办的贫民小本借贷处，旨在采取"微利或不计利息的方式将小额款项借贷给贫民进行小本经营，使他们能够自强自立，摆脱困境"①。当时北京官方的贫民小本借贷处是由京都市政公所筹资创办的，在市内设立两处营业点，向从事

---

① 袁熹：《近代北京的小本借贷处》，《今日科苑》2008年第19期。

小本生意的贫民发放无息贷款。贷款金额为铜元 200～300 元，银圆 2～5 元，实行整借零还，归还期限以 70 日为限。① 这一救助举措为濒临破产贫民的生计注入了活力。

南京国民政府成立后，随着国都地位的丧失，北平的城市发展"因政治力量的抽离与诸多资源的流失，出现重大转变"②。久享国都尊荣的北平城顿失昔日的繁华而呈现一片萧条，各业疲惫，贫民增多。为了救济因资金缺乏而无力进行小本经营的贫民，1934 年 4 月，北平市政府在贫民小本借贷处的基础上创办了市民小本借贷处，并将北京政府时期的贫民小本借贷处改为市民小本借贷处，以示对受助群体人格的尊重。市民小本借贷处是北平市政府与金城银行合办的非营利性组织，该组织以低息贷款方式救济北平市因缺乏资本而无力进行小本经营的农、工、商业之市民。③ 为便于市民办理贷款，北平市政府在市内不同区属设立了诸多代办分所，如仅在南郊区属内就设立了玉莹代办分所、龙爪树代办分所、广安代办分所、大武基代办分所和西局代办分所。④

北平市民小本借贷处成立后，为规范借贷，北平市政府制定颁布了《北平市市民小本借贷章程》《北平市市民小本借贷监察委员会简章》《北平市市民小本借贷处组织办法》《北平市市民小本借贷处理事会章程》《北平市市民小本借贷处办事细则》《北平市市民小本借贷处放款规则》等法规制度。《北平市市民小本借贷章程》规定，市民小本借贷处将救国捐联合会拨付的救国捐余款 12 万元及市政府向银行借拨的 12 万元充作市民小本借贷处借贷资金，任何机关不得移垫他用。该借贷处事务分执行、监察两部，其中执行事务由市政府负责，监察事务由救国捐联合会负责。贷款利息在月息一分至七厘之间。该借贷处每年发放两期贷款，每半年为一期。⑤《北平市市民小本借贷监察委员会简章》规定，该监察委员会的主要职责为：每月检查该借贷处账籍一次；审核贷款存款及保证品数目，每半年一次，并将审核意见公布于众；审核法定该借贷处收支报告，每半年一次。⑥ 该监察委员会的设

① 王清彬等编《第一次中国劳动年鉴》，社会调查部，1928，第 118 页。
② 许慧琦：《故都新貌：迁都后到抗战前的北平城市消费（1928－1937）》，第 4 页。
③ 袁熹：《近代北京的小本借贷处》，《今日科苑》2008 年第 19 期。
④《北平市市民小本借贷处规章汇编》第 1 辑，张研等主编《民国史料丛刊》第 429 卷，大象出版社，2009，第 146 页。
⑤ 北平市政府参事室编《北平市市政法规汇编》第一辑，1934，第 22～23 页。
⑥ 北平市政府参事室编《北平市市政法规汇编》第一辑，1934，第 23 页。

立，对市民小本借贷事务起到规范监督作用，有利于这一救助措施的有效贯彻实施。在《北平市市民小本借贷处放款规则》中具体规定了贷款条件、贷款金额、贷款期限等内容。该规则规定，市民小本借贷处贷款分活期与定期两种，定期期限最多不得超过一年。凡年满 21 岁居住本市城郊一年以上，素来经营小本农、工、商业者，不论男女均可向该借贷处申请借款，借款数目每户以 1~200 元为限度。凡申请借款者，须觅殷实担保人或用相当抵押品，如以动产或不动产向该借贷处抵押时，该借贷处应调查鉴定其价格。借款人所借之款如到期未还，无论本息皆须自翌日起加算利息。① 同时，《北平市市民小本借贷章程》还严格规定了借款程序："借款本人须先到贷本处填写借本请求书，将其姓名、籍贯、住址、借款用途、拟借数目及保人姓名、籍贯、住址、职业等详细注明。申请表经贷本处派员调查核实，再通知其到贷本处签订借据，领取借款。"② 这些法规制度为北平借贷事业的良性运行提供了制度保障。

1934 年 4 月，北平市民小本借贷处开办后，曾得到了北平市民的极大欢迎，借款人极为踊跃，"每天借款者有二三百人之多，少的也有一二百人。平均每户借贷 14 元，贷款者多是借 10 元、20 元的家庭"③。据统计，1934 年金城银行在北平发放的小本贷款达 61757 元，发放户数为 3825 户。④ 1935 年，金城银行在北平的小本贷款业务有了更大的发展，共办理贷款 9799 户，计 128327 元，其中工业、农业、商业的贷款户数分别为 1471 户、3721 户、4607 户，贷款金额分别为 22752 元、57766 元、47809 元。⑤ 1937 年 6 月，金城银行在北平、天津、南京、汉口等八地的贷款放款总额数中（表 4-13 所示），南京贷款金额最多，为 13.5 万元，其次为北平与青岛，两地均为 12 万元。金城银行在北平的放款金额表明，北平市贫困市民对资金有急切需求。北平市民小本借贷处虽贷款金额不大，但对身陷资金匮乏之境的小本农、工、商业者来说，犹如雪中送炭，它为许多濒临破产的贫困市民提供了重操旧业的机会，使他们摆脱了因贫困而沦为乞丐、小偷的命运。时人也曾

---

① 北平市政府参事室编《北平市市政法规汇编》第一辑，1934，第 28~29 页。
② 袁熹：《近代北京的贫民小本借贷处》，《今日科苑》2008 年第 19 期。
③ 袁熹：《近代北京的贫民小本借贷处》，《今日科苑》2008 年第 19 期。
④ 中国人民银行上海市分行金融研究室编《金城银行史料》，上海人民出版社，1983，第 473 页；转引自朱静《金城银行上世纪二三十年代的小本贷款述评》，《中国社会经济史研究》2005 年第 3 期。
⑤ 席长庚：《北京金城银行》，《经济师》1998 年第 2 期。

指出："近年平市上小偷小窃强盗较诸从前实觉减少，此与小本借贷处之设立，实不无关系者也。"①

表 4 - 13　金城银行 1937 年 6 月小本贷款总额

单位：元

行　别	户　名	放款金额
北平分行	北平市政府市民小本借贷处	120000
天津分行	天津市小本贷款处	6000
上海总行	京市小本借贷处	135000
上海总行	江苏平民小本贷款处	100000
上海总行	吴县平民小本贷款处	80000
上海总行	兰溪小本贷款资金户	64000
汉口分行	汉口市小本贷款处	8000
青岛分行	小本贷款处	120000
总　计	—	633000

资料来源：《金城银行史料》，第 474 页；转引自朱静《金城银行上世纪二三十年代的小本贷款述评》，《中国社会经济史研究》2005 年第 3 期。

北平市政府创办的市民小本借贷处能否存在下去，关键取决于借款人的偿还情况。在创办之初，北平市民小本借贷处在向贫困市民发放贷款的同时，也对他们的偿还能力持一种怀疑态度，但随着小本借贷事业的发展，贫困市民的还贷情况并非如当初人们怀疑的那样。据《北通县第一区平民借贷状况之研究》一文指出，北通县第一区全区借款总户数为 852 户，其中不能还款的户数为 43 户，仅占借款总户数的 5.05%。在未能还款的 43 户中，因贫的占 20 户、赊账的占 12 户、因病的占 6 户、死亡的占 3 户、逃走的占 1 户、事业失败的占 1 户。② 从 43 户不能还款的原因中可以看出，除 1 户逃走躲避还款外，其余均为客观原因所致。北平贫困市民贷款的偿还情况使原先对此持怀疑态度的人解除了疑虑，他们称赞："穷苦平民，且遵守信用之处，实重于生命！"③

北平市民小本借贷处是在本市农、工、商业发展不景气的情况下出现的，是北平市政府对本市贫民实施院外救助的重要组成部分，并在救助贫困者的实践中得到了发展，它惠及了北平数万个贫困家庭，促进了城乡小本农、工、商

<hr/>

① 袁熹：《近代北京的贫民小本借贷处》，《今日科苑》2008 年第 19 期。
② 《北通县第一区平民借贷状况之研究》，张研等主编《民国史料丛刊》第 492 卷，第 322 页。
③ 施及时：《论小本借贷与民生》，转引自朱静《金城银行上世纪二三十年代的小本贷款述评》，《中国社会经济史研究》2005 年第 3 期。

业的发展，"对于稳定社会，发展生产，起了一定的积极作用"①。

第二节　北平官方救助的具体实践：以妇女、乞丐为对象的考察

　　南京国民政府前期，北平市政府以院内与院外的救助方式积极开展了对北平市弱势群体的救助，但真正能体现北平社会救助内涵的则是以院内收容方式为主的积极救助。本节通过对妇女、乞丐院内救助活动的考察，以期具体呈现北平官方救助的历史图景。

一　对妇女的救助

　　在中国漫长而古老的封建社会中，"三纲五常""男主外女主内"等封建话语建构了男性在现实生活中的主体意识，在不断的社会实践中固化为男女行事的指导思想，体现封建的社会关系、制度与规范，并最终形成男女公认的性别价值观。② 在男性独霸话语权的社会里，女性丧失了叙说自己历史和未来的话语权而沦为工具性客体，成为"沉默的他者（Other）"③。近代以来，随着西方女权主义的传播，妇女解放逐渐成为时代发展的最强音，特别是在维新运动及五四新文化运动的推动下，妇女权益日益受到政府及民间社会的关注与重视。

　　国都南迁后，北平贫困妇女日渐增多。据当时北平市社会局和公安局的统计，1929 年北平贫民共计 23.48 万人，其中贫困妇女 108145 人，约占贫民总数的 46.1%。④ 北平妇女贫困的主要原因是绝大多数妇女处于无业状态，据1932 年 4 月《北平晨报》的报道，根据北平市公安局第二科户籍管理室的各区署当年春季市内户籍统计的汇报，年龄在 16 岁至 50 岁的妇女人数为 116384人，其中有职业者为 2591 人，仅占该年龄段妇女总人数的 2.2%。⑤ 1936 年，

---

①　袁熹：《近代北京的贫民小本借贷处》，《今日科苑》2008 年第 19 期。

②　刘荣臻：《中共话语视阈中的乡村妇女解放》，《首都师范大学学报》2011 年第 1 期。

③　金李俪：《女性服饰蕴含的妇女话语》，《粤海风》2002 年第 1 期。

④　北平特别市社会局编《北平特别市社会局救济事业小史》，第 5 页。

⑤　《北平市有职业妇女春季新统计》，《北平晨报》1932 年 4 月 22 日，第 6 版。

据北平市政府秘书处的调查，截至当年 6 月，北平男女人数为 1533083 人，其中男性为 943429 人，女性为 589654 人。在男性人数中，无职业者为 436468 人，约占男性总人数的 46.3%；在女性人数中，无职业者为 544445 人，约占女性总人数的 92.3%。[①] 这些无业妇女在生活无助的情况下，逐渐沦为乞丐、妓女，或者自杀。一些贫苦家庭妇女、婢女、女丐、女伶、娼妓等女性群体亟待救助。

（一）妇女救助机构及管理制度

北平妇女救济院是北平市专门用于救济女性的救助机关，始创于清末，原名内城贫民教养院。1918 年，内政部将内城贫民教养院改为妇女习艺工厂，并附设济良所和疯人所。1923 年，济良所、疯人所相继迁出，妇女习艺工厂成为专门救济妇女的独立机关。1928 年，北平市政府在妇女习艺工厂和济良所的基础上成立了北平妇女救济院和北平妇女习艺工厂。北平妇女救济院内设临时收容部、残老部、工作部、儿童部、救娼部，妇女习艺工厂分刺绣组、挑花组、毛巾组、缝纫组、制鞋组、理发组、保姆组，对不同情形的妇女进行分部收养并授以一定的生活技能。[②] 1933 年，北平市社会局将妇女习艺工厂所有事务归并于北平妇女救济院[③]。1934 年，北平市社会局对原有各救助机关进行了精简改组，成立了统一管理北平社会救助的机构——北平市社会局救济院，其下设第一习艺部、第二习艺部、儿童部、收容部 4 部。此次改组将原妇女救济院中较年轻妇女收容至第二习艺部，残老妇女由收容部收容。1936 年，北平市社会局又将原第二习艺部内无技能之妇女及收容部之残老妇女、妓女并入妇女儿童部，进一步对其加强教养救助。

为规范对妇女救助的管理，妇女入院时须填写入院"声请书"（表 4 - 14）。此外，院女请领、妇女择配等均有严格的制度规定，这对规范收容妇女的管理以及保护收容妇女权益具有重要意义，如院女请领规则规定，请领者须限于下列条款之一者，方可申请请领：本人尊亲属或本夫领回抚养者、公私机关或团体任以职务者、娶为妻室者、领为养女者。在具备上述条件后，请领者须经过北平妇女救济院审查并征得院女同意，然后再上报北平市社会局核准后方可出院。请领院女者应由请领人填具详细"声请书"（表 4 - 15），并取具

---

① 北平市政府秘书处第一科统计股主编《北平市统计览要》，1936，第 12 页。
② 北平特别市社会局编《北平特别市社会局救济事业小史》，第 12 ~ 26 页。
③ 《社会局关于妇女习艺工厂归并于妇女救济院的令和向市政府报告归并情形的呈文》，北京市档案馆：J2 - 1 - 113。

本市区确经注册之商店保结呈送本院审核。凡请领院女为妻室者应由请领人填具详细"声请书"附最近4吋相片两张并取具本市区内曾经注册之商店三家"保结书"（表4-16）送请本院审核。但有下列情形之一者，不得领娶院女为妻室：无相当财产及职务者，有不治之疾病或残废者，无固定住址及确实铺保者。请领院女如有冒替、虐待、贩卖或用作婢妾及其违反"声请书"情事，应令该院女回院，由该铺保担负该院女一年以上之生活费，其涉及犯罪嫌疑者送法院办理。① 请领规则对请领人的条件、要求以及违反行为的惩罚做了明确规定，使院女的基本权利得到保障，体现了北平妇女救济院以维护院女权益为核心的救济理念。

表4-14　北平妇女救济院入院"声请书"

收文		声请书				
民国 年 月 日	字第 号	声请书				
附件		牌门址地	贯籍	业职	名姓	
					岁 年	

资料来源：《社会局关于妇女进出救济院的呈文及市府指令》，北京市档案馆：J2-6-29。

表4-15　北平妇女救济院领取院女"声请书"

中华民国　年　月　日 铺请保领人人	右虚全表假责所及任填冒注领均等谨系情此请事申领均人有实铺情保如负有完	铺保	被领人姓名	请领原因	与院女关系	同房亲属	现在住址	职业	籍贯	年龄	请领人姓名	声请书

资料来源：《社会局关于妇女进出救济院的呈文及市府指令》，北京市档案馆：J2-6-29。

---

① 《北平市政府公布妇女习艺工厂救济院规则》，北京市档案馆：J1-2-13。

表4－16　北平妇女救济院"保结书"

具保结人	具保人今保得领北平社会局救济院……情愿决不反悔如有虚假冒领及虐待转卖等情事均归保人负完全责任兹特出具本保结事实铺水印保结	保结				
		开设商号名称	现在住址	籍贯	年岁	具结人姓名

资料来源：《北平市救济院关于李连珠等人请领院女为妻的呈文及社会局的训令》，北京市档案馆：J2－7－1228。

院女择配规则规定，院内择配妇女具备以下条件者，方可择配：年龄在十六岁以上四十五岁以下者，无亲属具领者，未结婚或已无婚姻关系存在者，自愿者。凡具备上述条件之收容妇女，在征得北平市社会局同意后，将其姓名、相片、年龄、籍贯等张贴于本院门首或登报公布之。择配妇女为妻者须具备下列条件：有相当财产及正当职业者、未结婚或已无婚姻关系存在者，无不治之疾病或残废者，无不良嗜好者，有固定住址及确实铺保者。择配妇女为妻者须自行选择本院妇女，持本院会谈证前往与院女会谈，但以三次为限。请领院女如有冒替或做婢妾及其他违反"声请书"之各种情事，一经发觉除令该院女仍行回院即将请领人送交法院从严法办外，其铺保或出具证明书之负责人并应连带负责。① 北平妇女救济院妇女择配规则在保护婚姻当事人双方合法权益的同时，更多强调的是尊重婚姻当事人双方的自愿选择，自由婚姻在北平妇女救济院得到实践与推广。北平妇女救助机构在对无助妇女实施救助的同时，也使无数有情人终成眷属。据统计，1930年4月至1932年5月，北平妇女救济院择娶结婚案件共计60余起。②

妇女出院除请领、择配外，对于具备习艺期满却能自谋生计者、有生活技能者、投奔亲友谋生者、流落异乡家有恒业愿返原籍者之条件之一者，妇

---

① 北平市政府参事室编《北平市市政法规汇编》第二辑，1937，第22～23页。
② 北平妇女救济院编《平市社会局妇女救济院概况》，1932，第84页。

女救助机构应予以办理出院手续，但须令具妥实铺保。[①] 对于收容妇女教养6个月期满后，救助机构通过贷赀营业、介绍工作、资遣回籍等办法遣置。[②]

（二）妇女救助实践

北平妇女救助的现代转型，是与救助机构的管理人员有着密不可分关系的。1928年10月，北平妇女救济院成立后，北平特别市社会局"挑选了一批教育人士而非传统官僚进行管理，主要管理人员大都受过大学高等教育"[③]。如表4－17所示，根据1933年北平妇女救济院管理人员的统计，在该院17位管理人员中，有9位受过大学或师范教育，两位受教育状况不明，其余均为初中或职业学校毕业，可以说在这些管理人员中，几乎都是接受过新学教育的新型知识分子，特别是院长毛伍崇敏，她有留学日本受教育的经历。这些具有先进思想的新式知识分子以其现代的管理理念、科学的管理方法对北平底层妇女施以积极救助。

表4－17　1933年北平妇女救济院管理人员情况一览

姓　名	性　别	职　务	学　历
毛伍崇敏	女	院　长	日本东京高等师范学校
申秉静	女	主　任	北平平民大学
赵宗熹	男	事务主任	不详
王继礼	男	公务主任	北平郁文大学
赵振家	男	书　记	北京师范大学附中
楚玉珍	女	教　员	开封玛利亚女子中学
吴昕方	男	主课教员	香山慈幼院旧制师范
刘晶君	女	缝纫教员	保定第二女子师范学校
艾阴先	女	刺绣教员	女子职业学校
张纫秋	女	编织教员	北京女子职业学校
任秀珍	女	理发教员	女子理发学校
魏香圃	女	经销员	香山慈幼院高师二年肄业

① 北平市政府参事室编《北平市市政法规汇编》第二辑，1937，第21页。

② 《北平市政府关于公布修正颐和园事务所章程》《社会局救济院章程给颐和园事务所的令》，北京市档案馆：J21－1－736。

③ 李少兵、王明月：《"教育救济"：1917～1937年北京新型妇幼慈善事业的个案分析》，《首都师范大学学报》2010年第2期。

续表

姓　　名	性　　别	职　　务	学　　历
孙博泉	男	庶务员	怀幼第一师范学校
陆邦华	女	管理员	天津女子师范学校
林长桂	男	事务员	北平公立第三中学校
柳炳南	男	调查员	开封中州大学
祝韩丞	男	公务交际员	不详

资料来源：《铨叙部业送全国统计总报告初级调查表》，北京市档案馆：J2－1－116。

　　北平妇女救济院收容妇女如自愿入院接受救助时，须由自己或亲属提出申请，根据该救济院入院手续办理入院收容，院中妇女也有通过警察局等机构送入者。救助机关根据收容妇女的年龄、资质等不同情况，将其拨入临时收容部、残老部、工作部、儿童部、救娼部等不同部门进行分类救助。临时收容部将"临时入院之妇女，按其年龄体质能力，分别划归院内残老、儿童、工作等部"；残老部"收容残废衰颓之贫苦妇女，遂其余生，既无工作之可能，故为单纯之救济性质"；工作部"凡非残老少弱而又无习艺之可能者属之，分缝纫、烹饪、洗濯三组"；儿童部"不以女童为限，即男童亦得随母收容，但以十龄内外为度"，这些儿童需接受文化教育；救娼部"专事收容曾为娼妓之贱业妇女，教养择配、迁善自立"①。妇女入院后，该救济院发给每位妇女日常用品，如木梳、牙刷、毛巾、肥皂等。宿舍小间住十几个人，大间住二三十人。衣被由慈善捐助，也有少量是由社会局发给棉被用料制作。伙食费每人每月二元八角，每日两餐。院内常住西医助理一人，还请市内的中医为院女义诊，重病者则送协和医院社会服务部医治。

　　北平妇女救济院针对不同的收容群体施以不同的教养方法，如残老部专门收容残废衰颓且无劳动能力的妇女，对此类收容人员主要以"养"为主；儿童部收容10岁左右的男女儿童，由于其年龄尚小且处于学知识的时期，故对此类收容人员主要采用"教养结合，以教为主"的施救方法。该妇女救济院将符合习艺要求的妇女送往妇女习艺工厂，学习刺绣、挑花、缝纫、制鞋、理发等技能。受助妇女除学习谋生技能外，还得学习一定的文化知识。

　　北平妇女的施救情况，从《妇女习艺工厂见闻》一文中可见一斑。妇女习艺工厂经费由社会局发给，每月694元。妇女习艺工厂墙上悬有学生作品

---

① 北平特别市社会局编《北平特别市社会局救济事业小史》，第33～34页。

及由该厂遣嫁女子之结婚相片，相片中对偶方多为商人，年均在 30 岁以上，长袍马褂，胸佩红花。收容学生至 19 岁即由该厂中悬像待嫁，而待嫁之女子，亦未尽。该厂收容之女子约为 90 余名，其年龄自八九岁至 20 余岁不等。这些女子或曾身为便女，或系穷苦无依，或有父母但不能供给衣食。她们或由公安局送来，或由社会局登记派该厂收留，如无社会局命令，该厂无权擅自收留，因为该厂经费紧张无以供给粮食。在收容妇女中，如有家属者应于每星期日上午九时至下午五时接见。收容妇女每日六时起床，六时半早餐，八时半入工厂，十二时下工，十二时半午餐。下午二时上工，三时下工，三时至五时上课，五时晚餐。七时至八时自习，自习毕，即就寝。饮食除早餐为稀粥，余为窝头菜汤。妇女习艺工厂分二室，每室分二部，西为缝纫、刺绣二科，东为挑花、织袜二科。缝纫科 20 余人，刺绣科十七八人，织袜科 20 余人，挑花 10 余人。分科依个人意志而定。课室分东、南两屋，东屋教室可容六七十人，南屋教室可容 20 余人。东教室学生文化程度低，学习国语第五、六册，南教室学生文化程度较高，读国语第七、八册。①

1934 年，北平市社会局各附属救助救助机构实行归并改组后，北平市社会局救济院对收容人员的分配、施救等更加全面合理。对有一定技能之妇女，第二习艺部将视其资质分配习艺。收容艺徒每日学习六小时的挑花、刺绣、纺织、缝纫、烹饪等工艺，由本部工厂管理员设计指导，所制成品按件给资，并考核工作之优劣分别奖惩。为增进妇女学识设有补习班，学习两小时的国语、常识、公民等课程，由本部教员负责讲授。此外，本部还设有图书室，以增进其知识；设游艺室，以活泼其身心；设国术，以锻炼其体魄。每晨召集朝会，由本部主任授以古今格言、八德要旨，以期出院后在家为贤妻良母，在社会均能自立谋生。②

对无技能之成年妇女以及不愿为娼之妇女，第二习艺部设成年妇女班，授以国语、常识、公民、卫生等课程；设立女警班，选择曾受高小以上教育之妇女加以相当训练，以为将来投考女警做准备；设保姆班，授以医药常识、看护儿童方法；设理发班，授以理发技能，以备社会之需要；设简易手工组，以培养妇女习艺之基础，以期拨往第二习艺部习艺；设家庭缝纫班、烹饪班，以培养妇女持家之本能，以备择配后能主持家务。对 13 岁以下之

---

① 《妇女习艺工厂见闻》（上），《北平晨报》1931 年 11 月 18 日，第 6 版。
② 详见北平市社会局编《北平市社会局救济院特刊》的"本院概况（第二习艺部）"。

男女儿童，儿童部分设男儿童 4 班，女儿童 3 班，分别授课，其课程与简易
小学的大体相同。肄业期限为 4 年，4 年肄业后男儿童拨入第一习艺部，女
儿童拨入第二习艺部。对资质聪颖的儿童，该救济院将其送入市立中小学，
使其受到更好教育，费用由该救济院承担。妇女儿童上课时间每日均为 6 小
时，清晨例行朝会，由各部主任训话并对成绩优良及违反规则之妇女、儿童
分别予以奖惩，每日课外由各部教员、巡官分班授以游戏、国术。妇女儿童
教养之地还设有游艺室、图书室，供妇女儿童娱乐阅读。①

　　南京国民政府前期，北平官办妇女救助机构遵循甄别收容原则、甄别教
育原则和适用原则进行救助。甄别收容原则，即除残老妇女外，其余收容妇
女均以其年龄、资质、志愿分为"宜于习艺、宜于读书、宜于择配，使各随
志愿各得其所"；甄别教育原则，即根据不同的收容群体，施以不同的教育，
如"儿童部取特殊教育，妇女训练班取家事教育"；适用原则，即主要注重
培养收容妇女谋生技能，在"凡不能与市面争衡及耗资费事者概不采取"的
基础上，② 采取了"因人施救""注重实效"的救助措施，旨在培养收容妇
女谋生技能及自立能力，体现了北平官方妇女救助的科学性、实效性。

（三）妇女救助的绩效评析

　　自 1928 年至 1937 年，北平官方的妇女救助活动既是近代中国社会救助
事业现代转型的表征之一，又是近代中国妇女解放运动的时代回响。北平市
社会局救助机构成为本市陷入困厄境况下无助妇女的希望之家，成为她们躲
避风雨的理想港湾。翻开北京市档案馆尘封的档案，我们会发现当时有许多
无助之女向北平市社会局救助机构发出了求救之声，如家庭妇女董阎氏因不
堪其夫董吉及夫妾之虐待，自投北平妇女救济院，请求救济③；妓女王何昭
不愿继续为娼，请求将其送入济良所安置④；使女王兰香因时受主人太太辱
骂，夜间乘隙外逃，请求公安局将其送入北平救济院进行安置⑤。尘封档案
中记载着北平许多无助妇女的求救之声，这些声音是那些不甘受辱的妇女为

---

① 详见北平市社会局编《北平市社会局救济院特刊》的"本院概况（妇女儿童部）"。
② 《救济院长毛伍崇敏拟定的厂院归并整理办法计划书》，北京档案馆：J2-1-113。
③ 《社会局关于妇女进出救济院的呈文及市府指令》，北京市档案馆：J2-6-29。
④ 《北平市地方法院检察处关于妓女王何昭送妇女救济院收容的函》，北京市档案馆：J181-
　20-7121。
⑤ 《北平市救济院关于王兰香、金小霞等十六人入救济院的呈文及社会局的训令》，北京市档
　案馆：J2-7-123。

争取妇女权益，实现妇女解放发出的呼声，而北平市社会局救助机关则是这一呼声的回应者。如《平市贫苦妇女之福音》一文中指出："如有流离无归之妇女，尽可自行投局，即可收容，有食有住有衣，有学可求，有工可作，只稍受相当时期之教养，即可谋独立之生活，慈航普度，拯弱扶危，可谓大开方便之门。"①

南京国民政府前期，受西方先进救助理念的影响，北平妇女救助事业向现代化方向发生了转变，其变化主要表现在以下几方面。一是从以"妇道"为主旨，以"养"为主要施救内容的传统救助方式向强调"教养结合，以教为主"的现代救助方式转变。现代妇女施救强调在"养"的基础上，更加重视对受助妇女谋生技能的培养及文化知识的传授，目的在于培养受助妇女的自立能力，使其在未来能够自谋生路，避免再次沦为弱者，从而实现妇女的自立自强。二是救助机构从传统的"善堂、善会"转变为现代的"救济院"。二者在管理体制、组织结构、制度化建设、救助内容等方面都有着显著差异。"善堂、善会"更多通过传统的人治模式对救助机构实行管理，强调的是对受助人的儒学教化；"救济院"更多通过法制化、制度化建设来加强对救助机构的管理，强调的是受助人的发展。三是救助机构施救的旨趣从传统的"民众称颂德政""福祸报应"转变为谋求"完善教养""社会进步"。②

北平市社会局救助机关在对底层妇女救助的实践活动中，虽然极大地推动了北平妇女救助事业的发展，但在当时特定社会环境下，北平妇女救助事业又不可避免地存在着某些缺陷。从收容人数看，受国都南迁以及灾害、战乱的冲击，北平妇女弱势群体的数量也在不断增加，仅就贫民而言，1929年北平贫民为23.48万人，其中贫困妇女108145人③，在北平男多女少、性别比例严重失调的情况下，"妇女在总人口中的比例不到37%，但在贫困人口总数中却占到46%以上"。可见，妇女从整体上来说更为贫困。④ 这些贫困妇女人数，还不包括婢女、灾民、难民、娼妓等群体。但从北平市社会局妇女救助机构的收容人数看，1929年至1935年，当时北平最大的妇女救济机

---

① 《平市贫苦妇女之福音》，见1930年2月14日的《北平日报》。
② 李少兵、王明月：《"教育救济"：1917～1937年北京新型妇幼慈善事业的个案分析》，《首都师范大学学报》2010年第2期。
③ 北平特别市社会局编《北平特别市社会局救济事业小史》，第5～6页。
④ 董丁瑜：《1928～1937年北平妇女救济研究》，《北京科技大学学报》2008年第6期。

构北平妇女救济院收容妇女最多时也不过 354 人①，相对于数量庞大的妇女弱势群体，北平妇女救助机构的规模过于狭小，施予的救助仅仅是杯水车薪。从救助经费上看，经费的短缺是造成北平妇女救助机构救助规模狭小的主要原因。以北平妇女救济院经费为例，其经费来源主要由社会局拨给。1929 年北平市社会局每月拨给该妇女救济院经费 1300 元②，但从 1932 年 2 月份起，每月经费减为 1200 余元③。虽有个人或团体捐助的款项、物品和本院营业收入，以及领取院女为妻所付伙食费等，但总体数量有限。救助机构经费的短缺严重制约了对弱势妇女的收容人数：1928 年"妇女习艺工厂仅能容纳百人，妇女救济院虽能容纳六七百人，但无充裕之经费广事收容"，"妇女救济院自 1928 年 8 月起至 1929 年 2 月止平均每月收容人数二百三十二名"，④ 至 1935 年，北平市社会局救济院全年收容妇女人数仅为 246 人⑤。从管理上看，北平妇女救助机构的管理也存在着不足，如 1937 年 1 月 14 日《民声报》刊载的《想起了妇女救济院》一文曾指出："每天晚八点钟一律将她们赶进寝室，锁上房门，无论是你困不困，或者在夏天热的要死，一律要赶进屋去的。有的因为吃了带糠和沙子的小米饭，就闹泻肚子，不问你如何着急要上厕所，也须等着喊破嗓子，哀求值夜的去到管理员那里，讨来钥匙开了门，才能得着拉屎的自由。"⑥ 北平官方的妇女救助虽然存在着某些不足，但它毕竟为北平身陷困境中的妇女提供了避身的港湾，其在救助理念及救助方式上进行的富有建设性的探索与改革，对实现北平妇女救助的现代转型及促进北平妇女救助事业的发展具有重要意义。

二　乞丐的救助

（一）乞丐概况

近代以来，由于连年的战争、频发的灾害等原因致使许多人背井离乡而

---

① 《北平市收容机关和施赈机关调查表》，北京市档案馆：J2 - 6 - 5。

② 《北平妇女救济院》，《地球》1929 年第 10 期，参见董丁瑜《1928～1937 北平妇女救济研究》，《北京科技大学学报》2008 年第 6 期。

③ 北平妇女救济院编《平市社会局妇女救济院概况》，1932，第 2 页。

④ 北平特别市社会局《北平特别市社会局救济事业小史》，第 39～41 页。

⑤ 《1935 年 1～12 月份救济院入院收容人清表》，北京市档案馆：J2 - 6 - （65 - 67，69 - 77）。

⑥ 乐山：《想起了妇女救济院》，《民声报》1937 年 1 月 14 日。

沦为流民[1]，"流民问题已普遍存在于全国的任何穷乡僻壤，并且日益严重化了"[2]，作为首善之都的北京自然成为周边省份流民求生的渴望之地。李鸿章在上奏朝廷时曾指出："值灾歉频仍，罗掘待尽，外来饥民无所得食，纷纷到京，京城粥厂骤增。"[3]

20世纪二三十年代，受军阀混战、自然灾害的影响，北平的流民涌入并未因国体的变更而有所减少，流民人数反而增多。据统计，1929年北平市人口中为本市籍贯者只有386075人，约占市总人口的41.96%，其余58.04%的人口均为外来人口，其中以河北省人数最多，约占总人口的1/3，其次是山东、山西、河南，甚至还有西藏、青海籍的人士。[4] 据《北平市统计览要》统计，1936年的北平有北平市籍贯者为651021人，约占市总人口的42.46%，外来人口为882062人，约占市人口总数的57.54%。在外来人口中，又以河北省人口占多数，约占外来人口总数的69.84%，其次为山东、山西、辽宁等省的人口[5]。流民的涌入以及国都的南迁引发了北平乞丐大量增加，据《北平晨报》报道："近来，北平的乞丐特别多见。大街上还比较少，小巷或僻巷则到处都能见到他们的足迹。在门口叫'老爷太太'的，每天可以到十次以上，这其中以残老者为最多，避难来平者次之。在街上讨钱的则以小孩妇女为主，女的坐在旁边嚷，孩子们则跟着洋车跑或随着行人走。"[6] "频年浪迹烟波，足迹所到，印象最深而亦最坏者，厥为每到一地，必遭无数乞丐纠缠，彼等蓬头垢面，鹑衣百结，并立道旁，行乞之术至多，花样不一，有故涂赤血于肢体，伪装残废者，有故将头面叩地并以手槌胸者，又有书字于地，故示自己满腹文章而遭遇堪怜者，怪状百出，叫苦乞怜，务使闻着同情，见者恩恤，真令人感慨无限！"[7]

---

① 流民的含义有四个方面：丧失土地而无所依归的农民；因饥荒或兵灾而流亡他乡的农民；四处乞求的农民；因自然经济解体的推力和城市近代化的吸引力而盲目流入都市谋生的农民，尽管他们有的可能还有小块土地。参见池子华《中国近代流民》，社会科学文献出版社，2007，第4页。

② 池子华：《中国近代流民》，第1页。

③ 中国第一历史档案馆藏朱批奏折内政，赈济类，光绪十九年九月十二日；转引自王娟《近代北京乞丐问题简述》，《历史档案》2008年第2期。

④ 袁熹：《近代北京城市人口研究》，《人口研究》2003年第5期。

⑤ 北平市政府秘书处第一科统计股主编《北平市统计览要》，1936，第11页。

⑥ 《乞丐该当如何处置》，《北平晨报》1932年10月8日，第12版。

⑦ 《收容乞丐及救济贫民之对策》，《仁爱》第1卷第1期，1935，第97页。

"世界乞丐之多，咸谓以中国为第一，中国尤以北平为最。"① 随着北平乞丐人数的增多，乞讨的竞争也随之激烈，促使乞讨手段名目繁多。南京国民政府前期，北平乞丐的乞讨名目有赶孙、白项、唱柳、苦条、乡娃等。赶孙又名追兔，指乞丐在街上追随行人乞讨，并追车磕头哀乞。白项是丐头对哀乞索要乞丐的称呼，该类乞丐不仅要钱，而且也要食物，是乞丐中最贱者。此类乞丐分为两种：一为年老或残废之人，坐于墙隅之下或大道之旁，向人哀乞或哭诉；二为男女老幼每日串行街巷中，按户呼叫哀求者。唱柳分为两种：一种为唱曲乞钱者，如在各娱乐场、庙会、茶馆等地，皆有此项唱柳乞丐，这些乞丐有打竹板唱莲花落者，也有自拉胡琴唱二黄者；二为按户乞要者，见景生情顺口唱念亦有所学确定之词，业此者以外县人为多。苦条分为一真一假，所谓"真苦条者"，即是一种叫街乞丐，多半为失目之人，在街巷中且行且叫，呼叫之词句、声音惨不忍闻；所谓"假苦条者"，多为一般外埠之人，男女老少集在一处，不是售卖小孩，就是求人抚养，有收留者则每日必来勒索，有看之可怜而施助者，亦是不时来扰。乡娃即指以此为业之乡人。每至冬季相继而来，身穿皆是极厚之棉衣，头上一条蓝布手巾，追车赶人磕头礼拜，乞素钱文，至春季而相继离去。此项穷人家内皆自有田地，每年秋后无事，全家外出乞讨，至春暖种地之时而走，以此为一种营业也。②

在北平数量庞大的乞丐中，除如乡娃之类的流动乞丐外，还形成了一个规则完备、纪律严明、权利分明的职业乞丐团体，不入其门者不能为乞丐。这些职业乞丐团体通常有自己的门派，"一个乞丐暂时在一名首领领导下组织起来是中国城市常有的特征"③。如北平市有一种乞丐头目称为"团头"，也称"赶儿上"，负责掌管一方乞丐。乞丐中有红项白项之分，念词唱曲强讨恶化者为红项，叫街追车及按门哀乞者为白项。其身为乞丐之资格，有入行不入行之区别。入行者须自投团头之门，将名姓载入簿册，遇有死亡疾病之时，丐头查明酌量给恤，同辈之乞伙亦有分摊义务，不入行者无此权利。乞丐初入行之时，须将三日乞讨之资悉数献给丐头，名曰"献果"。乞丐入行之后据规则，每日乞得之资，须提出几成报效丐头，而丐头对新入行乞丐，指以行乞方法，示以为丐门径。在乞丐行规中有一种名为"罩门"的规

---

① 《乞儿收容所观光记（上）》，《北平晨报》1931 年 11 月 11 日，第 6 版。
② 《乞丐（社会调查二）》，《北平日报》1929 年 11 月 19 日，第 7 版。
③ 刘海岩等：《城市史研究》第 19～20 辑，天津社会科学院出版社，2000，第 68 页。

则，即指遇有婚嫁、丧葬之事，或住户办寿、商店开张，得预先报明丐头，议定相当价目，丐头即发一葫芦式纸，贴于办事者之门首（即此名为"罩门"），群丐见之望望即去。如再有乞丐在贴有罩门办事之家索扰，本家可报知丐头，由丐头提皮鞭责罚乞丐。丐头对办事之家之索资，自己提三成，其余十分之七按名分给群丐。对入行乞丐如遇有非常变故不能行乞，经查明后，丐头负接济抚养之责。①

毛泽东曾指出："中国的殖民地和半殖民地的地位，造成了中国农村中和城市中的广大的失业人群。在这个人群中，有许多人被迫到没有任何谋生的正当途径，不得不找寻不正当的职业过活，这就是土匪、流氓、乞丐、娼妓和许多迷信职业家的来源。"② 乞丐作为社会的弃儿，其乞讨行为是生活逼迫下的无奈选择，"蓬头垢面，鹑衣百结，并立道旁""怪状百出，叫苦乞怜"是乞丐形象的生动写照。"乞丐是受鄙视的贱业，然而当乞讨成为职业，行乞形成组织，弱势群体真正形成群体时，弱势也就转变为强势"③。在北平被收容的乞丐中，绝大多数乞丐年龄在 20 岁至 50 岁之间。1937 年 1 月，由北平市警察局送交的 77 名乞丐中，年龄在 20 岁至 50 岁之间的乞丐人数为 44 人④，而且男丐远多于女丐。1930 年 11 月 22 日，北平乞丐收容所收容乞丐人数为 660 名，其中男丐为 554 名，约占收容乞丐总人数的 83.9%。⑤ 北平乞丐不仅影响城市卫生和市容观瞻，而且当他们"乞讨不足，即生盗窃之事，妨碍公安，扰害民生"⑥，严重扰乱和破坏了社会秩序，所以，如何治理乞丐问题就成为北平市政府亟须解决的主要社会问题之一。

（二）乞丐救助机构及制度建设

晚清至南京国民政府前期，北平乞丐收容所经历了三个发展时期：（1）在前清六部时期，北京设有内城贫民所和外城贫民所，用以收养贫民、乞丐。（2）民国北京政府时期，"国步既移，外城贫民所改为第二习艺工厂，

---

① 《乞丐（社会调查一）》，《北平日报》1929 年 11 月 18 日，第 7 版。
② 毛泽东：《毛泽东选集》第二卷，人民出版社，1991，第 645～646 页。
③ 任吉东、毕连芳：《弱者的武器：近代中国城市乞丐的生存文化》，《历史教学》（高校版）2007 年第 3 期。
④ 《北京特别市警察局临时乞丐收容所关于转送救济院老弱病残乞丐名册》，北京市档案馆：J181－22－999。
⑤ 《北平特别市乞丐收容所现有、新收人数的呈》，北京市档案馆：J181－33－607。
⑥ 《市立救济院收容之乞丐竟以人满企图暴动》，《益世报》1934 年 8 月 11 日。

内城贫民所则取消"①，北京政府于天桥曾设乞丐栖留所，所谓栖留所，乃只管住，不管吃，后来也曾改名为乞丐收容所，但与1929年成立的乞丐收容所相比，虽名称相似，但施救内容不同。（3）南京国民政府时期，1929年北平特别市政府设立乞丐收容所，由栖留所改名的乞丐收容所也随即取消；1929年秋，张家口遭水灾，逃难来北平的难民颇多，为救助来京难民，北平市政府在西直门外某庙设立了一所临时难民收容所，后该难民收容所也并入北平市乞丐收容所。

1929年，北平特别市政府为了加强对本市乞丐的治理，在地安门内大街路西雁翅楼内设立了乞丐收容所，由王鸿诰任所长，对收容乞丐施以教养结合的积极救助。所内经费由社会局每月拨给181元，在收容所管理上，市公安局也派员参加。乞丐收容所分残老部、感化部、工作部、幼弱部、妇女部。收容乞丐最多的是残老部、感化部二部，工作部收容的乞丐均为壮年乞丐，男女均有。工作部由于经费所限，仅有理发与制鞋二种，理发即以乞丐中有理发手艺者为导师，带领学徒专为本所乞丐理发，以重清洁；制鞋也以乞丐中有制鞋技能者充任导师，纳底者多系男工，做鞋帮者多系女工，制成品仅够本所乞丐穿用。②

在1934年北平各救助机关的归并改组中，乞丐收容所的各种救助职能由北平市社会局救济院相关职能部门承担。据《北平社会局救济院特刊》记载，北平市社会局救济院于1934年将乞丐收容所改为救济院收容部下设的残老感化组，对残老和应受感化的乞丐由收容部残老感化组负责，其他乞丐则根据实际情况分别拨入第一习艺部、第二习艺部、儿童部实施救助。表4－18所列1935年1月下旬救济院收容人清单，比较清晰地呈现了分组情况。1936年9月，又将收容部改为劳工部，劳工部收容人员多系无业游民及应受感化之男子，本部设有土木工、劳役、感化残老等组。凡年壮力强之男子分别归入土木工组、劳役组，授以简单土木工种及修沟筑路常识技能，并选其中会习土木工技艺及对于修沟筑路有经验者分别充当组班长随时教导，并协助队长带领组员赴各处工作，本市工务局及团体学校所雇用者为多，收费至为低廉，每日每工工价由一角五分至二角。③其他收容乞丐则由第一习艺部、第二习艺部、妇女儿童部负责教养。

① 《乞丐收容所访问记（一）》，《北平晨报》1932年11月29日，第6版。
② 《乞丐收容所访问记（二）》，《北平晨报》1932年11月30日，第6版。
③ 北平市社会局编《北平社会局救济院特刊》，"本院概况·劳工部"。

表 4-18　1935 年 1 月下旬北平市社会局救济院收容人清单

姓名	年龄	籍贯	性别	入院缘由	入院日期	拔入部组
胡吉祥	六四	宛平	男	内二区送乞丐	二十一	收容部
戴文成	四三	山东	男	外四区送乞丐	二十一	收容部老残组
王石氏	五九	山东济南	女	外四区送乞丐	二十一	第二习艺部
张朱氏	三四	河北定县	女	自投	二十一	第二习艺部
舒荣汉	三一	河北宛平	男	自投	二十一	第一习艺部
德傅氏	六七	北平	女	自投	二十三	第二习艺部
段启熊	二三	北平	男	自投	二十三	收容部感化组
张孝清	三二	山西蒲州	男	协和医院介绍	二十三	收容部
王文奎	六〇	河北顺义	男	外五区函送贫民	二十四	收容部
沈德林	二九	北平	男	票交	二十四	收容部
陈和清	六六	保定	男	票交	二十五	收容部
王柱儿	十	张家口	男	票交	二十五	儿童部
孙福成	十七	河北文安	男	内四区函送乞丐	二十八	收容部
张发元	五一	河南商丘	男	外一区函送乞丐	二十八	收容部
王金山	四〇	山东海丰	男	内一区函送乞丐	二十九	收容部
赵俊	五八	河北武义	男	内一区函送乞丐	二十九	收容部
李德庶	三三	河北大名	男	内一区函送乞丐	二十九	收容部
王光华	三四	河南南阳	男		二十九	收容部
陈国纪	四十	河南固安	男	票交	三十	第一习艺部
吴德贵	二八	察哈尔	男	内二区函送乞丐	三十一	收容部
杨世范	十七	北平	男	外二区函送乞丐	三十一	收容部

资料来源：《救济院送民国二十四年一月份收容人清表给社会局的呈文》，北京市档案馆：J2-6-69。

北平特别市乞丐收容所成立后，北平特别市社会局制定公布了《北平特别市社会局乞丐收容所简章》①，其内容如下：

第一条　本所以收容市内乞丐实行救济施以教养为宗旨。

第二条　本所隶属于北平特别市社会局。

第三条　本所收容乞丐以其性别年龄能力气质分左列五部施以各别之教养：

（一）残老部，（二）工作部，（三）幼弱部，（四）感化部，（五）妇女部。

---

① 北平特别市市政府秘书处：《北平特别市市政公报》1929 年第 15 期，第 2 页。

第四条　收容期间以六个为一期，期满后分别遣置。

第五条　遣置办法分左列四款，以收容后所受教养之状况定之：

（一）贷资营业，（二）介绍工作，（三）资遣回籍，（四）送入救济院。

第七条　收容处所及经常各费由社会局筹定。

北平特别市乞丐收容所简章具体规定了收容所的宗旨、乞丐的收容期限、期满后的遣置办法、经费来源等内容，为乞丐救助事业的规范发展提供了制度保障。

1934年北平市社会局救济院成立后，经市政府批准，社会局制定公布了《北平市社会局救济院章程》，该章程明确地将游手无业者、流离失所者纳入救济对象，并用游手无业者、流离失所者来代替具有歧视意义称谓的"乞丐"一词，表明政府对受助乞丐权益的重视。该章程还详细地对收容乞丐的教养期限、教养内容、遣置办法等做了规定。1936年制定公布的《北平市社会局救济院章程》，是在1934年救济院章程的基础上，根据救助机构的变革而进行了适当的调整，如收养对象由原来的10种情事调整为8种。1937年1月，北平市社会局还公布了《北平市社会局救济院办事细则》《北平市社会局救济院收容人入院出院章程》《北平市社会局救济院请领养子养女规则》等规章，如《北平市社会局救济院办事细则》规定，劳工部具体负责关于收容男女残老贫民教养事项、关于劳工队外出工作之率领监督指导事项、关于本部收容人土木工程技术之教授劳役之训练考核勤惰奖惩事项、本部收容人教育事项等。[①]

北平特别市乞丐收容所，在历经1934年、1936年北平救助机构的归并改组后，被纳入北平市社会救助机构的统一管理之中。在相关救助制度的规制下，北平的乞丐救助事业步入了近代化的发展时期。

（三）乞丐救助的实践活动

近代以来，受西方社会福利思想的影响，晚清政府的社会救助措施逐渐由传统社会的重养轻教向具有近代意义的教养并重转变。如1906年，北京设立外城教养女工厂，用以"收无业女乞丐入厂学习工艺，使有恒业，以谋衣食，不至流离失所"，并规定"厂中所收女丐除废疾、恶疾及年老或不堪

---

① 北平市政府参事室编《北平市市政法规汇编》第二辑，1937，第81页。

工作者另送养济院外，其年在五十岁以内者，皆得入厂学习工艺"。[1] 1910年，北京设立了外城贫民工厂，"专收无业精壮游民，年在十六岁以上四十岁以下者入厂学习，俾有恒业，得以自谋生计。附设小学堂，收年幼贫民，授以浅近学科，俾略具普通知识，卒业后量其资质分别办理"。教授的科目有手工及浅近文艺两种。手工有织呢、织布、织毯、制造铜锡器皿、印刷、织带、缝纫、搓绳、编制藤竹各器；文艺有讲演普通有益身心之学说及关于伦理之故事、日常应用之粗浅文字、心算笔算珠算之加减乘除、图画体操等。[2] 北京政府时期，北京设立了游民习艺所，"专司幼年游民之教养及不良少年之感化等事项，以获得普通知识、谋生技能为宗旨"[3]。

南京国民政府前期，为了更好地加强对北平乞丐的救助管理，1929年，北平特别市政府成立了专门用以救助乞丐的乞丐收容所，同年该所收容乞丐为876人（图4-15），其中河北籍乞丐人数最多，为658人，约占收容乞丐的75.1%，其次为北平籍、山东籍等乞丐。北平乞丐收容所收容人数随季节变化，夏季人数较少，冬季人数较多，夏季收容乞丐一般在300余人，冬季则逐渐增加，尤其是遇大风雪后，收容人数，必见猛增。1930年收容乞丐最多，超过900人，1931年最多人数则在800以上[4]北平乞丐收容所根据收容乞丐的资质、性别、年龄等特征，施以不同的救助。如该所为培养所收容乞丐的谋生技能，在收容之幼弱或青年乞丐中，选择较为聪颖者，授以课程，名为儿童教育班，并于班内附设音乐队，教导幼弱乞丐练习鼓乐，以辅社会上婚嫁祭奠之需。"现在该音乐队练习音乐已颇谙熟，常为各界招用。前日西城养蜂夹道育婴堂开成绩展览会时，即招该音乐队前往奏乐"。该乐队每月可外供二次至三次，每次可得点心钱五元。[5] 对于感化乞丐，该所采取了以下应对措施：遇有吸食白面或扎吗啡之乞丐，则采取强制措施，使其戒绝，无有他法；生疮疥之乞丐，则中央医院有西医来诊，施以免费治疗；对于不务正业之乞丐，本所职员轮流训话，施以劝导，北平佛教会人员及基督教会人员，亦轮流至本所，施以讲演。[6]

---

① 《外城教养女工厂章程》，参见田涛等整理《清末北京城市管理法规》，第315～316页。
② 《外城贫民工厂章程》，参见田涛等整理《清末北京城市管理法规》，第349～354页。
③ 《游民习艺所章程》，蔡鸿源主编《民国法规集成》第14册，第205页。
④ 《乞丐收容所访问记（一）》，《北平晨报》1932年11月29日，第6版。
⑤ 《乞丐的出路》，《北平晨报》1931年3月2日，第6版。
⑥ 《乞丐收容所访问记（二）》，《北平晨报》1932年11月30日，第6版。

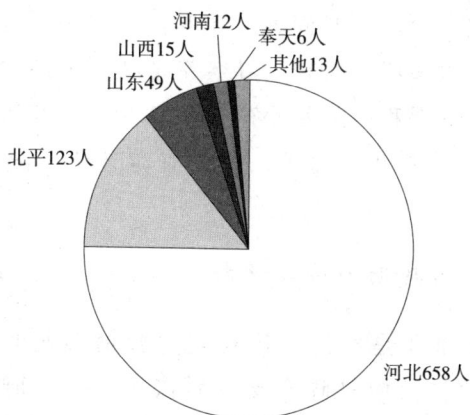

图 4 – 15　1929 年北平特别市收容乞丐籍贯统计
说明：本图收容人数由北平特别市社会局附设乞丐收容所调查而来。
资料来源：《北平市市政公报》第 48 期，1930。

北平乞丐收容所设有浴池，所有初入该所乞丐，均需先洗浴，方准入所。所内乞丐每星期洗浴二三次不等。此外，所内还设有理发室及重病室，均派专人负责管理。由于经费所限，本所医生及药品均无，但每周由中央医院轮流施医，所有药品亦由该院提供。① 所内乞丐，每日三餐，早餐为小米粥，午餐及晚餐为窝头，但每周之一、三、五日午餐改食白面馒头。② 北平乞丐收容所收容之乞丐，除自行投所外，其余均由市公安局各区署捕送入所，收容乞丐如欲出所，须由其亲属保证其不再乞讨，始可照准。该所收容乞丐计工给酬，如乞丐年壮力强者，即令其在工作部工作。年幼儿童，特为之开一教室，授以浅近之教育，并令其在该所培幼乐队学习音乐，队员外出工作一次，将所得收入，提出一部分，分配于各队员，以示酬劳。如乞丐在工作部工作，每月亦均有相当津贴。③

1934 年，北平各救助机构改组后，对应感化之乞丐除授以简单土木工程及修沟筑路常识技能并使其参加一定的体力劳动外，每晨由职员训话，或每日授以普通常识，讲述各项规则、公共道德及修生要义，以期悔改。残老男妇由职员每日做精神讲话，并有无线电播音机按时播放以供娱乐，使其出院后不致再堕落。对 13 岁以上之男乞丐，须学习印刷、

① 《乞丐收容所访问记（三）》，《北平晨报》1932 年 12 月 1 日，第 6 版。
② 《乞丐收容所目下收容三百人》，《北平晨报》1933 年 10 月 2 日，第 6 版。
③ 《乞丐收容所感化部死亡率最大》，《北平晨报》1934 年 3 月 7 日，第 6 版。

机织、手工等工艺，除习艺时间外，还开设补习班，每日下午一时至二时为上课时间，授以国语、珠算、习字等课程。对 13 岁以下之男女乞丐主要以授课为主，其课程与简易小学的大体相当，每天上课时间为 6 小时。课外由教员授以游戏、国术，并设有游艺室、图书室以锻炼其身心，增进其智能。①

（四）北平乞丐救助的绩效评析

北平乞丐救助事业是对清末民初乞丐救助事业的继承和发展，是北平在丧失国都地位及中央政府支持后依靠本市政府力量开展的社会救助活动。这一时期，北平乞丐收容所经过 1934 年、1936 年救助机构的精简改革实现了资源的优化与配置。北平乞丐救助机构与其他社会救助机构统一由北平市社会局救济院管理，这是清末民初北京乞丐救助机构未曾有的面相，也是南京国民政府前期北平社会救助事业发展的主要特征。

相较于北平市数量庞大的乞丐而言，北平市社会局救助机关收容救助的乞丐只是九牛一毛，但对于挣扎在生存线上的乞丐而言，这种救助无异于汪洋大海中的一根救命稻草。北平救助机关在为无助乞丐提供食宿的同时，也对其进行生存技能的培养以及思想道德的教化。北平市政府对乞丐的积极救助不仅解决了部分乞丐的生计问题，而且在一定程度上缓解了乞丐对北平市容的干扰、破坏。据《北平晨报》报道："两年来北平市内乞丐已减少，在通衢中且甚罕见。至于夜中大喊'老爷太太修好吧！'的提筒叫花子，则似已绝迹。""社会局收容之举，不独为贫苦无告者之福音，且有关国体者实大。"② 但因北平救助机构经费短缺，收容所房屋狭窄，预备食粮不足，仅经警察解送收容之大批乞丐，"已大有人满为患，其后来解送者，竟无收容之隙地"③。此外，救助经费的短缺也使收容所设备不全，特别是习艺工厂的设备更是缺乏，所以有时会出现收容所对收容乞丐只是予以变相的监禁，一群老少男女，吃了睡睡了吃，成日无所事事。④

---

① 北平市社会局编《北平社会局救济院特刊》，"本院概况"。
② 《乞儿收容所观光记（上）》，《北平晨报》1931 年 11 月 11 日，第 6 版。
③ 《平市救济所无法收容，所有乞丐势难肃清》，《顺天时报》1929 年 8 月 25 日，第 7 版。
④ 《乞丐该当如何处置》，《北平晨报》1932 年 10 月 8 日，第 12 版。

小　结

1928 年，北平在剥离长期以来深受国都地位的政治影响后，步入了一个较为自由独立的发展时期。北平市政府根据本市社会发展的需要，建制了一套由社会局统一掌管的救助机构，并在救助实践活动中不断对其精简改革，使北平社会救助机构逐步趋向科学、完善。为了对本市受助群体开展分层救助，北平市政府采取了院内收容救助与院外施粥、发放赈物及贷款救助相结合的施救方法，这些救助方式扩大了北平的受助对象，使更多的弱势群体得到救助。

南京国民政府建立后，随着国家权力的延伸，逐渐加强了对民间社会的控制。国都南迁后，面对繁重的救助任务，北平市政府主动地介入本市社会救助的活动中，成为当时北平社会救助事业的策划者、执行者、主导者。而政府的主导主要体现在对有关社会救助政策、法律、法规等的制定、执行以及开展救助活动等方面。政府的主导有利于规范社会救助事业的健康发展，有利于调动一切社会力量来支持社会救助事业的发展。但过多的政府行为会引发人们的"爱心疲劳"，不利于民间慈善力量的发展。经费短缺是限制北平社会救助事业发展的重要瓶颈之一，无论是院内救助还是院外救助，经费短缺始终是制约当时北平社会救助事业发展的主要障碍，所以促进社会救助事业发展应与促进社会发展相结合，而稳定的政局和社会环境是促进社会发展的必要前提。

第五章　民间施救：北平慈善组织的
社会救助活动

　　慈善组织是慈善事业运行的主要载体，也是社会救助事业发展不可或缺的重要力量。作为一种非正式的社会支持网络，慈善组织具有广泛的普适性，能够解决许多政府难以顾及的问题，并与政府形成一种合作、互补、共进的关系。[①] 所以，全面考察慈善组织的发展概况、实践活动，对了解特定历史时期社会救助事业的发展具有重要意义。

第一节　北平慈善组织发展概况

一　慈善组织概况

　　社会学认为，任何一种社会组织和社会秩序之所以能够存在，是因为它们满足了社会发展的某种需要。[②] 近代以来，在内乱外患以及自然灾害频发的冲击下，国力衰退，民生凋敝。就北京而言，作为首善之都，其慈善组织已是善风盛行、善堂林立。这些慈善组织在西方先进的社会福利思想的影响下不断发生着近代化的转型，其发展不仅表现为数量的增长，而且在施救方式上逐渐由重"养"向重"教"转变。

　　在不同历史时期，由于受诸多不确定因素的影响，北京慈善团体的数量处于不断的变化之中，虽然我们无法获得不同历史时期北京慈善团体的全部数据，但从现存资料的记载中仍能略知其发展概况。据相关资料记载，光绪

---

① 上海市慈善基金会等编《转型期慈善文化与社会救助》，上海社会科学院出版社，2006，第32页。
② 上海市慈善基金会等编《转型期慈善文化与社会救助》，第190页。

年间，北京各种慈善团体约为 80 个，1923 年发展为 370 多个。① 国都南迁后，北平特别市政府于 1929 年制定公布了《北平特别市私立公益慈善各团体登记规则》。根据该规则，1930 年北平市登记备案的私立公益慈善团体数为 27 个（表 5-1），其从事事业多达 10 余种。1934 年北平主要公益慈善团体数为 50 多个（表 5-2），这些慈善组织涉及社会救助的诸多领域。北平慈善团体的统计数字并不足以代表慈善团体的全部活动，而散布民间发挥救助作用且未登记备案的慈善组织仍有许多。如表 5-2 统计的 50 余个慈善团体中有 20 个慈善团体未登记备案。虽然我们无法从现存资料中获得南京国民政府前期北平慈善组织的全部资料，但可以判断这一时期与北京政府时期相比，由于有国家行政力量的强力干预，慈善组织制度化、法制化建设的步伐加快，一些不符合政策的慈善团体逐渐被限制、淘汰，因而北平慈善组织的数量应有所减少。如果说北京政府时期是北平慈善组织的无序化发展期，那么南京国民政府前期则是北平慈善组织的有序化建设期。南京国民政府建立后，中央政府及北平市政府制定公布了一系列有利于规范慈善团体健康发展的法规制度，加大了对慈善团体的监管力度。

表 5-1 1930 年北平已登记私立公益慈善团体名称

名 称	地 址	举办人	举办事业种类
香山慈幼院	平西香山	熊希龄	慈善教育
北平五台山普济佛教会	东城老君堂	朱庆澜等	慈善教育
北平恒善社	西城太仆寺街	陈 梁	慈善教育
北平公益联合会	西安门养蜂夹道	步济时等	公益救济
北平育婴堂	西安门养蜂夹道	朱庆澜等	收养婴儿
北平华洋义赈会	东单大土地庙	恽宝惠等	防灾御患
北平民生救济会	西单北甘石桥	张福荫	慈善教育
北平万国道德会	东四三条胡同	杜延年	慈善兼教育
世界红十字会中华总会	西单舍饭寺	熊希龄	慈善教育
北平剧场公会	西四北大街	胡显卿	救济剧界商业
中国三教圣道总会	西城小乘巷	黄欲仁等	慈善救济
世界金十字会中华总会	西四广济寺	庄蕴宽等	救灾恤患
北平慈善妇女职业工厂	安内永康胡同	庄肇一	慈工兼教育

① 王娟：《清末民初北京地区慈善事业研究》，第 144~145 页。

续表

名　称	地　址	举办人	举办事业种类
北平龙泉孤儿院	宣外南下洼	明　净	收养孤儿
华北居士林	西安门外大街	崔庆祥	慈善救济
全国佛教龙华义赈总会	广内善果寺	丁清泰	救济灾黎
公善养济院	宣外南下洼	恽宝惠等	救济贫民
利仁养济院	宣外南横街	刘宇启等	救济贫民
中国红十字会北平分会	东城干面胡同	容卓章等	救伤兵赈灾黎
旅平陕西汉中 12 邑救灾会	宣外烂漫胡同	高汉湘等	救济灾荒
养老院	东城甘雨胡同	福韦氏	收养年老无依妇女
北平慈善救济会	西城帽儿胡同	张乐仁等	救济贫民
北平恩济慈善保骨会	北长街	张成和	慈善救济
美以美会地方服务团	崇内孝顺胡同	王学易	救济平民
世界红十字会中华拯济总会	宣外上斜街	孙北辰	施医舍药
旅平陕西与安九邑救灾会	宣外门楼胡同与安会馆	李志骞等	救济灾荒
中华圣公会北平冬赈委员会	宣内南沟沿	杜德恒等	救济穷人

资料来源：《北平特别市政府关于送本市公益慈善团体名称表给社会局的指令》，北京市档案馆：J2－6－14。

表 5－2　1934 年北平市主要私立公益慈善团体一览*

名　称	主办人	地　址	备案日期（民国）	办理事项
北平龙泉孤儿院	百川	宣外南下洼	十九年 9 月 6 日	收抚孤黎
北平普励礼教慈善会	吴佩孚	宣外魏染胡同	二十一年 11 月 10 日	赈济
北平五台山向善普化佛教会	王春喧	阜成门内大街	二十年 1 月 17 日	救济贫苦
中国红十字会北平分会	容卓璋等	干面胡同 32 号	十八年 9 月 23 日	救济伤病，赈济贫民
北平普明佛教会	陈惠谱	东城蒿祝寺内	二十年 1 月 28 日	赈济
北平五台山普济佛教会	朱庆澜、杨万春	东城老君堂	十八年 6 月 4 日	办理赈济并施诊医药棺木
养老院	福韦氏	东城甘雨胡同	十八年 10 月 3 日	收养年老无依妇女
北平白十字会	恽宝惠	西单二龙坑 22 号	二十三年 3 月 2 日	赈济
北平万国道德会	杜延年	东四三条胡同	十八年 6 月 7 日	教育赈务安排灾民

续表

名 称	主办人	地 址	备案日期（民国）	办理事项
北平育婴堂	朱庆澜、邓宇安	西安门养蜂夹道	十八年6月4日	收养男女儿童
北平佛教慈善救济会	觉先	国会街观音寺	二十一年8月4日	救济事宜
北平中国华洋义赈会	恽宝惠等	东单大土地庙	十八年6月4日	办理防灾御患事宜
北平市道教慈善联合会	田子久	地安门火神庙	二十一年4月28日	联合道教倡办慈善
北平家庭福利协济会	章元善	冰渣胡同一号贤良寺	二十年2月6日	补助贫民家庭，改善其生活状态
北平利仁养济院	恽宝惠	宣外南横街38号	十八年9月	救济贫民
北平公益联合会	汪大燮等	西安门养蜂夹道	十八年6月4日	维持市民粮食，保护妇女，救济失业
世界红十字会中华总会	熊希龄	西单舍饭寺17号	十八年6月	救济灾患
北平恒善总社	陈梁	西城太仆寺街11号	十八年6月4日	救济贫民办理慈善
香山慈幼院	熊希龄	平西香山	十八年3月	办理慈善教育事业
北平贫民救济会	袁良市长等	东夹道7号	—	办理冬赈
熊朱义助儿童幸福基金社	熊希龄	石驸马大街	二十二年5月6日	以私产办理儿童幸福事业
黄灾筹赈委员会	章元善	菜厂胡同六号	二十三年10月20日	救济黄河水灾
同康寿缘会	韩菊亭	安福胡同	—	互助丧葬
慈幼女工厂	李润琴	清化寺街	—	救济失业女子
同济老人会	张桢等	地外帽儿胡同	—	互助丧葬
救世新教总会	江朝宗	和平门内东夹道	—	慈善救济
北平公善养济院	恽宝惠	宣外南下洼子6号	十八年9月	救济无告贫民
南城贫民暖厂	王香亭	新世界	二十三年11月20日	—
张和成保骨会	张和成	北长街兴隆寺	十九年2月	保管骸骨
热奉吉江四省慈善联合会	杨名声	石驸马大街88号	二十四年9月28日	办理救济事业，讲演道德卫生

续表

名　　称	主办人	地　　址	备案日期（民国）	办理事项
蓝十字会	宋文祥等	西总布胡同 14 号	二十五年 1 月 9 日	办理慈善救济事业
无锡唐氏仁庄	唐宗郭	前海北河沿 21 号	二十五年 3 月	救灾济贫
全国佛教龙华义赈总会	朱子桥等	广安门内善果寺	—	慈善救济
北平民生救济会	张福荫	西单北甘石桥路东 9 号	—	慈善救济
北平剧场公会	胡显卿	西四北大街	—	救济剧界同业
中华圣公会冬赈委员会	杜德桓等	宣内南沟沿	—	慈善救济
华北居士林	崔庆祥	西安门外大街	—	研究佛学兼办慈善
妇婴施诊所	美以美会地方服务团	米市口 14 号	二十年 12 月	施诊
美以美会地方服务团	王治平	崇内孝顺胡同	—	办理地方公益兼办慈善事业
民志救济会	金季直	北锣鼓巷 66 号	—	互助丧葬
普济慈善社	常久安	安外极乐林	—	—
大同救济会	李霖芳	梯子胡同	—	—
难民急赈会	—	东单小土地庙	—	—
天主教慈善会	满德贻	西什库天主堂	—	—
东北难民救济会	高纪毅	铁狮子胡同	—	—
老妇人院	关瑞梧	海淀□胡同八号	—	—
义诚慈善会	何茂清	—	—	—

　　＊原档案字迹模糊无法辨认的字，表格中用"□"代替。

　　资料来源：《北平市慈善团体一鉴傅及华北慈善团体事业施策纲要》，北京市档案馆：J2－7－401。

　　南京国民政府前期，北平慈善团体多采用会员制，其经费主要来源于以下几个方面：社会捐款、政府补助、会员会费、自我创收。[①] 社会捐款是慈善团体收入的主体，如 1932 年北平家庭福利协会的收入总数为 5047.21 元，其中社会捐款收入为 4269.36 元，约占总收入的 84.6%，其余收入源于本会

---

　　① 蔡勤禹：《民国慈善团体述论》，《档案与史学》2004 年第 2 期。

妇女作品工厂及儿童玩具工厂的成品销售。① 社会捐款分私人捐款、团体捐款、商会及银行公会捐款等，其中，商会及民间团体是捐款的主力，以 1934 年 9 月 16 日育婴堂捐款为例，米面、五金、皮革、芝麻油、煤油、洋广货等公会是育婴堂捐款的主要来源②。1937 年 8 月，北平市商会临时救济会第一收容所收到社会各界的捐款捐物中，各公会、团体、企业等是捐助的主力。③ 为了表示对慈善机构施行善举的支持，政府往往拨付一定款项或以其兴办成绩予以奖励，根据 1929 年南京国民政府制定颁布的《监督慈善团体法》规定可知，慈善团体办理成绩卓著者，由政府给予补助。

南京国民政府前期，国内民生状况憔悴之极者，"以北平为尤甚。承数代逸侈腐化流毒之余，重以军阀吸髓铁蹄蹂躏之后，迄复废为市，失业益多，穷黎委为沟壑者，触目惊心"④。由于北平受助群体及受助范围的扩大，慈善团体施救的任务也日益繁重。虽然慈善团体想尽一切办法募捐善款，但慈善团体经费的短缺始终成为困扰其发展的重要瓶颈，除少数团体收支平衡或略有盈余外，绝大多数团体处于入不敷出的困境。救助经费的短缺致使北平慈善团体只能维持，而无以扩大规模。

二　慈善组织由分散走向联合

清末民初，伴随近代中国社会的变迁，转型后的或新兴的具有近代意义的慈善组织，在救助弱势群体、缓和社会矛盾方面发挥了极为重要的作用；但它们在救助实践中各行其是，缺乏彼此间的互动和联系，难免造成社会救助力量的分散和资源的浪费。北京政府时期，北京慈善组织"皆是各司其事，小异大同，惜无联络之精神……常此以往，虽靡费巨款，可难达完全地位，徒令一般困苦同胞反生依赖性，质殊失救济之本意"⑤。为此，在各慈善界人士的推动下，北京各慈善团体逐步走向联合。如 1922 年成立的京畿粥厂，专门统一负责京师内外及四郊等 26 处粥厂的监管，这对协调各粥厂立

---

① 《北平家庭福利协会报告书》，张研等主编《民国史料丛刊》第 734 辑，第 150 页。
② 《北平市商会关于募捐、收取会费及义德油行等关于油价、收款等与自来水公司的来往函》，北京市档案馆：J67 - 1 - 500。
③ 北平市商会：《北平市商会临时救济会报告书（续）》，《北京档案史料》1996 年第 4 期。
④ 北平特别市社会局编《北平特别市社会局救济事业小史》，序。
⑤ 刘锡廉：《北京慈善汇编》，"弁言"，京师第一监狱，1923。

场，提高救助的实效性具有重要意义。① 1922 年由恽宝惠、刘锡廉等人联合
北京基督教男女青年会、北京地方服务团、同善社、悟善社等 57 家慈善团
体组织成立的京师公益联合会，专门办理北京慈善救济事业。② 这些慈善团
体联合体是当时北京各慈善界人士自发组织成立的团体，其组织较为松散，
缺乏具有团体约束力的法规制度，但慈善团体由分散走向联合是北京慈善事
业发展进步的表现之一，它对协调各慈善团体的立场，发挥各慈善团体力量
起到了重要作用。

　　南京国民政府前期，受世界金融危机及国都南迁的影响，北平经济陷入
萧条之境，贫民人数与日俱增；再加上因战争、灾害而被迫流亡北平的难
民、灾民、乞丐的增多，北平弱势群体严重威胁着北平社会的稳定，影响着
新生政权的巩固。为了解决北平弱势群体的生计问题，北平市政府加强了对
北京政府时期北京各官办救助机构的管理，并在实践中对这些救助机构进行
大幅度精简改革，使北平官办社会救助机构建设达到了前所未有的发展阶
段。但对于北平成千上万的受助群体而言，北平市政府组建的救助机构只能
是杯水车薪，更多弱势群体需要社会慈善组织的救助。在经历社会变革、政
权更迭后，北京政府时期北京慈善团体的联合已不再适应北平社会发展的需
要，新的形势需要有新的、范围更大的慈善团体的联合来满足社会发展的需
要。同时，南京国民政府前期北平登记备案的慈善团体也存在着"素日未尝
联络，临事又鲜互助"③ 的局面，如 1933 年张金陔在其《北平粥厂之研究》
一文中指出，北平各粥厂工作方法虽然较前进步，但可批评的也颇多。各粥
厂因举办机关不同，其组织与主张也不同，缺乏联络与合作。④ 为此，1935
年 12 月 23 日北平市社会局联合本市各慈善团体成立了北平市各慈善团体联
合会（表 5 - 3），并制定了《北平市各慈善团体联合会组织大纲》《北平市
各慈善团体联合会组织规则》等。根据该组织规则的规定，北平市各慈善团
体联合会以联合本市各慈善团体共谋发展救济事业为宗旨，以一慈善团体为
一会员，设名誉正副主席各一人，名誉主席聘请市长担任，名誉副主席聘任
社会局局长担任；该会由会员大会公推三人轮任主席，并处理会内日常事务，
任期一年，可连选连任；设总务、交际及施赈三组，每组设主任干事一人，干

① 刘锡廉：《北京慈善汇编》，第 46～50 页。
② 刘锡廉：《北京慈善汇编》，第 69～72 页。
③ 《北平市各慈善团体联合会为呈送规则表册等致社会局》，北京市档案馆：J2 - 6 - 113。
④ 张金陔：《北平粥厂之研究》，第 207 页。

事二人，任期一年；各项职员均为名誉职，不支薪津；每月上旬开常会一次，如遇有紧急事项须召开临时会议，常会及临时会须有全体会员二分之一以上人员出席，开常会时各会员均得提出议案；该会议决救济事项如系各团体分担举办者，则由各该团体办理，如系联合举办者，由施赈组召集参与联合之各团体另行会商办理；对联合举办之事项所需经费或人员，由常会酌量各团体情形分配担任。该会以各慈善团体为单位，由主席负责日常事务管理。①

表 5 - 3　北平市各慈善团体联合会团体代表名册

团体名称	代表姓名	年龄	籍贯	经　历	入会年月
北平公善养济院	刘孟禄	五三	江苏	现任本院管理	二十四年12月
北平利仁养济院	同　前	同前	同前	同前	同
北平恩济慈善保骨会	信翰臣	五八	河北	现充本会会员	同
北平南城贫民暖厂	王秀亭	五六	河北	现充本厂董事	同
北平五台山普济佛教会	李长春	五三	山西	现任本会总务主任	同
北平公益联合会	邹寻源	三八	北平	现任本会干事	同
北平五台山向善普化佛教会	朱御贤	二九	吉林	现任本会交际主任	同
北平恒善总社	傅又光	二八	北平	现任本社干事	同
北平道教慈善联合会	张星斋	五四	河北	现任本会交际主任	同
北平万国道德总会	王浚生	五四	河北	现任本会理事	同
北平普济佛教会	刘树德	三三	河北	现任本会庶务主任	同
北平家庭福利协济会	邹觉之	三七	湖南	现任本会干事	同
热奉吉江四省慈善联合会	孙显卿	四二	北平	现任本会常务董事	同
北平龙泉孤儿院	百　川	三八	湖北	现任本院院长	同
北平中国三教圣道总会	李玉亭	六〇	河北	现任本会交际主任	同
北平贫民救济会	赵汝谦	三九	江苏	现任本会董事	同
世界红十字会中华总会	徐占慈	四六	湖北	现任本会救济主任	同
北平佛教慈善救济会	印　智	四〇	江苏	现任本会董事	同
北平佛教会	显　宗	三四	湖南	现任本会常务委员	同
北平慈幼女工厂	李润琴	三六	北平	现任本厂厂长	同
北平育婴堂	陆淑瑛	三三	河北	现任本堂常务主任	同
北平青年会社会服务部	王子锐	二九	河北	现任本部主任干事	同
北平蓝十字会	刘世铭	三八	天津	现任本会董事	同
北平白十字会	杨耀宗	三五	河北	现任本会会员	同
公安局	铁　铮	五〇	北平	现任本局科员	同
正字慈善会	程林坡	五〇	河北	纸行商会主席	同

资料来源：《北平市各慈善团体联合会为呈送规则表册等致社会局呈》，北京市档案馆：J2 - 6 - 113。

① 《北平市各慈善团体联合会组织规则草案》，北京市档案馆：J2 - 6 - 113。

20 世纪二三十年代，北平各慈善团体在社会局的组织下成立了北平市各慈善团体联合会，虽然该会是北平市登记备案的 26 个慈善团体的联合体，但它对协调各慈善团体意见，商讨北平市救济事宜，传达市政府救济旨意，促进北平社会救助事业的发展具有重要意义。如 1936 年 1 月 28 日，在北平市各慈善团体联合会第一次常会上，由北平公益联合会主席向出席的各慈善团体代表报告了关于市政府拨款办理粥厂、暖厂以及拨款办理施放棉衣、赈米事宜和救济文贫的情形；该会议讨论了如何办理救济文贫，最后决议东北城郊由北平五台山普济佛教会查放，西南城郊由世界红十字会中华总会查放；该会议通过了由北平公益联合会代表邹寻源与北平龙泉孤儿院代表百川分别提议的"旧历正月初一日各粥厂优待领粥人案"与"旧历正月初一日各暖厂优待贫民案"。① 北平各慈善团体联合会有利于加强政府对民间慈善团体的控制及与慈善团体的合作和联系，有利于群策群力，充分利用各慈善团体的人力、物力、财力，实现救助资源的最大化。与北京政府时期由慈善界人士发起的慈善团体的联合不同，北平各慈善团体联合会是由北平市社会局组织的各慈善团体的联合，它不仅进一步推动了北平慈善事业走上统一管理的近代化道路，而且为政府与慈善团体的互动搭建起了一座桥梁，这对于促进近代北平社会救助事业的发展具有重要意义。

第二节　北平慈善组织的救助活动

国都南迁后，北平经济顿呈一片萧条景象，商店关闭、工人失业，再加上因战乱及灾害而被迫流亡他乡的大批难民、流民、乞丐等人群的拥入，北平陷入贫困混乱状态。诚如 1935 年北平市社会局指出的那样："查本市市面萧条，人民生计困难，近年来无衣无食之贫民有增无减，如遇意外灾变，尤为不堪设想。"② 所以，如何广泛开展对北平弱势群体的救助就成为北平市政府亟须解决的主要问题。1928 年至 1937 年间，虽然北平市政府加强了对本市弱势群体的救助力度，但由于经费短缺、规模较小，官方的救助无以解决成千上万的受助人数，"幸有慈善团体施赈救济，贫民赖以生活者为数甚

---

① 《北平市各慈善团体联合会第一次常会会议事记录》，北京市档案馆：J2-6-113。
② 《北平市社会局为各慈善团体联合会备案事致市政府呈》，北京市档案馆：J2-6-113。

众"①。北平慈善团体成为促进北平社会救助事业发展的不可或缺的重要力量，它们在社会救助的诸多方面与北平市政府共同开展着对本市弱势群体的救助活动，主要表现在以下几方面。

一　慈善团体的院内救助活动

南京国民政府前期，北平慈善团体根据本市受助群体的实际情况开展了形式多样的救助活动，如本市"救济贫民孤苦之慈善机关极多，……近年之借本处，以及冬季各地粥厂，夏季各处施放暑汤，更有官家所设之收容所栖留所等，私人之施衣施米助钱济贫，以上之机关团体，可谓之风起云涌，遍地皆是"。② 然而，助善治本可以一劳永逸，扶危治标反养成受助群体之依赖。为此，北平慈善团体在开展院外临时救助的同时，也积极进行院内收容救助，实行标本兼治的施救措施。

（一）对孤儿的收养救助：以北平龙泉孤儿院为例

光绪三十二年（1906），龙泉寺心学与道兴和尚鉴于北京"无业蚩氓，或以觅食之艰而寝成流落，或以谋生之拙而坐致困穷。揆厥原因末始，非化导无人，幼年失教，有以使之然也"，经民政部批准，遂将龙泉寺东隅30余亩土地作为院基，修建讲堂、房舍100余间，并于光绪三十四年（1908）初秋开始收容孤儿300余众，设立初级小学校，授以普通常识，并附设织布、藤竹、石印、缝纫等科，教以工艺。③

北平龙泉孤儿院（或称"龙泉孤儿院"）在经过北京政府时期的发展，到南京国民政府前期，其机构设置、救助设施等方面日臻完善。根据《北平龙泉孤儿院简章》的规定可知，该院以收养无父无母孤儿，施以相当工艺教育，使长大后得有自立能力为宗旨。该院实行院长负责制，由正副院长负全院之责，有董事会及赞助会辅之。董事会内设有经费临时委员会、常年基金委员会、决算审查委员会。赞助会负责赞助经费，其内设有总务股、教务股、职业股，分别掌管保管收支及孤儿衣食等项，管教学用品及教授一切设施，管保材料及科目调查等项；各股之下又分三种门类：事务门类，管收捐、院医、赈房、音

---

① 《北平市社会局为各慈善团体联合会备案事致市政府呈》，北京市档案馆：J2-6-113。
② 《龙泉孤儿院（社会调查一）》，《北平日报》1930年5月19日，第7版。
③ 北平龙泉孤儿院编《北平龙泉孤儿院报告书》，"宣言"，1934，第5页。

乐、书记等项；教育门类，分国语、作文、常识、卫生、党义、革命史、地理、算术、社会、园艺、唱歌、体操等项；工艺门类，则为织布印刷各科。此外尚有院务及学生服务会，内分编辑图书、训导、储蓄、成绩等部，自治、研究、同学等会，还有调查、贩卖、演讲各团。[①] 其机构组织见图5－1。

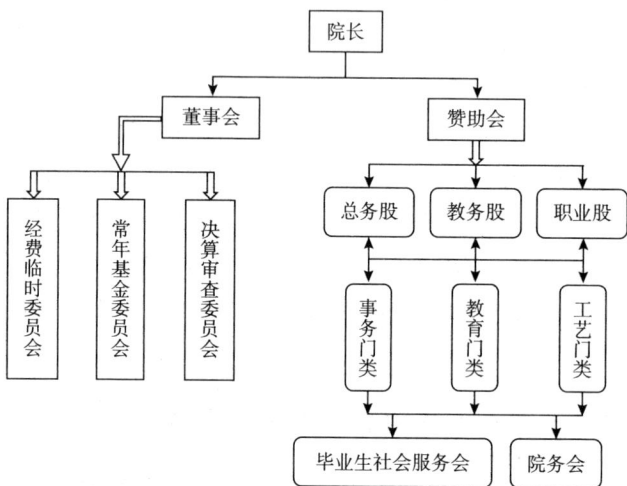

图5－1　北平龙泉孤儿院组织机构

资料来源：北平龙泉孤儿院编《北平龙泉孤儿院报告书》，"北平龙泉孤儿院简章"，1934，第87～93页。

北平龙泉孤儿院设施齐全，东院内有职员食堂、学生食堂、教务处、储蓄部、教员室、饮茶室、沐浴室、公共沐浴室；南小院为大厨房及院役室；北小院为养病室及医药室。在食堂之外另有两处小院，为学生食后之休息地，各处有条不紊。该院最南院由东至西都为织布科，该科分东西科，工人最多，所出之品日新月异，花样亦颇新颖；最南为泥瓦科，所有院内建筑工程，悉由此科承办，并应外事；北为织席科，以芦席编织各物；再北为藤竹科、石印科、木工科、缝纫科、鞋工科等。[②]

该院对于收养的孤儿可谓因材施教，教养兼施。对收养之幼孤，有人看护抚养，至年龄即行入学。10岁以上之收养孤儿皆有习工资格，每晨入教室读书，午饭后入操场体操，下午分科做工，晚间入体育场学国术，饮食休息

---

① 北平龙泉孤儿院编《北平龙泉孤儿院报告书》，"北平龙泉孤儿院简章"，1934，第87～93页。

② 《龙泉孤儿院（社会调查二）》，《北平日报》1930年5月26日，第7版。

以及沐浴，均有固定时间，对聪敏之学生，使其学习音乐。[1] 同时还根据收养孤儿之天资，"因材而笃择其颖慧迈众，由院资助送入中学大学肄业，藉以深造"[2]。该院对收容儿童进行科学的教养后，等其出院时已具有各种技能知识，能自立生活。按照院章规定，收养儿童教养至 18 岁，方可出院服务社会。据该院对出院学生职业的统计可知，学生出院后从事的职业多达 15 种，有"织布、报业、藤竹、木工、编席、纺纱、织毯、鞋工、缝纫、印刷、刻字、卷烟等"[3]。这表明北平龙泉孤儿院在为无助儿童提供生活救助的同时，还注重对其谋生技能的培养，这种救助真正体现了社会救助的现代理念，即"救是救其一时之急，助是助奋起自立"[4]。

北平龙泉孤儿院系私人创办的慈善团体，其经费来源既有社会捐助，又有官方资助。北京政府时期，北平龙泉孤儿院收到的经费有京师警察厅每月补助的现洋 80 元、学务局每月的助洋 50 元、财政部津贴洋 120 元，以及商界月捐、季捐、年捐等，每年合计 1000 余元。南京国民政府前期，因受"国家多故，政府南迁"的影响，北平龙泉孤儿院以前每年合计 1000 余元的收入化为乌有。"现时虽蒙社会局眷念孤弱，每月津贴八十元，然市面日渐萧条，百物益形昂贵，杯水车薪，入不敷出。本院素乏恒产，又无基金，所有常年经费悉赖各界大慈善家量力捐助。慨自民国十七年以后，其平日衷怀恺恻乐善好施者同受时局影响，半多迁居外省，渺无消息。以故本院经费每年亏空四千余元，计此六年间（笔者注：1928～1934 年）本院已为救济无告之孤儿共付借债竟达二万八千余元"。[5] 经费短缺严重制约着北平龙泉孤儿院的发展，虽然该院在经过 20 多年的发展后其救助设施较为完善，救助理念较为先进，但该院因经费短缺而只能举债勉强维持。"本院现有之一百余名孤儿，仰屋兴嗟，势甚危急"[6] 的情状，反映了龙泉孤儿院的生存困境。

南京国民政府前期，北平龙泉孤儿院作为北平诸多慈善团体之一，是北平某些无助孤儿生活与成长的摇篮，对促进北平社会救助事业的发展具有重要意义。虽然这一时期该院因经费短缺而处于勉强维持状态，但其完善的组

---

① 《龙泉孤儿院（社会调查二）》，《北平日报》1930 年 5 月 26 日，第 7 版。
② 北平龙泉孤儿院编《北平龙泉孤儿院报告书》，1934，第 6 页。
③ 北平龙泉孤儿院编《北平龙泉孤儿院报告书》，"出院学生职业比较图"，1934。
④ 蔡汉贤：《社会立法析评》，"中国社会行政学会"（台湾），2000，第 60 页；参见王思斌
　《转型中的中国社会救助制度之发展》，《文史哲》2007 年第 1 期。
⑤ 北平龙泉孤儿院编《北平龙泉孤儿院报告书》，1934，第 6 页。
⑥ 北平龙泉孤儿院编《北平龙泉孤儿院报告书》，1934，第 6 页。

织管理、先进的救助理念不仅使受助儿童受益匪浅，而且对当今慈善团体救助实践活动仍具有重要的启发和借鉴意义。

（二）对老人的收养救助：以北平老人院为例

民国十年（1921），在东城灯市口同福夹道，由基督教公理会之信徒美国人富太太（Mrs. Good Rich）集资开办了北平老人院（或简称"老人院"），所有入院老人皆以基督教教徒为限。南京国民政府前期，该院不断扩大，由原来的一处扩大到两处，分别为东城灯市口同福夹道 6 号与 8 号。6 号专收男性，每屋有大炕一条，可睡三四人，现共有 46 人；8 号专收成双老夫妇，夫妻二人同居一室，现在共有老人 7 对。[1] 此外收容人员不再以基督教教徒为限。老人院建立了较完善的组织机构，设院长一人，负责院内一切管理事务；分设总管、副总管、书记、会计、稽查、医生各一人；此外还设有入院委员会、衣服委员会等。该院对入院资格及入院手续均有规定，凡贫苦无依之老人，年在 70 岁以上而无传染病者，皆可入院。对符合上述资格者，"可由一人介绍，到该院报名，再由该院通知协和医院社会部，派员调查。如所得属实，则到协和医院检验身体，有病则予以治疗，无病则由社会部转达该院"[2]。与北京政府时期"只有经过警方的推荐，老人院才可以接收新来者"[3] 的条件相比，这一时期老人入院的条件较为宽松，但是由于经费及房屋有限，该院最多收容人数为 64 人。1933 年 7 月，该院收容人数为 60 名。[4]

收容人员入院后，一切衣食住等种种需要，皆归院方供给，病时由该院负责治疗，死后由该院办理衣棺。凡入院老人，无论男女均由该院发给衣服，"夏季两身单裤褂，两件长衫；冬季棉裤棉袄一身，棉袍一件；春秋两季不发夹衣，只用两重单衣代替；夏季单衣"。院内老人衣服每星期至少洗涤一次，由本人自行工作，如衣服破烂，由专人负责缝补。该院设有库房一间，专供换季衣服的存放，并设有澡堂，每人每周洗浴一次。老人死后，由院方发寿衣一套，棺材一口。所有收容老人，每日只有两餐，即早餐与晚餐。早饭于上午八时半开饭，以玉米面为主，每星期吃窝窝头 5 次，馒头 2 次；菜有蔬菜、豆腐、猪血等；汤有豆浆或骨头汤。晚餐于下午三时开食，

---

① 《北平老人院调查（二）》，《北平晨报》1933 年 7 月 1 日，第 6 版。
② 《北平老人院调查（一）》，《北平晨报》1933 年 6 月 29 日，第 6 版。
③ 〔美〕西德尼·D. 甘博：《北京的社会调查》（上），陈愉秉等译，第 331 页。
④ 《北平老人院调查（一）》，《北平晨报》1933 年 6 月 29 日，第 6 版。

以小米粥为主，再加以早餐所剩窝头饭菜。① 早饭后，老人可自由闲谈或以棋解闷。每日十一时至十二时间，所有收容人员均需参加礼拜听道。下午则可到门外灯市口一带散步，或至亲朋家探视亲友，但事先必须向院长请假，并需于午后六时前返院，不得在外留宿。②

经费短缺也是困扰北平老人院发展的主要问题，该院经费由负责人向各慈善家募集，但在北平所处的特殊历史时期，募款也变得十分困难。该院虽平均每月开销 160 元，但也时处 "经济之恐慌，几乎关门" 的境遇。③

南京国民政府前期，北平龙泉孤儿院及北平老人院对本市孤儿、老人开展的院内救助活动，是北平诸多慈善团体进行院内救助活动的缩影与代表。虽然它们的救助规模很小，相对于当时数量庞大的需要帮助的人群而言显得微不足道，但它们发挥的社会效应不容忽视。如截至 1937 年，由北平 10 余座寺庙组成的佛教小学联合会在本市创办了 11 所小学，这些小学 "纯属慈善性质，概不收费，使一般贫苦儿童都有入学机会"，"办学经费由各寺庙主办人负担，所依教材为当时教育局规定的统一课本"。④ 慈善团体的院内救助成为生活陷于困境的人们躲避命运劫难的港湾，它们不仅担负着受助人员养的责任，而且也承担着受助人员教的义务。新的时代赋予了慈善团体双重使命。

二　慈善团体的院外救助活动

如果说慈善团体的院内救助活动只是为一小部分急需救助的人提供了较长时期的援助，那么其院外救助活动则是为更多受助群体提供暂时的生活接济。虽然这种接济不能从根本上解决受助人员的生活问题，但它们对受助人员而言犹如救命稻草，得之则生，失之则亡。如 1931 年《北平市政府社会局公函》"字第一〇六九号文件" 中曾指出："查本市历年办理冬赈，均赖各慈善团体分别开办粥厂或施放衣粮、仁粟、义

---

① 《北平老人院调查（二）》，《北平晨报》1933 年 7 月 1 日，第 6 版。
② 《北平老人院调查（二）》，《北平晨报》1933 年 7 月 1 日，第 6 版。
③ 《北平老人院调查（二）》，《北平晨报》1933 年 7 月 1 日，第 6 版。
④ 北京市地方志编纂委员会：《北京志·宗教志（民族·宗教卷）》，北京出版社，2007，第 139~140 页。

浆，全活甚众。"① 北平慈善团体结合本市受助群体的实际情况，以不同方式对受助群体施以救助。

（一）施粥

张金陔在《北平粥厂之研究》一文中曾肯定了粥厂对受助人员的作用与意义。北平"粥厂设立之初，如元、明、清各代，盖分官办、私人办、团体办三种。至民国以来，国内天灾人祸，国库空虚，无力顾及贫民。故设厂者多系私人团体，如基督教会、佛教会等"②。南京国民政府前期，北平慈善团体在北平粥厂的开办中扮演了重要角色，据统计，从 1927 年至 1932 年，北平举办的粥厂数分别为 13 处、18 处、22 处、20 处、28 处、30 处③，这些粥厂的举办机关主要是各慈善团体，"政府所办粥厂可占全市粥厂总数六分之一"④。另据 1934 年北平市社会局的调查统计，该年上半年北平共开办粥厂27 处（表 5 - 4），其中官办粥厂为 6 处，私人举办粥厂 3 处，其余为慈善团体举办的粥厂。在北平粥厂的开办中，虽然官方与私人力量也加入其中，但粥厂的举办者多为各慈善团体。

表 5 - 4　北平施赈机关调查（1934 年上半年）

单位：所，斤

救济机关名称	性　质						赈款	赈　品		
	永久			临时				食　料（小米）	衣着	其他
	官立	私立		官立	私立					
		团体	个人		团体	个人				
北平贫民救济会粥厂	—	—	—	—	8	—	—	71000	—	—
世界红十字会粥厂	—	—	—	—	2	—	—	38000	—	—
北平五台山普济佛教会粥厂	—	—	—	—	2	—	—	20000	—	—
内一区地方绅立粥厂	—	—	—	—	—	1	—	7670	—	—
中国三教圣道总会粥厂	—	—	—	—	—	1	—	18000	—	—

---

① 《北平市社会局关于开办粥厂及有关捐助救济等问题的来函》，北京市档案馆：J23 - 1 - 110。

② 张金陔：《北平粥厂之研究》，《社会学界》第 7 卷，1933，197 页。

③ 《民国十六年至二十一年北平粥厂数目比较图》，参见张金陔著《北平粥厂之研究》，《社会学界》第 7 卷，1933，216 页。

④ 张金陔：《北平粥厂之研究》，《社会学界》第 7 卷，1933，197 页。

续表

救济机关名称	性　质						赈款	赈品		
	永久			临时				食料（小米）	衣着	其他
	官立	私立		官立	私立					
		团体	个人		团体	个人				
公安局粥厂	—	—	—	1	—	—	—	14800	—	—
第二师粥厂	—	—	—	—	—	1	—	15000	—	—
第二十五师粥厂	—	—	—	—	—	1	—	13000	—	—
北平五台山向善普化佛教会粥厂	—	—	—	—	1	—	—	10620	—	—
普济粥厂	—	—	—	—	1	—	—	16520	—	—
国府赈委会驻平办事处粥厂	—	—	—	—	5	—	—	83780	—	—
□首教救世军粥厂	—	—	—	—	1	—	—	7100	—	—
救世军华北本部粥厂	—	—	—	—	2	—	—	15000	—	—

资料来源：《北京市收容机关和施赈机关调查表以及驻平上海济生会代表周仁寿救济贫民意见书》，北京市档案馆：J2－6－5。

粥厂的领粥人数虽受月份、天气的影响处于不断地变化状态，如领粥人数1月最多，2月最少，其原因为"除旧年日外，每遇无风雪日，天气和暖，领粥人数必大增加，否则减少"，但"依粥而生者不可谓不众矣"，"北平平均每日领粥贫民总计约三万余人"。[1] 如1935年1月至1936年3月，北平五台山普济佛教会开设的3处粥厂，领粥总人数达18万，用米321石[2]。可见，北平慈善团体在冬季的施粥之举不仅使本市贫困群体得以渡过难关，而且在维护社会稳定、促进社会救助事业的发展等方面发挥了重要作用。

（二）施放钱粮、棉衣、被褥等

在北平慈善团体中，有些团体在开办粥厂向贫民施粥的同时，还向特贫户发放钱粮、棉衣、被褥等赈品，帮助他们度过冬季。由表5-5、表5-6可知，1929年世界金十字会中华总会、中华圣公会北平冬赈委员会等慈善团体在北平除开办粥厂外，还向本市贫民发放了钱粮、棉衣、被褥等赈品。还有些团体虽没有开办粥厂，但它们通过发放钱粮、棉衣、被褥等赈品，向本

---

[1] 张金陔：《北平粥厂之研究》，《社会学界》第7卷，1933，第204、206页。
[2] 《惠风解冻春赈伊始，各粥暖厂相继结束》，《北平晨报》1936年3月20日，第6版。

市贫民施以援助，如北平公益联合会、中国红十字会北平分会等团体。而北平妇女团体也没有袖手旁观。1934年2月女青年会、妇女会、妇女十人团体通过举行游艺大会募款，并将募捐款项用以购买玉米面2万斤，小米面1万斤，蓝布棉衣500套，向本市贫民发放。[①] 此外，北平慈善团体还在春季还向本市贫民施放赈物，通常为小米、玉米面等，如1936年春季，北平五台山普济佛教会春赈放米面2万斤，大人每人30斤，儿童每人3斤[②]。北平慈善团体的赈物施放与大型的施粥活动成为官方救助以外最为重要的救助活动，它们对于冬季无助贫民而言，无异于救命之举，因为"一到冬天，冰雪在地，一般穷人便算灾难临头，对于日常生计，弄得一点办法没有"。"好在每逢到了这个难过的冬天，多少老有不断地接济，粥厂里天天放粥，早晨起来可以打份粥吃，暖厂一处一处的立着，也可投奔去睡在里面"。此外，"例年还有不少的地方放赈，放小米，放杂合面，每逢到了这个时候，不知要有多少穷人，只靠着吃赈过活"。[③] 由此可见，北平慈善团体的救助活动对本市贫民生活的重要性。

表5-5　北平市1929年冬季慈善团体施放钱粮统计

团体名称	施放地点	施放数目		受惠人数（人）
		钱（元）	玉米面（斤）	
世界金十字会中华总会	北长街三时学会	170	19000	14000
全国佛教龙华慈善义赈总会	本市外三四五区及西郊香山圆明园、蓝靛厂一带	220	30000	10000
北平慈善救济会	拈花寺	142	—	2840
北平公益联合会	北平城内及四郊	1500	5600	2620
北平民生救济会	阜城、西直、德胜、安定、东直、朝阳、崇文、正阳各门内外	—	5600	1700
中华圣公会北平冬赈委员会	宣内南沟沿七号圣公会本会	—	60	72
总　计		2032	60260	31232

资料来源：《北平市市政公报》第38期，1930，第17页。

---

① 《妇女三团体赈放棉衣面粉》，《北平晨报》1934年2月3日，第6版。
② 《惠风解冻春赈伊始，各粥暖厂相继结束》，《北平晨报》1936年3月20日，第6版。
③ 《贫民生活，吃赈的经验（一）》，《北平晨报》1935年2月12日，第7版。

表 5－6　北平市 1929 年冬季慈善团体施放棉衣、被褥统计

团体名称	施放地点	施放数目		受惠人数（人）
		棉衣（套）	被褥（件）	
全国佛教龙华慈善义赈总会	本市外三四五区及西郊香山圆明园蓝靛厂一带	3000	—	3000
北平五台山普济佛教总会	老君堂佛教会、安定门外、西便门外、右安门外	1900	—	1900
北平公益联合会	北平内城及四郊	1300	—	1400
中国红十字会北平分会	本会	970	—	950
世界金十字会中华总会	北长街三时学会	400	—	400
北平美以美会地方服务团	崇内老顺胡同、崇外花市、前外珠市口、彰外本会	250	50	300
中华圣公会北平冬赈委员会	宣内南沟沿七号本会	270	1	150
总　　数		8090	51	8100

资料来源：《北平市市政公报》第 38 期，1930，第 17 页。

（三）分类施救，精准扶贫

南京国民政府时期，北平慈善机关虽为数较多，但"多半是做些救济的工作，救济以前，并不经过统计的调查。救济的方法，除掉金钱或是衣食的援助而外，更谈不到什么生产教育以及环境的改良"①。鉴于北平慈善机关存在的上述弊端，1930 年 12 月，娄穆清、章元善等人于东城冰渣胡同一号之贤良寺内发起成立了北平家庭福利协济会。该会设董事会，下设执行部、财务部二部。主要目的是仿照欧美先例，调查本市各个贫民之家庭状况，"为整个的辅助与救济，以期改善其生活状况"。同时该会还兼有以下目的：促进公私救济机关之合作与联络，并唤起社会人士对于社会事业之兴趣；实验社会事业之科学方法，并表征其功用和价值；供给专修社会事业之学生以实习之机会。②

该会由于经费所限，其救助范围仅为北平市内一区，根据北平家庭福利

① 《又一种社会事业，家庭福利协济会（一）》，《北平晨报》1933 年 7 月 3 日，第 6 版。
② 《北平家庭福利协济会报告书》，张研等主编《民国史料丛刊》第 734 册，第 164 页。

协济会对本区贫穷户的调查统计，市内一区共有 309 户亟待救济，该会又将 309 户的贫穷问题分为经济、生理与社会三种问题。具体情况为：经济问题共包括金钱缺乏者、收入不足者、暂时失业者；生理问题包括患有疾病者、身体残废者、有精神病者；社会问题包括鳏寡无依者、被人遗弃者、儿童无家者、儿童失学者。① 该会根据特贫户存在的不同问题，进行有针对性的救助。其办法分为：施助衣服（或由他处捐募，由该会转给，或由该会购给布棉原料，俾其自行缝纫）；代谋生计（如代为介绍他处职务）；协助生活费用（因其职务所入极为微薄，实不足以自存，由该会调查详确后，按月酌助费用）；介绍医药（如代为介绍医院诊治）；助给婴儿滋养品（贫苦家庭中出生之婴儿，缺乏乳食，由该会酌给代乳粉，俾资健康）。② 鉴于本市儿童、妇女失业严重，该会还创办了儿童玩具工厂及妇女厂，以增进失业人员的谋生技能。该会对家庭的协助，"不仅在金钱上之赠与，而侧重在教育与训练，使每一家庭中人，能有生产的技能，自食其力"。③

凡是住在内一区之家庭，无论有何种社会问题，均可到该会请求援助。据《北平家庭福利协济会报告书》记载，1932 年度北平家庭福利协济会开展了施生活费、施房钱、介绍医药、介绍工作等项救济事业，共 405 件（见表 5 - 7）。家庭福利协济会对帮助贫民解决家庭生活困难起到了重要作用。

表 5 - 7　1932 年度北平家庭福利协济会救济种类及数目

单位：件

类别	施生活费	施房钱	施盘川	施药费	施抬埋费	施学费及介绍学校免费	小计	合计
数目	99	20	10	9	6	25	169	
类别	施衣物	介绍医药	卫生指导	介绍工作	贷借小本	其他	小计	405
数目	88	40	37	40	9	22	236	

资料来源：《北平家庭福利协济会报告书》，张研等主编《民国史料丛刊》第 734 册，第 149～150 页。

在《北平家庭福利协济会报告书》中记载了该会帮助贫民家庭解决生活困难的个案实例，如个案三指出：

---

① 《又一种社会事业，家庭福利协济会（一）》，《北平晨报》1933 年 7 月 3 日，第 6 版。
② 《家庭福利协济会》，《北平晨报》1931 年 2 月 22 日，第 6 版。
③ 《又一种社会事业，家庭福利协济会（二）》，《北平晨报》1933 年 7 月 4 日，第 6 版。

　　某妇女来会求助，经本会调查，其家中有子女五口，长子年十四，最小者仅一岁。该妇除处理家外，无暇往外工作，其夫业剃头，每日所入，平均约洋五毛亦些许之进款，养活一家七口，感受经济困难，最为明显。子女均未入学，亦未得学工艺之机会，长子次子除抬煤球外，无所事事。本会将其长子次子送入本会工厂学作玩具，每月并津贴六元，以作伙食费，又供给衣物费。在学徒期间，二子均可于午后读书，以符合半工半读之目的。从此担负减轻，生活较前大为改善。①

　　北平家庭福利协济会虽然救助范围狭小，但它是南京国民政府前期北平社会救助事业中独树一帜的新型慈善救助团体。它以家庭为救助对象，以调查统计为救助基石，实行有针对性、区别性的施救方法，改变了当时多数慈善团体盲目施救的行为，提高了社会救助的实效性。北平家庭福利协济会虽然救助成效有限，但它开创的施救方法不仅对当时诸多慈善团体有示范效应，而且对当今慈善团体的施救也有重要的借鉴与启示意义。

　　北平慈善团体的院外救助活动成为北平市众多贫民特别是赤贫贫民生存的希望寄托，虽然它们不能从根本上解决贫民的贫困问题，但它们成为贫民困难时期的救命之星。它们的救助之举，使广大贫苦市民的生活得以在原有的轨道上运转，而不致脱节后对社会造成冲击。当然北平慈善团体的救助活动并非尽善尽美，如北平绝大多数粥厂"至于调查一项粥厂向不引用，来者不拒概与之粥，因此时常发生弊端，如中常之家领粥以饲鸡犬"。② 由此可知，北平慈善团体的施救方式凸显了北平社会救助事业中传统与现代、落后与进步的理念交融并存。

小　结

　　南京国民政府前期，国家通过制度化、法制化建设加强了对慈善团体的管控。在国家权力的强势介入下，北平民间慈善团体发展较为缓慢。据北平社会局统计，1934 年，"本市慈善各团体大小共五十余组织"③。政府力量的

---

① 《北平家庭福利协济会报告书》，张研等主编《民国史料丛刊》第 734 册，第 163 页。
② 张金陔：《北平粥厂之研究》，《社会学界》第 7 卷，1933，202 页。
③ 《北平市慈善团体一鉴傅及华北慈善团体事业施策纲要》，北京市档案馆：J2 - 7 - 401。

介入在延缓慈善团体发展的同时，也使北平社会救助事业步入一个有序、科学的发展轨道，如 1935 年在北平市社会局的推动下，成立了北平市各慈善团体联合会。该会汇集了北平 26 家主要慈善团体力量，改变了过去慈善团体群龙无首、各自为政、互不统属的局面，增强了北平慈善救助的凝聚力，提高了实效性。

北平慈善团体与官方社会救助机关相互呼应、相互配合，开展了形式多样的救助活动，共同为本市贫困群体筑起了一道生命防线。在北平慈善救助实践活动中，出现了以家庭为扶助对象的慈善组织——北平家庭福利协济会。这一慈善团体虽救助范围有限，但它是北平慈善界人士对国内外慈善救助进行反思与借鉴的产物。在以家为本位的中国社会中，北平家庭福利协济会以家庭为救助单位，试图从根本上解决北平社会的贫困问题，代表了这一时期北平慈善救助事业发展的新动向。

然而，民国成立后，中国社会的贫穷并未因政权、国体的变更而有所改观，反而因战争及频发的自然灾害而进一步加剧。对北平而言更是一个不幸的历史时期，国都南迁后，北平陷入了更加贫困的状态，对于以社会捐款为主要经费来源的慈善团体来说，处境无疑是雪上加霜。经费短缺成为制约北平慈善救助事业发展的主要瓶颈。

结　语

北平社会救助事业在经历清末民初的发展后，在 1927 年至 1937 年南京国民政府的"黄金十年"间，步入了一个新的发展阶段。置于历史的坐标来回望与检视北平社会救助活动，其在北京社会救助事业史上曾创造了辉煌，但也留下了遗憾；其曾彰显了"个性"，但"言不尽意"。梳理与探寻北平社会救助的多重面相，可以映照现实，折射未来。

一　光辉记忆：北平社会救助的多元化特点

（一）制度化建设是北平社会救助的一大亮点

"制度其实是习惯或规则的固定化、稳定化，是人类社会对自身行为进行选择和规范的产物。"[1] 南京国民政府时期，随着中华民国由军政时期向训政时期的转变，为实现"以党治国"的目标，南京国民政府加强了对社会各项事业的制度化建设，而社会救助事业则是其制度化建设的重要内容之一。就北平社会救助事业的制度化建设而言，1928 年 6 月，北平特别市政府成立后，在积极贯彻执行南京国民政府有关社会救助法规制度的同时，还结合本市社会救助的实际情况，在与中央救助政策不相左的情况下，制定颁布了适合本市社会救助事业发展的法规制度。这些法规制度主要涉及监管、褒奖、税收减免、失业救济、赈灾等方面。据统计，1928 年至 1937 年，北平在上述各方面制定颁布的法规政策约为 26 项[2]，而北京政府时期北京颁布的有关法规政策为 6 ~ 10 项[3]。在具体实践中，虽然某些救助法规制度贯彻执行得

---

[1]　郑功成：《社会保障学》，第 246 页。
[2]　《北京近代城市法律法规整理与研究》课题组：《近代北京城市管理法规研究》，新华出版社，2006，第 45 ~ 47 页。
[3]　京都市政公所编《京都市法规汇编》，1928，第 137 ~ 147 页。

不尽如人意，但其毕竟昭示着北平社会救助事业制度化建设的新发展。社会救助制度作为现代社会保障制度产生之前的尝试，其进步意义是毋庸置疑的。因为"社会福利发展的历史就是从慈悲到正义之路，慈悲是善心是情操，正义是制度化公理，前者无法持久，而后者却可以长久运行"，同时社会救助制度作为一种社会政策，它已不再是统治者对被统治者的恩赐与怜悯，而是国家和社会应尽的职责。①

（二）官导民办是北平社会救助官民合作的主要形式

南京国民政府时期，随着国家权力对公域的渗透，政府不断地强化对社会救助机构的监督与管理。1928年6月，北平市政府成立后，逐渐将社会救助事宜纳入政府的统筹范围。这一时期，北平社会救助事业虽有官办民辅、民办官助或官民分办等形式，但随着北平社会救助事业的发展，官导民办逐渐成为北平社会救助的主要形式。其主要表现在：在社会救助事业的兴办中，官方扮演了一个发起者、组织者、统领者、政策制定者的角色；在社会救助事业的具体实践中，官方起到了协调者、监督者与指导者的作用，而民间社会力量则是社会救助实践的具体行动者。如1928年秋季，为救助北平贫民而组织成立的北平贫民救济会，是在北平时任市长何其巩的倡导下，由市各机关牵头，各法团领袖及各慈善家积极参与组织成立的慈善团体。该会的救助活动是由北平市各主要慈善团体依据该会制定的各项制度来具体负责，其之所以能取得较大成效且能持续发展下去，与官方的领导和支持密不可分。1935年12月，北平各慈善团体联合会也是由官方发起，由本市26家慈善团体参与并组织成立的。该会名誉主席、副主席分别由本市市长、北平市社会局局长担任，其具体的慈善救助活动则由26家慈善团体负责。如1936年1月，北平市政府向北平各慈善团体联合会拨款两万元，用以开办粥厂及暖厂，救济本市贫民。为了商讨救济事宜，由北平市社会局救济股主任和该会主席以及该会中的北平五台山普济佛教会、世界红十字会中华总会等7个团体共同开会协商，最后经会议讨论决定，"东平仓、南城隍庙、安定门等三处暖厂，统定二十二日开放"，"先农坛粥厂，及地安门茶棚庵粥厂，均定二十二日开锅"，具体由北平五台山向善普化佛教会、

---

① Walter I. Trattner, *From Poor Law to Welfare State*，1989；转引自郑功成《社会保障学》，第123～124、131页。

北平五台山普济佛教会、中国三教圣道总会、北平贫民救济会等慈善团体负责举办。[①] 南京国民政府前期，北平社会救助事业的官导民办形式是近代中国社会发展的客观需要，同时也是中国本土化国家与社会在公共领域合作互动的体现。

（三）民间慈善力量是北平社会救助事业发展的不竭动力

1928 年至 1937 年，北平市失业人数剧增，而新成立的北平特别市政府及以后的北平市政府在丧失中央政府的强大支持后，单凭自身力量，难以开展这项任务艰巨的救助活动。面对繁重艰巨的救助任务，北平宗教团体、会馆、同乡会、妇女团体、外侨社区、商会等民间慈善力量积极踊跃地参与到社会救助活动之中，成为推动北平社会救助事业健康发展的不竭动力。如在 1932 年至 1935 年 4 年中，北平市政府用于社会救助的经费支出仅占本市各项经费总支出的 0.75%，位居各项经费开支之末。社会救助财政支出的减少加大了民间筹资的力度，以北平贫民救济会为例，从 1928 年 10 月至 1937 年 4 月，该会赈款总收入为 209100.17 元，其中来自社会各界的捐款数为 204279.64 元，约占该会赈款总收入的 97.7%。[②] 民间慈善力量除向该会捐款外，还捐助了大量的小米、衣服、煤球、房产等，如 1935 年 11 月，吴幼权先生将自己在北平净土寺街六号旧德王府全部房产捐助给北平贫民救济会，以设法脱售，现金存本支息，按年办理本市贫民冬赈。[③] 宗教团体成为北平重要的民间慈善力量之一（表 6-1），南京国民政府前期，北平仅宗教力量在本市创办的慈善机构就达 18 处，这些机构涉及救济的诸多方面，且举办经费多为自筹。[④] 虽然民间慈善力量创办的救助机构规模较小，但正是这些涓涓细流才汇成了北平社会救助事业的洪涛巨流。正是众多民间慈善力量的积极参与和支持，才使本市穷黎们的生活得以延续，救济之树得以常青。在无数慈善人的支持下，1928 年至 1937 年北平社会救助事业才呈现较快的发展态势。

---

① 《暖厂三处粥厂两处，均定明日开锅》，《北平晨报》1936 年 1 月 2 日，第 6 版。
② 《北平贫民救济会征信录》（第 1、2、5 期），北京市档案馆：J2-6-38；《北平贫民救济会第三期征信录》，北京市档案馆：J2-6-36；《北平贫民救济会征信录》第 4 期，国家图书馆缩微资料。
③ 《北平贫民救济会征信录》第 4 期，国家图书馆缩微资料。
④ 北平特别市社会局编《北平特别市社会局救济事业小史》，第 92 页。

表 6 - 1　北平各宗教力量举办慈善公益事业一览

寺院名称	举办事业	宗旨	基金由来	成立（批准）时间	收容人数	地址
观音院大佛寺	平民学校	教育贫民子弟	本寺筹措	民国十七年	男女40余名	观音院
觉生寺	贫民教养院	广收贫民子女授以生活技能	地方士绅所捐香火地亩	—	男60名 女40名	西直门外觉生寺
慈慧寺	慈济第一平民工厂	—	自筹及佛平教会补助	民国十七年	60名	西郊慈慧寺
兴隆寺关帝庙	北平慈济院	救济无力生活之贫民	两处庙房33间估洋五千元	民国十七年	贫民80名 留养老人30名	广安门外菜户营关帝庙及兴隆寺
拈花寺心花寺	合办贫民学校一所并设立粥厂	—	由各寺自筹	民国十七年	70余人	—
广普寺	北平佛教第二平民学校	教育贫民子弟	自筹	民国十七年	男女50余人	—
弘慈广济寺	纺线工厂及粥厂	—	自筹	民国十七年	—	—
龙泉寺观音寺	贫民学校及筹办孤儿院各厂	—	北平平民教育联合会所属各寺院及该寺	民国十七年	—	—
嘉兴寺	嘉兴慈善工厂	惠济民生	自筹	民国十七年	—	地安门外
法源寺	平民学校及贫民工厂	救济贫苦失学子弟	由本寺常住担任	—	40名	宣武门外法源寺
北平佛教平民教育联合会（佛平教会）	慈济第一女子小学校	—	由永常等九家担任	—	女60名	—
宝禅寺关帝庙	宝善平民学校	救济失学儿童	自筹	民国十八年（批准）	分初高二级若干班，每班50人	武王侯胡同东安门大街

续表

寺院名称	举办事业	宗　旨	基金由来	成立（批准）时间	收容人数	地　址
佛教会通明庵	私立妇女施诊所	救济贫家妇婴疾苦，不取诊费	自筹	—	无定数	内五区松树街小新开路
天庆寺清化寺	平民线席小工厂	专收贫苦儿童教以线席工艺	自筹	民国十八年（批准）	10 名	崇外东晓寺路法华寺街
北平佛教平民教育联合会（佛平教会）	举办第一平民工厂	—	—	民国十七年（批准）	—	西直门外
九顶庙	私立平民补习学校	教育失学之寒苦之弟	自筹	民国十八年	30 名	北新桥
圆通庵	平民学校	教育失学之幼童女孩	自筹	民国十八年	20 至 40 名	北郊青龙桥

附记：本表各寺院于民国十七年以前所办各慈善事业均未列入；各寺院关于放赈等轻微慈善事业亦未列入；各寺院有拟办慈善事业尚未就绪者亦未列入。

资料来源：北平特别市社会局编《北平特别市社会局救济事业小史》，第 92～95 页。

（四）院内外救助是北平社会救助发展的两翼

如果把北平社会救助的院内收容视为"集约型"救助，其特点为救助人数少，注重对被收养人谋生技能的培养，那么院外收容则为"粗放型"救助，其特点为救助人数多，注重短期内对受助人生计问题的解决。近代以来，伴随中国社会近代化的历史进程，中国社会救助事业也在传统与现代的理念碰撞与交织中嬗变。作为首善之都，北京成为中国践行西方先进救助理念的先行者之一。在经历清末民初近代化的初步发展后，北平社会救助事业在南京国民政府的前十年中步入了近代化的急速转型期，集中体现在制度化建设、行政体制及执行机构的变革、救助手段的科学化多样化等方面。北平社会救助事业的近代化更多体现在北平院内收容救助上，但院内收容救助规模狭小，救助人数有限。据调查统计，1934年下半年，北平市社会局救济院在残老、妇女教养、游民感化、贫民习艺、育幼等方面的收容总人数为1280人①。1936年北平市社会局救济院第一习艺部、第二习艺部、妇女儿童部、劳工部的收容人数分别为403人、83人、479人、667人，共收容1632人。② 相对于北平数十万贫民而言，北平市社会局救济院的收容救助只能是杯水车薪，然而它是北平社会救助事业近代化的集大成者，代表了北平社会救助事业的发展水平与发展方向。与院内小规模救助相比，北平院外救助则体现了救助规模大、人数多、时间短等特征，其施救方式多为施粥及施米面、钱粮、衣服等生活必需品，多强调对受助人的养。这种施救仍是传统救助方式的延续，但面对数十万穷黎，这种施救方式又不失为一种最可行的方法。北平社会救助事业正是在院内与院外相结合，现代与传统理念相交织的二弦变奏下不断演进的。

（五）先进的施救理念是北平社会救助近代化转型的精神动力

1840年以来，中国人从"'师夷长技以制夷'开始，进而'中体西用'，进而自由平等博爱，进而民主和科学。在这个过程中，中国人认识世界同时又认识自身"。近代中国思想观念演变的历史轨迹反映了"中国人在奔向近代化过程中的认识的逐步提高"。③ 而中国社会救助理念也正是在中西思想文化的相互比照与会通中发生着不断变化的。特别是在经过辛亥革命和新文化

---

① 《北平市收容机关调查表（1934年下半年）》，北京市档案馆：J2－6－5。
② 详见北平市社会局编《北平市社会局救济院特刊》的"救济院收容人分配统计图"。
③ 陈旭麓：《近代中国社会的新陈代谢》，上海人民出版社，1992，第5页。

运动的洗礼后，中国传统社会基于儒家思想的政府施惠型救助理念逐渐演变为政府责任型救助理念，诚如时人所言："我国普通所谓'慈善'，乃当局或上层阶级对于平民之一种施惠。近年以来，此种观念，业经根本改变"，社会救济被视为"政府对于人民之一种重要责任，在人民方面，则为一种应享之权利"。① 而作为南京国民政府当权者的蒋介石也曾指出："今日的社会救济，并不纯是一种以悲天悯人为基础的慈善舍施，而是在义务与权力对等的观念中，以及在社会的连带责任观念中，政府与人民应有之责任。"② 此外，随着救助理念的嬗变，施救手段也趋于合理、科学，由"重养轻教"的消极救助演变为"教养并重"的积极救助。近代中国社会救助理念由"施惠"向"责任"、由"消极"向"积极"的嬗变，为近代中国社会救助事业的近代化转型提供了精神动力和理论支持。正是得益于施救理念的嬗变，北平社会救助事业才步入了制度化、法制化的发展轨道，才有救助机构的精简与改革等。南京国民政府前期，北平社会救助事业处于一个新旧并存、新旧交叠的转型期，因此这一过程就显得尤为复杂而曲折。③

二 历史缺憾：北平社会救助的局限性

（一）相较北平贫民而言，北平社会救助只能是杯水车薪

伴随着近代中国社会的剧烈变动，中国社会日渐贫困。据调查，1929年北平贫民总计34万余名（其中极贫18万余名，次贫16万余名），占全市人数的1/3，即三人中就有一人为贫民。④ 面对数十万的贫困群体，北平市政府每年开展数千人的院内院外救助就如沧海一粟，即使是本市各慈善团体，其施救对象也仅局限于"极贫之市民"，而次贫市民，"几致无人过问"⑤，且绝大多数慈善救助团体仍采取简单的米粥施舍方式，只注重对受助者的养，而缺乏对受助者的教，这种传统的施救措施容易滋生受助者的依赖性，

① 陈凌云：《现代各国社会救济》，"自序"，商务印书馆，1937。
② 谢徽孚：《中国新兴社会事业之功能与目的》，秦孝仪主编《革命文献》第100辑，台北，"中央文物供应社"，1984，第2页。
③ 岳宗福、杨树标：《近代中国社会救济的理念嬗变与立法诉求》，《浙江大学学报》2007年第3期。
④ 《北平贫民人数最近调查》，《顺天时报》1929年9月27日，第7版。
⑤ 《救济贫民之治标办法》，《北平晚报》1932年2月18日，第3版。

大大降低了救助效果。此外，北平贫民即使是在应救的范围之内，也未必能得到救助。据牛鼐鄂对北平 1200 户贫困户的调查研究发现，在 1200 户贫困户中，"仍有三百九十一家，合百分之三十二又五八，未受任何之救济"[①]。无依无靠之贫民因饥寒所迫"出以自杀者有之"，"铤而走险者亦不乏其人"[②]，"盗匪案件，自属防不胜防"[③]。相较于数量庞大的贫民，北平社会救助的功效甚微，其发挥的示范效应远大于实际意义。

（二）北平财政窘困，救助经费严重不足

北平市财政境况诚如时人所言："北平在昔本为首善之区，畿辅所在，收支均呈巨额。但自首都南迁，诸事紧缩，财政情形一时极为紊乱。"[④] 国都南迁后，北平财政骤现困窘，据统计，自 1928 年 7 月至 1934 年 7 月间的 71个月中，北平市财政仅有 11 个月有结余，且结余之数额最高不过 11 万，其他60 个月均为亏欠之月，而亏欠之数常达 60 万元以上。由表 6-2 可知，在北平市财政开支中公安费最多，年达 200 万元左右，民国十八年度约占当年经费总支出的 42%，民国十九年度约占当年经费总支出的 47%，民国二十年度约占当年经费总支出的 41%，二十一年度约占当年经费总支出的 48%；

表 6-2　北平市各机关经常临时支出分类一览

单位：元

	民国十八年度	民国十九年度	民国二十年度	民国二十一年度
行　政　费	571732.133	472596.477	475092.650	354922.062
建　设　费	527265.518	441490.869	411963.346	359594.507
财　务　费	294090.673	321181.679	329558.772	246702.530
实　业　费	58284.990	60771.601	69491.939	57385.820
卫　生　费	218905.809	246882.246	248264.200	179558.330
公　安　费	1923378.679	2261498.820	1974683.100	2228056.448
教育文化费	847203.701	908679.087	980002.925	986510.660
慈善救济费	29880.894	48936.370	34059.070	42211.470
党　务　费	3900.000	84000.000	126500.000	112400.000
债　务　费	102920.451	—	—	70276.510
杂　　　费	—	195.985	32862.719	9500.000
总　　计	4577562.848	4846233.134	4682478.721	4647118.337

资料来源：朱炳南、严仁赓：《北平之市财政》，出版地不详，1934，第 35 页。

---

① 牛鼐鄂：《北平一千二百贫户之研究》，《社会学界》第 7 卷，1933，第 168 页。
② 《救济贫民之治标办法》，《北平晚报》1932 年 2 月 18 日，第 3 版。
③ 《北平抢案叠出》，《北平民报》1929 年 9 月 19 日，第 3 版。
④ 朱炳南、严仁赓：《北平之市财政》，1934，第 28 页。

教育文化费位居第二，年计约 100 万元；其后依次为行政费、建设费、财务费、卫生费、债务费、党务费、实业费、慈善救济费、杂费等。而慈善救济费在北平市财政支出项目中年平均约支出仅 3.9 万余元，民国十八年度约占当年经费总支出的 0.65%，民国十九年度约占当年经费总支出的 1%，民国二十年度约占当年经费总支出的 0.73%，民国二十一年度约占当年经费总支出的 0.91%。如将慈善救济费支出最多的民国十九年度与当年 166106 人北平贫民相比①，则用于每人的救济费仅为 0.29 元。北平财政的窘困严重地影响着北平社会救助实践活动的开展，在面对众多需救助群体，北平各救助机关时常缺衣少物，不得不四处奔走呼号，如 1931 年 11 月北平市社会局代贫民募捐棉衣时曾指出："当此市款拮据之时，贫民教养院、乞丐收容所、疯人收养所等处贫民冬令所需棉衣、棉裤无力购办，向赖军警机关及慈善团体救济。"② 救助经费短缺导致各救助机关节衣缩食，减少救助人数，缩小救助规模，从而出现了需救助者数不胜数，而受助者却寥寥无几的情况。

（三）组织管理滞后，带有浓厚的封建性

北平社会救助在经历清末民初近代化的探索与实践后，于南京国民政府时期得到了较快发展。然而，北平社会救助的现代化实践仍然带有封建性表征，如北平社会救助机关"职员官僚化，……各机关之服务人员，多染官僚积习，阶级之观念独存，以固位做官为事业，不以救济为事业"。③ 社会学认为官僚化即为"科层化"，其主要表现为"明确的权力等级制""关于工作人员的职责和权利的规定""一套标准的工作程序""人员之间非个人的关系"等特征。④ 官僚化凸显了科层间的等级关系，固化了办事流程，降低了办事效率，不利于事物的发展。如北平妇女救济院，这一与市场密切相连的救助机构常因行政审批效率低下而招致损失，因为北平妇女救济院在为其习艺工厂审批原料购置费时，需要向社会局、市政府逐层上报审批，而此过程

---

① 牛鼎鄂：《北平一千二百贫户之研究》，《社会学界》第 7 卷，1933，第 150 页。
② 《平社会局代贫民募棉衣》，《北平晚报》1931 年 11 月 18 日，第 1 版。
③ 北平特别市社会局编《北平特别市社会局救济事业小史》，第 17 页。
④ 中国社会科学院文献情报中心：《社会科学新辞典》，"官僚化"词条，http：//xuewen.cnki.net/R2006100030000723.htm/，最后访问日期：2016 年 8 月 16 日。

"往往稽延时日，款尚未领得，原料价格又涨"①，习艺工厂时常因产品成本过高而蒙受损失②。在1934年北平社会救助机构的变革中，北平妇女救济院被改组为第二习艺部，成为北平市社会局救济院下属的一个救助机构，其一切行政事务均归该救济院负责，甚至文字上的一点对外权都没有。1934年冬，鉴于棉衣短缺而该救济院一直不发，第二习艺部主任凌其瑞便写信对外募捐，此事引起该救济院院长对其"越权"行为的不满。最后，凌其瑞发出了无奈的感慨："总院长又是男的，究竟和我们隔膜一点，不知道我们的需要。"③ 这种带有浓厚封建专制主义色彩的管理，严重阻碍着北平社会救助事业的发展。

三　北平社会救助公域中的国家与社会

（一）清末民初国家对社会救助公域控制的弱化

现代化道路可分为内源性现代化与外源性现代化两种。中国的现代化并非如西方国家般是由社会自身力量产生的内部创新，而是在国际环境的影响下，受外部力量冲击而引起的内部思想和政治变革，属于外源性现代化。④近代以来，外力的不断冲击改变了中国社会按自身内在逻辑演变的历史进程，使中国社会步入了一个不可预期的社会转型期。然而，外力的冲击也引发了中国亘古未有的巨变，这个巨变，"是'天朝意象'的世界观的彻底破碎；是以儒家思想为基地的'价值系统'的根本震裂；是传统的思想与结构的大规模的解组"。⑤ 可以说，中国现代化是"被现代化"的，是在国家衰败中因外部力量的强行介入而被开启的。中国现代化特殊的启动方式孕育了近代社会庞杂的弱势群体，如乞丐、难民、灾民、无业游民、失业工人、穷苦贫民、妓女等。面对严重的社会问题，19世纪中叶后，"国家干预的能力显然消弱，与一个世纪前相比，社会经济环境越来越不利，对于中央政府来说，有效地协调和控制任何大规模的活动变得越来越困难，

---

① 《本市妇女习艺工厂调查记》，《京报》1932年1月31日，第6版。
② 《妇女习艺工厂见闻（下）》，《北平晨报》1931年11月19日，第6版。
③ 子冈：《北平妇女救济院》，《女声》1934年第4期；转引自孙高杰《1902－1937年北京的妇女救济》，博士学位论文，南开大学，2012，第217页。
④ 罗荣渠：《现代化新论——世界与中国的现代化进程》，商务印书馆，2006，131页。
⑤ 金耀基：《从传统到现代》，广州文化出版社，1989，第57页。

甚至是不可能的"①。处于衰败中的晚清政府在内外力量的挤压下,对社会的整合与控制力逐渐弱化,将社会救助事业更多的让渡与民间慈善力量。北京政府时期,中国社会并未因政权、国体的更迭而走向共和,反而陷入军阀割据和连年混战的状态中。中央政权的频繁更迭和政局的动荡不安,导致了中国社会在政治上难以形成一个能有效统治的中央权威,国家权力被严重弱化。② 国家权力的弱化为民间社会力量的发展提供了广阔的空间。

（二）南京国民政府时期国家对社会救助公域控制的加强

1927 年 4 月南京国民政府建立后,确立了以党治国的治国方略,为了实现党治目标及蒋介石的独裁统治,南京国民政府加强了对社会各领域的法制化及制度化建设,"努力控制其他群体,使他们不超出传统的界限,……限制他们对政治和文化中心的参与与接近"③,从而实现国家权力对社会强有力的整合与控制。如同亨廷顿所言:"现代化通常不仅需要将权力从地方的、贵族的和宗教的集团手中转移到世俗的中央国家机构中,而且需要将权威集中到国家机构中的某一个人的手中。"④ 就社会救助事业这一公域而言,南京国民政府通过以下方式加强了控制。

1. 加强对救助实施机构的监管立法

为了加强对救助实施机构的管理,南京国民政府制定颁布了《各地方救济院规则》《管理私立慈善机关规则》《监督慈善团体法》《寺庙管理条例》《各地方慈善团体立案办法》《寺庙兴办公益慈善事业实施办法》《佛教寺庙兴办慈善公益事业规则》等法律法规。南京国民政府通过制定执行法律法规来实现政府对社会救助事业的管理与控制。

2. 确立了"三民主义"的官方意识形态

旨在解决社会问题的社会政策"本身是一个政治过程,它涉及意识形态、政治制度和价值观的深厚影响"⑤。南京国民政府成立后,确立"三民

① 〔法〕魏丕信:《18 世纪中国的官僚制度与荒政》,徐建青译,江苏人民出版社,2003,第 5 页。
② 马宝成:《中国早期现代化中的国家权力状况探析》,《齐鲁学刊》1999 年第 2 期。
③ 〔以〕S. N. 艾森斯塔德:《传统、变革与现代性》,转引自谢立中等主编《20 世纪西方现代化理论文选》(下),上海三联书店,2002,第 1092 页。
④ 〔美〕塞缪尔·P. 亨廷顿:《变化社会中的政治秩序》,王冠华等译,上海人民出版社,2008,第 130 页。
⑤ 熊跃根:《社会政策:理论与分析方法》,中国人民大学出版社,2009,第 76 页。

主义"为官方的意识形态，并在这一意识形态的统摄下开展了对中国社会救助事业这一公共领域思想文化的重塑，如加强对社会救助团体的思想控制，以"三民主义"思想为其行动的指导思想等。

3. 制定颁布了非政治性自愿社团制度

早在 1927 年 8 月，南京国民政府就规定，"人民团体的组织和活动要接受各级国民党党部的监督和指导。各级党部要警告、纠正，必要时动用警察和军队制止任何社团的不适当活动"①，对人民团体与国民党党部的关系做出了初步的界定。1929 年 6 月，为了规范对人民团体的管理，国民党中央委员会第三届第二次全体会议通过了《人民团体设立程序案》。该案把自由社团分为职业社团和社会社团两类，其中职业社团包括农会、工会、商会等，社会社团包括慈善团体、学生团体、妇女团体、文化团体等。② 1930 年 7 月，国民党中央委员会又制定了《修正人民团体组织方案》，该方案规定："成立一个职业团体，至少要有 50 名发起人，成立一个社会团体，要有 30 名发起人。所有的团体必须向地方党部提交申请书得到批准。所有团体必须接受国民党特派员的视察。此外，这些团体要遵循三民主义，接受国民党指导，遵守法律，服从政府指令。"③

南京国民政府时期，政府通过法制化、制度化建设逐步强化了对社会的管理和控制，"旨在消弭积极自主的民众运动，尤其是在政治领域，并把所有的社团都置于国民党党国的严密监视下"。④ 但在实际运行过程中，由于南京国民政府"软政权"⑤的特性，在其统治初期并未实现对社会政治混乱状况的有效治理与整合，从而导致了国家法律、法规的"内卷化"，即国家法

---

① 《国民政府公报》第 10 号，1927 年 8 月 1 日，第 36～37 页；转引自徐小群《民国时期的国家与社会：自由职业团体在上海的兴起》，新星出版社，2007，第 97 页。

② 《人民团体法规汇编》，吴县党务整理委员会，1930，第 1 页；《国民政府公报》第 336 号，1929 年 12 月 4 日，第 12 页；转引自徐小群《民国时期的国家与社会：自由职业团体在上海的兴起》，第 97 页。

③ 《国民政府公报》第 429 号，第 2～4 页；转引自徐小群《民国时期的国家与社会：自由职业团体在上海的兴起》，第 98 页。

④ 徐小群：《民国时期的国家与社会：自由职业团体在上海的兴起》，第 103 页。

⑤ 瑞典经济学家缪尔达尔（Gunnar Myrdal）在其《世界贫困的挑战：世界反贫困大纲》一书中提出了"软政权"的概念，他认为软政权的主要原因是权力集中在上等阶层手中，他们能够提供平等的法律和政策措施，但各级公务人员普遍不遵从交给他们的规章与指令，并且常常和那些他们本应管束其行为的有权势的人们与集团串通一气，从而导致了国家法律政策难以有效贯彻，形成了国家政权的软化现象。详见〔瑞典〕冈纳·缪尔达尔《世界贫困的挑战：世界反贫困大纲》，顾朝阳译，北京经济学院出版社，1991，第 184、196 页。

律、法规的频频制定、公布与其贯彻执行效力的"乏力化"。

（三）北平社会救助公域中国家与社会的关系

南京国民政府前期，随着国家对社会救助事业法制化、制度化建设的加强，民间社会组织逐渐被纳入国家政权的整合与控制范围。中国自古家国同构，社会服从于国家，由于"在中国政治文化当中，没有社会独立于国家并获得不受国家干预的自主权""在强大的国家政权面前，由民间组织构成的市民社会难于发展成相对于国家以外的实体性社会，其存在的合法性及生存空间始终受到来自国家的控制和挤压，无法形成与国家平等的对话和制衡关系"。[①] 所以，民间社会组织也只能在国家制度的规制下发生着符合时宜的变革。如《北平五台山龙泉佛教慈善会简章》第三章第八条规定，凡有下列情事之一者不得为本会会员：褫夺公权尚未复权者，有违法行为经判决确定者，有违背三民主义之言论及行为者，有不良嗜好者，有精神病者。[②]《北平五台山向善普化佛教会私立平民小学校简章》规定，本校以灌输儿童普通之常识，养成国民道德之基础，以通晓三民主义为宗旨。[③] 从上述简章中可以看出，民间社会组织的慈善活动是在遵从、不悖南京国民政府政策法规、意识形态的前提下开展的服务于社会发展的友善之举。在北平社会救助事业这一公域内，"'市民社会'并未明确划出界限，也不敢将国家或国家类型的实体踢在一边"，相反，面对国家权力的不断扩大，在中国"市民社会"看来，主要是"按照义务和依附而非权利和责任来理解社会的存在"。[④] 如1929年，南京国民政府颁布了《寺庙管理条例》《监督寺庙条例》等条例，根据条例的规定，1929年12月，北平佛教联合会召集北平各寺院代表，讨论了关于北平市各寺院应行革新事件，最后决定各寺院应行革新办法8项，其中6项为：（1）各寺院原有之香火地亩，应改由各寺院自行派人种植。（2）各寺院自民国十九年一月起，一律自行筹设工厂，召集贫苦儿童入

①　蔡勤禹：《民间组织与灾荒救治——民国华洋义赈会研究》，商务印书馆，2005，第301~302页。

②　《北平五台山龙泉佛教慈善会呈报迁移会址等文件、附简章筹备委员名册》，北京市档案馆：J181-14-49。

③　《调查处理五台山向善普化佛教会更名开会选举等问题的文件》，北京市档案馆：J181-14-45。

④　邓正来、〔英〕J. C. 亚历山大：《国家与市民社会：一种社会理论的研究路径》，第399~400页。

厂习艺。（3）各寺院原有庙产，由北平佛教联合会呈请国民政府饬属妥加保护。（4）各寺院原设有之神方箭筒，应一律自行取消。（5）各寺院僧人，平日可改换便服。（6）各寺院如有贫苦僧人，应查明由北平佛教联合会设法予以救济。① 北平各寺庙的革新事件体现了民间社会组织对国家政策的遵从与回应，同时也昭示了民间社会组织与政府的合作姿态。

对于国家与社会在公域的角色关系，黄宗智认为，中国社会的"公共领域"不应理解为国家和社会处于对立者的"资产者公共领域"，而应把它理解为国家与社会之间不断进行互动谈判，从而发生相互渗透的独立空间，即实现国家的社会化，社会的国家化。② 南京国民政府前期，随着党国体制的确立与实践，国家通过制度化建设不断强化对民间社会组织的整合与控制，而民间社会组织也在国家制度的规制下不断发生符合国家意志的近代化转型，面对国家的社会政策，民间社会组织更多的表现为遵从、依附。但在社会救助的实践活动中，国家与社会更多的表现为互赖、互动的协作关系，如在北平施粥过程中，"政府则酌力补助私立粥厂"，并积极参与粥厂的创办，"每年政府所办粥厂可占全市粥厂总数六分之一"，粥厂的施粥日期也逐步趋于统一，"民国二十至二十一年，北平各厂开办期限比较一律，百分之九十五于十一月初开厂，百分之五于十二月初开厂"。在施粥过程中，每一个粥厂都有官方派来的职员，一般为 4～15 人，其职责在于放粥时维持秩序。③ 在北平贫民救济会的救助活动中，北平各主要慈善团体成为救助活动的具体实践者，而北平市政府则是其经费的主要支持者。在政府的号召下，该会的募款不仅有来自民间的捐助，而且有来自政府各机关的捐助，这为该会庞大救助活动的开展及其能够得以延续奠定了坚实的基础。当然，国家与社会的关系也并非完全是和谐的，它们之间也存在着博弈，如 1929 年 4 月北平特别市政府公布了《北平特别市私立公益慈善各团体登记规则》，规定本市私立公益慈善各团体均须到北平特别市社会局登记注册，但在 1928 年至 1937 年间，北平私立公益慈善各团体尚未登记者仍有不少。④ 在天津、上海等地也存在着国家与社会的博弈现象。天津民间社会组织对政府最大的抵制行为

---

① 《北平佛教会昨召集会议讨论各寺院革新办法》，《顺天时报》1929 年 12 月 17 日，第 7 版。
② 转引自杨念群《中层理论——东西方思想会通下的中国史研究》，江西教育出版社，2007，第 115 页。
③ 张金陔：《北平粥厂之研究》，《社会学界》第 7 卷，1933，第 197～199 页。
④ 《北平特别市社会局布告》，北京市档案馆：J23－1－22。

是"天津慈善事业联合会"名称的更改。1931 年 8 月，政府以"慈善"意义狭窄为由，将"天津慈善事业联合会"更改为"天津救济事业联合会"，因为名称更改后，更多强调的是该组织的"国家性"，而非"社会性"。政府权力的介入，使民间社会组织丧失了自由活动的空间，因此遭到了各慈善团体的反对。① 国家与社会的博弈只是社会救助事业发展进程中的小小插曲，二者的良性互动才是其发展的真正主流。

南京国民政府前期，北平社会救助的实践表明，民间社会组织的救助活动旨在救助弱势群体，维护既有社会的政制及社会秩序，协助国家渡过困境；而国家也正是借助民间社会组织的强大力量，协助其开展对弱势群体的救助，从而实现社会秩序的稳定、国家的安宁。在国家与社会的合作互动中，民间社会组织信守"党国体制"的核心价值，它们并未产生与现存意识形态相对抗的思想和言论，也未对既存社会秩序及政权提出挑战。虽然在社会救助的实践中，偶尔上演国家与社会博弈的小小插曲，但这种博弈是彼此间利益的博弈，并非因政见或价值观不同而引发的博弈。社会对国家意识形态的认同为我们重新认识"公共领域"中国家与社会的关系提供了一个新的视角，因为"单从结构或领导人来分析这个领域，可能令人误以为它对政权有威胁性"②。北平社会救助"公域"内国家与社会的关系具有中国传统政治文化与近代色彩的双重特征，是一种中国本土化的关系，它不具有西方社会中公民社会怀疑国家权威、制衡国家权力的自由主义模式，而更多体现的是公民社会的国家主义模式。

四 北平社会救助事业的历史回响

伴随近代中国社会的沧桑巨变，北平社会救助事业在传统与现代的交织碰撞中逐渐步入了近代化发展轨道。南京国民政府前期，北平社会救助事业的近代化历程在经历量变后，进入了一个质变的发展期，其突出表现在社会救助事业的制度化、法制化建设及院内施救手段的完善化、科学化等方面，如在法制建设上，"民国期间尤其南京国民政府时期，有关社会保险和社会福利的法规不断出现，并取得一定成效。这与传统的社会救济方式相比，无

---

① 任云兰：《近代天津的慈善与社会救济》，天津人民出版社，2007，第 259～260 页。
② 梁其姿：《施善与教化——明清的慈善组织》，第 322 页。

疑是一种历史性的进步"。① 对北平社会救助事业的研究与考察不仅仅是对昨日历史事件的梳理与重现，而且是回溯过去展望未来，"使人能够理解过去的社会，使人能够增加把握当今社会的力量，便是历史的双重功能"。② 南京国民政府前期，北平社会救助事业已随着岁月年轮的转动而逝去了80多个春秋，但其扶危济困的宝贵经验绝不会因岁月的流逝而变得陈腐，这些经验对当前中国社会救助事业仍具有重要的启示意义。

第一，加快社会救助事业的法制化建设进程。在现代社会，"如果说生存者通过'劳动——财产——维持生存'的定式完成了自我实现的话，那么另一种定式'物质请求——国家帮助——维持生存'就是某些特殊主体生存权实现的方式"。③ 社会救助作为社会保障体系的第一道防线，在当今中国社会保障事业建设中仍占有重要地位。2010年国家统计局公布的数据显示，如按照2010年农村贫困标准年收入1274元测算，年末农村贫困人口与上年相比虽有所减少，但仍有2688万人。④ 而根据国家统计局"城调总队"测算，中国城市贫困人口在1000万至1500万，多数研究者认为城市贫困人口在1000万至3000万之间。⑤ 城乡贫困人口、老弱病残者，以及受灾害侵袭的灾民等弱势群体，他们的生活在很大程度上依赖于政府和社会的救助，而社会救助的法制化建设，"是社会救助权利实现的制度保障，是社会救助由'恩惠'转变为'权利'的关键环节"，"通过立法，不仅可以为形成统一、科学、规范的社会救助制度奠定法制基础，从根本上保证社会救助制度的权威性、公平性和可持续性，而且由于法律的制定需要通过立法机关（民意机关）的审议，可以避免政府单方面主导社会救助政策而难以兼顾责任主体各方面利益的缺陷，从而确保社会救助制度建设更为公正，确保社会救助权利的配置方式更加理性"。⑥

改革开放以来，随着中国经济体制的转变，社会救助的法制化建设也逐渐地发展起来。为了确保农村贫困人口的生活问题，1994年1月，国务院颁

---

① 朱汉国主编《中国社会通史（民国卷）》，山西教育出版社，1996，第544页。
② 〔英〕E. H. 卡尔：《历史是什么？》，陈恒译，第146页。
③ 韩德培：《人权的理论与实践》，武汉大学出版社，1995，第388页。
④ 国家统计局：《中华人民共和国2010年国民经济和社会发展统计公报》，http://www.stats.gov.cn/was40/gjtjj_detail.jsp? searchword =% C6% B6% C0% A7&channelid = 6697&record = 2，最后访问日期：2011年3月18日。
⑤ 王有捐：《对目前我国城市贫困状况的判断分析》，《市场与人口分析》2002年第6期。
⑥ 杨思斌：《社会救助权的法律定位及其实现》，《社会科学辑刊》2008年第1期。

布了《农村五保户供养工作条例》，该条例规定对农村五保户给予五保供养，即在吃、穿、住、医、葬方面给予村民的生活照顾和物质帮助，初步建立了对农村特贫户的救助制度。2007 年 7 月，国务院发布了《关于在全国建立农村最低生活保障制度的通知》，该通知要求将符合条件的农村贫困人口全部纳入保障范围，稳定、持久、有效地解决全国农村贫困人口的温饱问题，自此我国农村贫困人口的救助制度得以正式建立。在对农村贫困群体救助制度的不断完善中，中国政府也开启了对城市贫困人口救助的立法探索。1997 年 9 月，国务院颁布了《关于在全国建立城市最低生活保障制度的通知》，该通知要求对家庭人均收入低于当地最低生活保障标准的持有非农业户口的城市居民发放最低生活保障金，这标志着我国城市贫困人口救助制度正式建立。1999 年 9 月，国务院又颁布了《城市居民最低生活保障条例》，该条例将我国城市居民的低保制度纳入了法制化建设轨道，在我国社会救助法制化建设史上具有重要意义，因为该条例的颁布"昭示了按照最低生活保障线获得社会救助是公民的基本人权，实行社会救助是国家义不容辞的责任"①。

随着社会主义市场经济体制的不断完善，中国社会救助的法制体系也初具雏形，但中国现行社会救助的法制多是"通知""条例"等法规政策，而且有关社会救助专门的监督、褒奖等诸多方面的立法仍为缺失，尤其是目前中国尚无一部国家级别的"社会救助法"来统摄社会救助工作，社会救助活动"不是依靠法律，而是主要以政府部门的权能为基础，依靠行政手段的强有力干预来实施的，这使社会救助呈现出了较大的随意性和主观性"②。这种社会救助立法远远滞后于社会救助实践的状态不利于社会救助事业的良性发展，加快社会救助的法制化建设进程，建立综合、统一、专门性的救助法律，不仅是中国社会救助事业发展的必然所趋，而且是构建社会主义和谐社会的重要"安全网"，因为"弱势群体边缘化和贫困化的生存状态，容易使他们产生相对被剥夺感和对抗情绪，从而使得这一队伍中蕴藏着巨大的社会安全风险隐患"③。

第二，积极鼓励和引导民间慈善力量的发展。改革开放以来，中国慈善事业在恢复中发展，在发展中壮大，如中国少年儿童发展基金会、中华慈善

---

① 杨思斌：《中国社会救助法制建设的现状分析与对策研究》，《探索》2008 年第 4 期。
② 杨思斌：《中国社会救助法制建设的现状分析与对策研究》，《探索》2008 年第 4 期。
③ 上海市慈善基金会编《转型期慈善文化与社会救助》，上海社会科学院出版社，2006，第 30 页。

总会等众多公益慈善组织相继诞生。截至 2006 年，全国 30 多个省、区、市中有 27 个已经建立了慈善总会（基金会、协会），全国地市级行政区域内也建立了很多公益慈善组织。而成立于 1994 年的中华慈善总会，此时已有 170 多个会员单位[1]，到 2010 年底，该会会员单位已达 303 个[2]。但中国慈善事业的发展仍处于成长阶段，它不仅滞后于本国社会、经济发展的需求，而且与西方发达国家相比仍存在巨大差距。2005 年，中华慈善总会副会长徐永光曾指出，美国人均 GDP 是中国的 38 倍，但美国人均慈善捐款额是中国的 7300 倍；2004 年，美国私人捐赠数额为 2485.2 亿美元，而中国的这一数字仅为 10 多亿人民币，也就占中国 GDP 的万分之一。[3] 我国不仅私人捐款少，而且企业捐款的积极性也不高。据统计，截至 2005 年，国内工商注册登记的企业约有 100 万余家，但真正有过捐赠记录的不超过 10 万家，90% 的企业从未参与过捐赠。[4] 民间慈善力量对社会慈善事业的冷淡与漠视，其深层次原因应归因于政府。在我国，政府特别是地方政府对民间力量不是积极的鼓励和引导，而是对它们怀有戒心和不信任感，造成以非政府组织为主要载体的市民社会处于"生存弱势期"[5]，这种状况不利于民间慈善力量的发展，更不利于民众慈善意识的形成。

中国社会救助事业的发展离不开市民社会的合作参与，而市民社会"生存弱势期"的改变除要检视和改善目前市民社会生存的政策环境外，还要政府注重培育和发展民间慈善组织。民间慈善组织的培育和发展有利于民间慈善力量的壮大，有利于慈善意识和仁爱理念的形成，并最终会促使市民社会由"弱势"向"强势"的转变。为此，政府需从以下政策方面加强对民间慈善组织的培育与支持：发展空间政策、资金支持政策、人才支持政策、网络与信息平台政策。发展空间政策方面，政府应减少对慈善组织的行政干预，为慈善组织的发展让渡更大的公共空间。资金支持政策方面，慈善组织的良性运行离不开资金支持，特别是政府资金的支持，政府可以通过直接的资金资助或税收优惠

① 刘文光：《我国公益慈善组织发展中存在的问题及其对策分析》，《行政与法》2009 年第 1 期。
② 参见中华慈善网"团体会员"栏，http://www.chinacharity.cn/default.aspx，最后访问日期：2011 年 3 月 10 日。
③ 陈统奎、刘劲等：《改革开放 20 多年中国民间慈善组织在艰难中成长》，《新民周刊》http://news.sina.com.cn/c/2005-11-16/14118315432.shtml，最后访问日期：2010 年 11 月 28 日。
④ 李萌：《公益捐赠的税收之痛》，《中国经济周刊》2005 年第 45 期。
⑤ 侯保龙：《我国民间志愿性慈善组织的困境与政府管理创新》，《湖北社会科学》2010 年第 2 期。

等政策，加大对慈善组织的支持力度。人才支持政策方面，慈善组织发展离不开人才队伍的储备与建设，而目前中国慈善事业用人机制陈旧，政府需要制定能够吸纳优秀人才的用人机制与政策。网络与信息平台政策方面，慈善组织需要一个表达利益诉求的渠道，网络信息平台对促进慈善组织的健康发展及其与政府的良性互动，减少政府对慈善组织的疑虑具有重要意义。①

第三，提高善款使用的透明度。善款使用的透明度直接影响着慈善事业的公信力，影响着公众对慈善事业捐助的热情。美国卡耐基基金会前主席卢塞尔曾说："慈善事业要有玻璃做的口袋。"② 这就要求慈善组织将各自的善款收支详情、使用情况等定期向有关部门和公众公开，并接受政府部门及民众的监督。然而，目前我国慈善组织善款使用的透明度很低，根据中民慈善捐助信息中心发布的《2010 年度中国慈善透明报告》可知，全国约有 75%慈善组织"完全不披露或仅少量披露信息"，即使有 25% 的慈善组织信息透明度较高，但其"财务信息透明度则最低"。该报告还指出，目前社会公众及捐款人对慈善捐款的用途、应用效果及披露情况持不乐观态度，据调查显示，九成公众对捐款不放心。③ 慈善透明度低为某些慈善组织擅自挪用善款，谋取私利埋下了伏笔，如中国青年基会擅自挪用"希望工程"捐款投资风险企业，云南"中国妈妈"胡曼丽擅自使用社会捐赠善款谋取私利等事件，等等，无不严重损害了公众对慈善捐款的信任。

提高慈善透明度不仅是提升慈善公信力的重要举措，而且是慈善事业健康有序发展的必然选择。提高慈善组织透明度应建立慈善信息披露评估标准与奖励机制，不断完善相关监管体系，加快慈善信息披露的制度化、法制化进程。

社会救助作为当代中国社会保障的第一道防线，其在保护弱势群体权益，缓和社会矛盾，构建社会主义和谐社会等方面发挥着重要作用。随着社会主义建设事业的不断发展，中国社会救助事业在不断探索中取得了一定的成就，但其发展仍滞后于社会发展的需要。加快社会救助的制度化、法制化建设，积极培育和发展民间慈善力量，提高慈善透明度等是中国社会救助事业良性发展的重要保证，也是现代社会救助事业发展的内在要求。

---

① 邓国胜：《慈善组织培育与发展的政策思考》，《社会科学研究》2006 年第 5 期。
② 转引自何兰萍、陈通《关于当前发展慈善事业的几点思考》，《社会科学》2005 年第 8 期。
③ 中民慈善捐助信息中心：《2010 年度中国慈善透明报告》，"中民报告"，http://www.donation.gov.cn，最后访问日期：2011 年 2 月 8 日。

参考文献

一 典籍、档案、文集、资料汇编

《北京近代城市法律法规整理与研究》课题组：《近代北京城市管理法规研究》，新华出版社，2006。

北京市档案馆编《北京档案史料》。

北京市档案馆藏《北平市民政局档案》。

北京市档案馆藏《北平市社会局档案》。

北京市档案馆藏《北平市卫生局档案》。

北京市档案馆藏《北平市政府档案》。

北京市政协文史资料委员会：《北京文史资料》。

北平龙泉孤儿院编《北平龙泉孤儿院报告书》，1934。

北平市警察局编《北平市警察局户口统计图表》，1937。

北平市社会局编《北平市社会局救济院特刊》，北平市社会局发行，1936。

北平市政府参事室编印《北平市市政法规汇编》，1934。

北平市政府秘书处第一科统计股编《北平市统计览要》，1936。

北平市政府秘书处第一科统计股编《北平市政府二十二年度行政统计》，北平市政府秘书处第一科统计股发行，1935。

北平特别市市政府辑《北平特别市市政法规汇编》，1929。

方勇译注《孟子》，中华书局，2015。

湖南省社会科学院：《黄兴集》，中华书局，1981。

冀察政务委员会秘书处第三组第三科编《冀察调查统计丛刊》，1937。

京都市政公所编《京都市法规汇编》，1919、1928。

李文海等编《民国时期社会调查丛编·社会保障卷》，福建教育出版社，2004。

立法院编译所编《中华民国法规汇编》，中华书局，1934。

林颂河等编《北平社会概况统计图》，1931。

刘锡廉：《北京慈善汇编》，京师第一监狱，1923。

毛泽东：《毛泽东选集》，人民出版社，1991。

彭泽益编《中国近代手工业史资料》，三联书店，1957。

商务印书馆编译处编《最新编订民国法令大全》，商务印书馆，1924。

沈云龙主编《近代中国史料丛刊三编》，台北，文海出版社有限公司，1990。

孙中山：《孙中山全集》，中华书局，1982。

田涛等整理《清末北京城市管理法规》，北京燕山出版社，1996。

吴廷燮：《北京市志稿》，北京燕山出版社，1989。

徐百齐编《中华民国法规大全》，商务印书馆，1936。

徐珂：《清稗类钞》，中华书局，1984。

方勇，李波译注《荀子》，中华书局，2015。

张侠等：《北洋陆军史料》，天津人民出版社，1987。

张研等主编《民国史料丛刊》，大象出版社，2009。

张燕婴译注《论语》，中华书局，2006。

章有义：《中国近代农业史资料》，三联书店，1957。

中国人民银行上海市分行金融研究室编《金城银行史料》，上海人民出版，1983。

二　报刊

《北平晨报》

《北平日报》

《东方杂志》

《京报》

《群强报》

《社会半月刊》

《社会学界》

《社会月刊》

《申报》

《市政公报》

《市政月刊》

《顺天时报》

《益世报》

三 论著

卞修全：《立宪思潮与清末法制改革》，中国社会科学出版社，2003。

卞修跃：《稗海精粹：近代中国社会面面观》，四川人民出版社，1999。

蔡勤禹：《国家、社会与弱势群体——民国时期的社会救济（1927－1949）》，天津人民出版社，2003。

蔡勤禹：《民间组织与灾荒救治——民国华洋义赈会研究》，商务印书馆，2005。

曹艳春：《我国城乡社会救助系统建设研究》，上海人民出版社，2009。

曹子西：《北京通史》，中国书店，1994。

曹子西主编《北京史志文化备要》，中国文史出版社，2008。

陈成文：《社会弱者论》，时事出版社，2000。

陈桦、刘宗志：《救灾与济贫——中国封建时代的社会救助活动》，中国人民大学出版社，2005。

陈旭麓：《近代中国的新陈代谢》，上海人民出版社，1992。

池子华：《中国近代流民》，浙江人民出版社，1996。

德源：《北京灾害史》，同心出版社，2008。

邓正来、〔英〕J.C.亚历山大编《国家与市民社会——一种社会理论的研究路径》，中央编译出版社，2005。

多吉才让：《中国最低生活保障制度研究与实践》，人民出版社，2001。

龚书铎：《近代社会变革与文化趋向——中国近代文化研究》，北京师范大学出版社，2005。

顾长声：《传教士与近代中国》，上海人民出版社，1991。

顾卫民：《基督教与近代中国社会》，上海人民出版社，1996。

关信平：《中国城市贫困问题研究》，湖南人民出版社，1999。

韩德培：《人权的理论与实践》，武汉大学出版社，1995。

韩光辉：《北京历史人口地理》，北京大学出版社，1996。

韩延龙：《中国近代警察制度》，中国人民公安大学出版社，1993。

何平：《城市贫困群体社会保障政策与措施》，中国劳动社会保障出版社，2005。

洪大用：《转型时期中国社会救助》，辽宁教育出版社，2004。

花之安：《自西徂东》，上海书店出版社，2002。

江亮演：《社会救助的理论与务实》，桂冠图书公司，1990。

金耀基：《从传统到现代》，广州文化出版社，1989。

孔庆泰等：《国民党政府政治制度史》，安徽教育出版社，1998。

乐国安：《社会心理学》，中国人民大学出版社，2009。

雷洁琼、王思斌：《中国社会保障体系的建构》，山西人民出版社，1999。

李长莉、左玉河主编《近代中国社会与民间文化》，社会科学文献出版社，2007。

李进修：《中国近代政治制度史纲》，求实出版社，1988。

李军：《中国城市反贫困论纲》，经济科学出版社，2004。

李立志：《变迁与重建：1949 - 1956 年的中国社会》，江西人民出版社，2002。

李强：《转型时期中国社会分层》，辽宁教育出版社，2004。

李文海：《中国近代十大灾荒》，上海人民出版社，1994。

李孝悌：《清末的下层社会启蒙运动（1901 - 1911）》，河北教育出版社，2001，

李学智：《民国初年的法制思潮与法制建设》，中国社会科学出版社，2004。

李彦昌主编《城市贫困与社会救助研究》，北京大学出版社，2004。

梁景和：《近代中国陋俗文化嬗变研究》，首都师范大学出版社，2009。

梁景和：《中国社会文化史的理论与实践》，社会科学文献出版社，2010。

梁其姿：《施善与教化——明清的慈善组织》，河北教育出版社，2001。

刘钧：《社会保障理论与实务》，清华大学出版社，2005。

刘锡鸿、张德彝：《走向世界丛书·随使英俄记》，岳麓书社，1986。

刘秀生、杨雨青：《中国清代教育史》，人民出版社，1994。

刘勇等：《北京历史文化十五讲》，北京大学出版社，2009。

刘志琴：《近代中国社会变迁录》，浙江人民出版社，1998。

陆震：《中国传统文化社会心态》，浙江人民出版社，1996。

罗荣渠：《现代化新论——世界与中国的现代化进程》，商务印书馆，2006。

罗哲文：《北京历史文化》，北京大学出版社，2004。

马君武：《失业人及贫民救济政策》，商务印书馆，1935。

马宗晋等：《灾害学导论》，湖南人民出版社，1998。

马宗晋、郑功成：《灾害保障学》，湖南人民出版社，1998。

孟昭华等：《中国民政思想史》，中国社会出版社，2000。

钱穆：《国史新论》，三联书店，2008。

钱实甫：《北洋政府时期的政治制度》，中华书局，1984。

乔志强主编《近代华北农村社会变迁》，人民出版社，1998。

邱国盛：《中国城市的双行线：二十世纪北京、上海发展比较研究》，巴蜀书社，2010。

曲彦斌：《中国乞丐史》，上海文艺出版社，1990。

任云兰：《近代天津的慈善与社会救济》，天津人民出版社，2007。

邵雷、陈向东编著《中国社会保障制度改革》，经济管理出版社，1991。

时正新、廖鸿：《中国社会救助体系研究》，中国社会科学出版社，2002。

孙冬虎：《北京近千年生态环境变迁研究》，北京燕山出版社，2007。

孙立平：《转型与断裂》，清华大学出版社，2004。

孙善根：《民国时期宁波慈善事业研究（1912－1936）》，人民出版社，2007。

唐军：《中国城市居民贫困线研究》，上海社会科学院出版社，1998。

王伯琦：《近代法律思潮与中国固有文化》（上），清华大学出版社，2005。

王海光：《旋转的历史——社会运动论》，上海人民出版社，1995。

王龙章：《中国历代灾况与振济政策》，独立出版社，1942。

王书奴：《中国娼妓史》，上海生活书店，1934。

王卫平：《社会救助学》，群言出版社，2007.

王先明：《近代绅士——一个封建阶层的历史命运》，天津人民出版社，1997。

王先明：《中国·1911》，天津人民出版社，2000。

王先明：《中国近代社会文化史论》，人民出版社，2000。

王子今：《中国社会福利史》，中国社会出版社，2002。

王子平：《灾害社会学》，湖南人民出版社，1998。

卫兴华主编《中国社会保障制度研究》，中国人民大学出版，1994。

吴克昌：《社会心理论》，湖南人民出版社，1998。

吴梦麟、熊鹰：《北京地区基督教史迹研究》，文物出版社，2010。

郗志群：《北京历史文化》，北京大学出版社，2004。

夏东元：《郑观应集》（上下），上海人民出版社，1982。

夏明方：《民国自然灾害与乡村社会》，中华书局，2000。

夏晓虹：《晚清社会与文化》，湖北教育出版社，2001。

谢振民编著《中华民国立法史》下册，中国政法大学出版社，2000。

熊跃根：《社会政策：理论与分析方法》，中国人民大学出版社，2009。

徐小群：《民国时期的国家与社会：自由职业团体在上海的兴起》，新星出版社，2007。

许慧琦：《故都新貌：迁都后到抗战前的北平城市消费（1928－1937）》，台湾学生书局，2008。

许毅等：《清代外债史论》，中国财政经济出版社，1996。

杨念群：《中层理论——东西方思想会通下的中国史研究》，江西教育出版社，2007。

杨琪：《民国时期的减灾研究》，齐鲁书社，2009。

杨荫溥：《民国财政史》，中国财政经济出版社，1985。

尹均科：《北京历代建置沿革》，北京出版社，1994。

于秀丽：《排斥与包容：转型期的城市贫困救助政策》，商务印书馆，2009。

余英时：《儒家伦理与商人精神》，广西师范大学出版社，2004。

虞和平：《经元善集》，华中师范大学出版社，1988。

虞和平：《中国现代化历程》，江苏人民出版社，2001。

袁熹：《北京城市发展史（近代卷）》，北京燕山出版社，2008。

张恨水：《燕归来》，安徽文艺出版社，1986。

张晋藩：《中国法律的传统与近代转型》，法律出版社，1997。

张静：《国家与社会》，浙江人民出版社，1998。

张敏杰：《中国弱势群体研究》，长春出版社，2003。

张文：《宋朝社会救济研究》，西南师范大学出版社，2001。

张新伟：《市场化与反贫困路径选择》，中国社会科学出版社，2001。

赵宝爱：《慈善救济事业与近代山东社会变迁（1912－1937）》，济南出版社，2005。

赵伯陶：《市井文化与市民心态》，湖北教育出版社，1996。

赵树贵：《陈炽集》，中华书局，1997。

郑功成：《社会保障学》，商务印书馆，2000。

郑功成：《灾害经济学》，湖南人民出版社，1998。

郑功成：《中国社会保障论》，湖北人民出版社，1994。

郑杭生主编《转型中的中国社会和中国社会的转型》，首都师范大学出版社，1996。

郑师渠：《社会的转型与文化的变动中国近代史论》，商务印书馆，2006。

周秋光、曾桂林：《中国慈善简史》，人民出版社，2006。

周晓红：《中国社会与中国研究》，社会科学文献出版社，2004。

朱汉国主编《中国社会通史（民国卷）》，山西教育出版社，1996。

朱力等：《社会问题概论》，社会科学文献出版社，2002。

朱英：《转型时期的社会与国家：以近代中国商会为主体的历史透视》，华中师范大学出版社，1996。

朱勇主编《中国法制通史》，法律出版社，1999。

左芙蓉：《基督教与近现代北京社会》，巴蜀书社，2009。

四 中文译著

〔法〕埃米尔·迪尔凯姆：《自杀论》，冯韵文译，商务印书馆，2008。

〔法〕魏丕信：《18世纪中国的官僚制度与荒政》，徐建青译，江苏人民出版社，2003。

〔美〕G. W. 施坚雅：《中国封建社会晚期城市研究》，王旭等译，吉林教育出版社，1991。

〔美〕博登海默：《法理学：法律哲学与法律方法》，邓正来译，中国政法大学出版社，1999。

〔美〕杜赞奇：《文化、权力与国家——1900～1942年的华北农村社会》，王福明译，江苏人民出版社，1996。

〔美〕费正清编《剑桥中华民国史（1912－1949年）》，杨品泉等译，中国社会科学出版社，2007。

〔美〕费正清、刘广京主编《剑桥中国晚清史》，中国社会科学院历史研究所编译室译，中国社会科学出版社，2006。

〔美〕吉尔伯特·罗兹曼主编《中国的现代化》，国家社会科学基金"比较现代化"课题组译，江苏人民出版社，2003。

〔美〕克利福德·格尔茨：《文化的解释》，韩莉译，译林出版社，2002。

〔美〕列文森：《儒教中国及其现代命运》，郑大华等译，中国社会科学出版社，2000。

〔美〕塞缪尔·P. 亨廷顿：《变化社会中的政治秩序》，王冠华等译，上海人民出版社，2008。

〔美〕西德尼·D. 甘博：《北京的社会调查》（上），陈愉秉等译，中国书店，2010。

〔美〕詹姆斯·C. 斯科特：《农民的道义经济学：东南亚的反叛与生存》，程立显等译，译林出版社，2001。

〔日〕夫马进：《中国善会善堂史研究》，伍跃等译，商务印书馆，2005。

〔日〕小浜正子：《近代上海的公共性与国家》，葛涛译，上海古籍出版社，2003。

严景耀：《中国的犯罪问题与社会变迁的关系》，吴桢译，北京大学出版社，1986。

〔英〕E. H. 卡尔：《历史是什么?》，陈恒译，商务印书馆，2007。

〔英〕贝思飞：《民国时期的土匪》，徐有威、李俊杰译，上海人民出版社，1992。

五 英文著作

David Strand, *Rickshaw Beijing: City People and Politics in the 1920s*, Berkeley: University of California Press, 1989。

Madeleine Yue Dong, *Republican Beijing: The City and Its Histories*, Berkeley: University of California Press, 2003。

Mary Backus Rankin, *Elite Activism and Political Transformation in China: Zhejiang Province, 1865 – 1911*, Stanford: Stanford University Press, 1986。

六 期刊论文

毕素华：《民国时期赈济慈善业运作机制述论》，《江苏社会科学》2003年第6期。

蔡勤禹：《传教士与华洋义赈会》，《历史档案》2006年第3期。

邓国胜：《慈善组织培育与发展的政策思考》，《社会科学研究》2006年第5期。

邓正来、景跃进：《建构中国的市民社会》，《中国社会科学季刊》（香港）1992年总第1期。

冯筱才、夏冰：《民初江南慈善组织的新变化：苏城隐贫会研究》，《史学月刊》2003年第1期。

关爱萍：《城镇贫困与缓贫对策研究》，《兰州大学学报》2003年第1期。

郭德宏：《社会史研究与中国现代史》，《史学月刊》1998年第2期。

霍新宾：《近代中国市民社会问题研究述评》，《社会科学动态》2000年第4期。

江沛：《民国时期华北农村社会结构的变迁》，《南开学报》1998年第4期。

李少兵、王明月：《"教育救济"：1917～1937年北京新型妇幼慈善事业的个案分析》，《首都师范大学学报》2010年第2期。

李学智：《民国初年的法治思潮》，《中国近代史研究》2001年第4期。

李银安：《新文化运动：中国现代文化建设的奠基工程》，《光明日报》2000年4月28日。

刘光华：《社会救助：理论界定与中国的实践展开》，《兰州大学学报》2008年第4期。

刘喜堂：《建国60年来我国社会救助发展历程与制度变迁》，《华中师范大学学报》2010年第4期。

刘旭东：《我国社会救助制度的历史演进及其社会意义》，《社会主义研究》2007年第5期。

刘悦斌：《晚清时期社会救助事业的新特点》，《河北师范大学学报》2009年第6期。

马宝成：《中国早期现代化中的国家权力状况探析》，《齐鲁学刊》1999年第2期。

牛鼐鄂：《北平一千二百贫户之研究》，《社会学界》第7卷，1933。

齐大之：《论近代北京商业的特点》，《北京社会科学》2006年第3期。

钱再见：《当前中国社会弱势群体若干问题研究综述》，《文史哲》2003年第1期。

任云兰：《近代华北自然灾害期间京津慈善机构对妇女儿童的社会救助》，《天津社会科学》2006年第5期。

任云兰：《民国灾荒与战乱期间天津城市的社会救助》，《中国社会经济史研究》2005年第2期。

唐钧：《中国的城市贫困问题与社会救助制度》，《江海学刊》2001年第2期。

汪雁：《中国传统社会救济与城市居民社会救助理念建设》，《理论与现代化》2001年第6期。

汪雁、慈勤英：《中国传统社会救济与城市贫困人口社会救助理念建设》，《人口学刊》2001年第5期。

王笛：《晚清长江上游地区公共领域的发展》，《历史研究》1996年第1期。

王娟：《清末民初北京地区的社会变迁与慈善组织的转型》，《史学月刊》2006年第2期。

王均：《略论民国时期北京地区的自然灾害》，《北京社会科学》2000年第3期。

王思斌：《社会转型中的弱势群体》，《中国党政干部论坛》2002年第3期。

王文昌：《20世纪30年代前期的农民离村问题》，《历史研究》1993年第2期。

吴松弟：《通商口岸与近代的城市和区域发展》，《郑州大学学报》2006年第6期。

夏明方：《论1876至1879年间西方新教传教士对华赈济事业》，《清史研究》1997年第2期。

杨思斌：《社会救助权的法律定位及其实现》，《社会科学辑刊》2008年第1期。

杨思斌：《中国社会救助法制建设的现状分析与对策研究》，《探索》2008 年第 4 期。

袁熹：《近代北京城市人口研究》，《人口研究》2003 年第 5 期。

岳宗福、杨树标：《近代中国社会救济的理念嬗变与立法诉求》，《浙江大学学报》2007 年第 3 期。

张峰：《试论民国时期昆山的慈善事业》，《苏州大学学报》2006 年第 1 期。

张静：《卢沟桥事变后北平市商会的社会活动》，《抗日战争研究》2009 年第 2 期。

张礼恒：《略论民国时期上海的慈善事业》，《民国档案》1996 年第 3 期。

郑杭生等：《全面建设小康社会与弱势群体的生活救助》，《中国人民大学学报》2003 年第 1 期。

周秋光、徐美辉：《论近代慈善思想的形成与发展》，《湖南师范大学学报》2005 年第 5 期。

周秋光、曾桂林：《民国时期的慈善法规述略》，《光明日报》2009 年 1 月 20 日。

朱德云：《我国贫困群体社会救助制度存在的问题及成因分析》，《齐鲁学刊》2009 年第 5 期。

朱浒、赵丽：《燕大社会调查与中国早期社会学本土化实践》，《北京社会科学》2006 年第 2 期。

朱力：《脆弱群体与社会支持》，《江苏社会科学》1995 年第 6 期。

七　学位论文

曹明睿：《社会救助法律制度研究》，博士学位论文，西南政法大学，2004。

丁会苹：《民国时期的社会救助与人口流动（1912－1937）》，硕士学位论文，山东大学，2008。

高冬梅：《1949－1952 年中国社会救助研究》，博士学位论文，中共中央党校，2008。

高鹏程：《红十字会及其社会救助事业研究（1922－1949）》，博士学位论文，苏州大学，2009。

郝红暖：《清代民国河北地区慈善组织的历史演变与空间运作（1644－1937）》，博士学位论文，暨南大学，2010。

何平：《社会救助权研究》，博士学位论文，湖南大学，2010。

李国林：《民国时期上海慈善组织研究（1912－1937）》，博士学位论文，华东师范大学，2003。

王宏伟：《晚清北京社会救济制度研究》，博士学位论文，首都师范大学，2007。

王娟：《清末民初北京地区慈善事业研究》，博士学位论文，中国人民大学，2006。

向常水：《民国北京政府时期湖南慈善救济事业研究》，博士学位论文，湖南师范大学，2008。

曾桂林：《民国时期慈善法制研究》，博士学位论文，苏州大学，2009。

张超：《民国妓女问题研究》，博士学位论文，武汉大学，2005。

张益刚：《民国社会救济法律制度研究》，博士学位论文，华东政法大学，2007。

赵宝爱：《民国山东社会救助事业研究（1912－1937）》，博士学位论文，中山大学，2004。

甄尽忠：《先秦时期社会救助思想研究》，博士学位论文，郑州大学，2006。

附录：各章节图表

第二章

第三章

第四章

第五章

结 语

后记（一）

春去秋来，多少往事在岁月的流逝中消淡；花开花谢，多少期盼在人世的拼搏中实现。不知不觉，三年的博士攻读即将结束。回首三年博士攻读之路，百感交集在心头。曾记得三年前获知被录取时的兴奋与激动；曾记得入学后梁先生的谆谆教诲、殷殷期盼；曾记得多少个早出晚归奔波于北京市档案馆、国家图书馆的"疲惫之旅"；曾记得撰写论文时独自在宿舍踱来踱去的苦思冥想；曾记得多少个欲睡无眠的不眠之夜；曾记得妻儿"什么时候回来"的思念之语；曾记得……仿佛所有往事都凝聚在这一刻，事事浮现在眼前。三年间有酸楚，也有欢乐；有失意，也有慰藉。而最令我欣慰、高兴的事莫过于博士论文的收笔和导师对论文的首肯。在那一刹那，仿佛所有的痛苦、酸楚、失意顿时释然于成功的笑意之中。而这"大功告成"是与诸位老师、朋友、亲人的关心、爱护和帮助分不开的。

首先，我要衷心感谢恩师梁景和教授。从论文的选题到最终完成无不倾注着先生的心血，无不受到先生无微不至的关怀。其中，最令我感激的是2010年的冬季，我因个人琐事而没有在年前拿出论文初稿，先生不但没有责怪，而且留出更多时间让我静心完成，我深为有这样一位良师而感到荣幸与自豪。先生严谨治学的态度，谦和友善的为人品德，让我受益匪浅；先生的人格魅力、言传身教让我懂得了如何治学，更懂得了比治学更重要的是作为一位学者所需的素养和品质。

感谢魏光奇教授、迟云飞教授、史桂芳教授。诸位老师在论文开题时曾提出了宝贵的修改意见，三位老师广博的学识、独到的见解让我的论文增色不少。在此，我还要感谢母校及历史系的各位领导，是他们一视同仁的积极的学术奖励政策，才使我这"委培生"有了更好的生活保障，获得了更多宝贵的学习时间，而不至于为了生计四处打工。

夜晚，因为有了璀璨的明星才变得美丽；人生，因为有了真挚的友情才值得回忆。三年中，我要特别感谢李波、刘浩强、杨才林、王俊斌、李俊领、李慧波、黄巍、肖惠朝、刘胜男、王运明、樊江宏、滕帅、杨宏伟等同学，正是有了他们的相伴，才使我苦涩乏味的博士攻读生活变得丰富多彩。

常言道，一个成功的男人背后一定有一个伟大的女人。我要说，一个成了家攻读博士学位且能三年顺利毕业的男人背后一定有一个辛勤劳作、默默奉献的妻子。三年中，我除了假期，其余时间几乎在学校，而家里的一切事务均交给了妻子。她不仅要上班，料理家务，而且还要给孩子辅导作业，周末还要带着孩子四处上兴趣班，三年间她为家庭付出了很多很多。狗蛋儿，是我对我儿的昵称。曾记得 2008 年 9 月，当我踏入首都师范大学大门开始博士研究生学习之际，狗蛋儿也踏入了太原科技大学小学的大门开始了初等教育，一转眼现已是三年级的学生。由于我的母亲在我大学刚毕业时就离开了人世，狗蛋儿从小就由我岳母抚养，直至 2007 年我才把他接到身边，如今 9 岁的儿子和我在一起度过的日子满打满算没超过 3 年，有时回想起来颇感心酸。从学士到博士，我之所以能一路走来，除了自己的拼搏外，还离不开亲人的帮助与支持。我衷心感谢我的父母、岳父岳母、哥哥、姐姐，正是有了亲人的大力支持，才使我在求学的道路上阔步前行。

现在已是深夜一点多钟，我的论文后记也即将画上最后一个句号。通常后记的写作意味着论文的最终完成，但论文的完成并不意味着论文的完美，我论文中还存在着许多不足与缺憾，恳请各位老师批评指教。

刘荣臻

2011 年 5 月 13 日于首都师范大学 10 楼 103 舍

后记（二）

伴随人类社会衍生的发展轨迹，社会救助最初由民间自愿行为逐渐延伸到国家制度层面，并在官方与民间的双向推动下逐渐步入现代化的发展历程。作为社会的"安全阀""稳定器"，社会救助在不同历史时期发挥着重要的扶危济困作用。2008 年，面对四川汶川特大地震灾害，国人齐心协力用爱汇成了抗击灾害的磅礴力量。"灾难无情，人间有爱"一时成为响彻中华大地的最强音，这种大爱无疆的力量深深地影响和感染着我。2008 年 9 月，当我踏入首都师范大学开始攻读博士时，我就励志把社会救助史作为我博士毕业论文及今后学术研究的主题，以期通过对社会救助史的研究，检视与梳理社会救助实践的多元面相，并在历史中感知与凝练过往社会救助的成败得失，以达知古鉴今之目的。然而，在博士论文即将出版之际，选题的旨趣是否能如愿以偿，还望学界同人多加批评指教。

本书能够顺利出版，是与恩师梁景和先生的鼎力支持分不开的。从论文的撰写到出版，无不倾注着恩师的心血与关爱。先生严谨、刻苦、谦逊的治学态度与低调、谦和的为人深深地影响和感染着我辈弟子。每次相见，恩师总是问寒问暖，从家庭到工作，从学业到生活，恩师无微不至的关怀给我一种宛如回到家的温暖。恩师之情永生难忘！

在此我还要感谢工作单位的领导及"纲要"课教研室的同事们，多年来正是有了他们的关心与支持，我才能够得以安心写作。其中最令我感激的是我的领导赵民胜主任，其无论在学业上还是在生活上，他都给予我莫大的关怀。虽然赵主任年龄比我大，但他经常与我以兄弟相称，能有这样一位平易近人、和蔼可亲的上司实属荣幸。

本书最终能够付诸出版还得益于社会科学文献出版社工作人员的辛勤付出，没有他们精心的润色与策划，本书很难完美地呈现给大家，谨此对他们表示衷心感谢！

刘荣臻

2016 年 3 月 25 日于太原科技大学思政部教研室

图书在版编目（CIP）数据

故都济困：北平社会救助研究：1928－1937 / 刘荣
臻著. －－北京：社会科学文献出版社，2016.11（2017.1 重印）
（中国近现代社会文化史论丛）
ISBN 978－7－5097－9769－3

Ⅰ.①故… Ⅱ.①刘… Ⅲ.①社会救济－研究－中国
－1928－1937 Ⅳ.①D632.1

中国版本图书馆 CIP 数据核字（2016）第 235229 号

· 中国近现代社会文化史论丛 ·

故都济困
——北平社会救助研究（1928～1937）

主　　编／梁景和
著　　者／刘荣臻

出 版 人／谢寿光
项目统筹／宋月华　吴　超
责任编辑／吴　超

出　　版／社会科学文献出版社·人文分社（010）59367215
　　　　　地址：北京市北三环中路甲 29 号院华龙大厦　邮编：100029
　　　　　网址：www.ssap.com.cn
发　　行／市场营销中心（010）59367081　59367018
印　　装／三河市尚艺印装有限公司

规　　格／开　本：787mm×1092mm　1/16
　　　　　印　张：14.75　字　数：254 千字
版　　次／2016 年 11 月第 1 版　2017 年 1 月第 2 次印刷
书　　号／ISBN 978－7－5097－9769－3
定　　价／79.00 元